职业教育·道路运输类专业教材

"双高计划"路桥专业群系列教材

U0649376

路桥BIM
技术与应用

LUQIAO BIM JISHU YU YINGYONG

谢立广 **主　编**

陈华卫　谢羽佳　袁凤祥　黄　岑　陈家明 **副主编**

BENTLEY 软件（北京）有限公司 **主　审**

人民交通出版社股份有限公司

北　京

内 容 提 要

本书共 6 个模块，内容包括 BIM 导论、MicroStation 与三维建模基础、OpenRoads Designer 与三维道路设计、OpenBridge Modeler 与三维桥梁设计、Synchro 与施工进度模拟、LumenRT 与场景模拟等。

本书可作为高等职业院校路桥相关专业的教学用书，或作为"1 + X"职业培训教材，也可供交通土建领域的 BIM 爱好者入门参考。

图书在版编目(CIP)数据

路桥 BIM 技术与应用 / 谢立广主编. — 北京：人民
交通出版社股份有限公司, 2022.2

ISBN 978-7-114-16394-4

Ⅰ.①路…　Ⅱ.①谢…　Ⅲ.①道路工程—计算机辅助
设计—应用软件②桥梁设计—计算机辅助设计—应用软件
Ⅳ.①U412.6②U442.5-39

中国版本图书馆 CIP 数据核字(2021)第 270428 号

职业教育·道路运输类专业教材
"双高计划"路桥专业群系列教材

书　　　名：路桥 **BIM 技术与应用**

书　　　名：路桥 **BIM 技术与应用**
著　作　者：谢立广
责任编辑：孙　玺　卢俊丽
责任校对：刘　芹
责任印制：刘高彤
出版发行：人民交通出版社股份有限公司
地　　　址：(100011)北京市朝阳区安定门外外馆斜街 3 号
网　　　址：http://www.ccpcl.com.cn
销售电话：(010)59757973
总　经　销：人民交通出版社股份有限公司发行部
经　　　销：各地新华书店
印　　　刷：北京印匠彩色印刷有限公司
开　　　本：787×1092　1/16
印　　　张：16.5
字　　　数：399 千
版　　　次：2022 年 2 月　第 1 版
印　　　次：2022 年 12 月　第 3 次印刷
书　　　号：ISBN 978-7-114-16394-4
定　　　价：50.00 元

前·言
Preface

　　建筑信息模型（Building Information Modeling，简称 BIM）技术是一种应用于工程设计、建造、管理的数据化工具，是住建部、交通运输部、教育部、科技部、工信部等部门倡导推广的新技术。2019 年，人社部发布了 13 个新职业信息，建筑信息模型技术员位列其中，职业代码为"4-04-05-04"。基于 BIM 技术应用和职业岗位的发展前景，许多高职院校竞相开设了相关新课程。通常情况下，BIM 类课程的教学内容具有明显的行业特征，而本书以交通行业的路桥 BIM 技术应用为背景。

　　BIM 技术在交通行业的应用起步较晚，但发展很快；在交通 BIM 领域，Bentley 系列软件应用较广。本书主要介绍几款 Bentley 软件（MicroStation、OpenRoads Designer、OpenBridge Modeler、Synchro、LumenRT）的基本操作及应用，基本可以满足当前路桥建模的相关需求。

　　本书共有 6 个模块：模块一，BIM 导论；模块二，MicroStation 与三维建模基础；模块三，OpenRoads Designer 与三维道路设计；模块四，OpenBridge Modeler 与三维桥梁设计；模块五，Synchro 与施工进度模拟；模块六，LumenRT 与场景模拟。各模块按内容大体是相互独立的，可以根据需要选用；但按深度则存在一定程度的递进关系，比如模块一和模块二体现基础性，模块三和模块四体现专业性，模块五和模块六体现综合性，故作为入门级教材，仍然建议循序渐进开展系统性的学习。另外，模块一和模块四可作为一般学习对象；模块二的 MicroStation 是系列软件的基础平台，模块三的 OpenRoads Designer 的实际应用较多，宜作为重点学习对象；模块五和模块六涉及利用既有模型且综合性较强，若学时有限，可作为拓展学习对象。

　　本书编写团队致力于追求如下特色：

　　（1）校企合作，对接职业标准

　　本书编写团队以 BIM 课程的一线教师为主，也有企业的技术骨干参与；校企双方通力合作，在编写过程中深入研讨了交通行业路桥 BIM 技术岗位的生产过程和职业标准,以及高职学生相关的知识储备和认知规律,并按实际的教学过程,精心选择内容和组织结构,从基础的平面绘图到三维实体,从桥隧结构建模到三维路桥设计,先易后难,循序渐进。同时,为保障内容的准确性和表述的规范性,邀请 BENTLEY 软件(北京)有限公司的技术工程师团队对书稿内容进行了审查。

(2)任务驱动,以学生为主体

BIM 课程可采用"任务驱动法"教学。"任务驱动法"以学生为主体,强调发展学生的自学能力,比较适合职业教育和技能教学。书中列举了大量的路桥应用范例,其中包括 U 形桥台、空心板梁、隧道洞门、路基加宽及过渡等,每一范例均可作为一次实训任务。通过完成实训任务,既能带动学习路桥总体设计和构造特征等专业知识,也能锻炼和强化工程识图能力、空间思维能力和软件操作能力等专业技能。另外,为便于阅读和自学,本书力求图文并茂和浅显易懂,期望读者通过"做中学"和"学中做",快速掌握路桥建模的操作要领,为今后深入学习 BIM 技术或从事 BIM 相关工作奠定良好的基础。

(3)纸数融合,实现学习自由

为便于教学,已通过网络教学平台创建了和本书配套的在线开放课程,其中包括部分教学课件、教学视频和实训任务等资源,初步形成了纸数融合的新形态教材,今后将随教学实践的深入和探索作持续的补充和更新。已规划并在建设的资源包括:软件操作教学视频、技能等级考试真题、BIM 建模典型案例、公路标准及通用图,以及其他相关特色资源等。期待通过线上课程资源共享,与读者广泛交流互动,共同学习,逐步完善。

本书模块一~模块五分别由四川交通职业技术学院陈华卫、谢立广、谢羽佳、袁凤祥、黄岑编写,模块六由成都市思沃立得工程咨询有限公司陈家明编写,全书由谢立广负责统稿并担任主编,由 BENTLEY 软件(北京)有限公司担任主审。

本书参考了相关规范、书籍及各种资料,在此对其作者表示感谢!限于编者水平,书中难免有不足之处,恳请读者指正!

编　者

2021 年 12 月

目·录
Contents

模块一
MODULE ONE
BIM导论

学习目标

（1）了解 BIM 的发展历程及趋势。

（2）熟悉 BIM 模型在设计、施工、运维阶段的应用。

（3）掌握 BIM 基本概念及内涵、BIM 技术特征。

单元一　　BIM 的概念

BIM 技术是在工程建设领域产生的一门新技术，是信息技术与传统建造业相结合的产物，由于它融入了全生命周期的管理理念，因此，在规划、设计、施工、运维等各阶段均有广泛应用。

根据我国《建筑信息模型应用统一标准》（GB/T 51212—2016）的定义，建筑信息模型（Building Information Modeling 或者 Building Information Model，BIM），是指在建设工程及设施全生命期内，对其物理和功能特性进行数字化表达，并依此设计、施工、运营的过程和结果的总称，简称模型。《交通运输部办公厅关于推进公路水运工程 BIM 技术应用的指导意见》（交办公路〔2017〕205 号）对 BIM 技术的表述为：建筑信息模型技术是基于现代信息技术和计算机技术发展融合而成的建筑信息应用技术，利用数字技术存储和传递建筑结构和构造特征，并以三维（3D）模式直观表述，实现工程设计、施工、养护、运营管理信息传递共享和工作协同，促进工程建设项目全程信息化。

综合以上关于 BIM 的概念化表述，尽管略有不同，但可以得出 BIM 首先是三维的，它不仅包含几何信息，还包含物理信息、功能信息及性能信息。另外，BIM 贯穿建筑的全生命周期，能够使建设单位、设计单位、施工单位、监理单位等项目参与方在同一平台上共享同一建筑信息模型，能够帮助项目在建造的过程中实现三维实景可视化和精细化。因此，BIM 技术的应用对于改善行业产业链，提高行业效益具有极其重要的意义。

单元二　BIM 的起源与发展

　　BIM 技术诞生于 20 世纪 70 年代,由美国乔治亚理工学院(Georgia Tech College)建筑与计算机专业的查克·伊斯曼(Chuck Eastman)博士首次提出。为利用计算机对建筑物进行表达,查克·伊斯曼在研究建筑表述系统(Building Description System,BDS)中提出了运用计算机来表述一个建筑物的理念(a computer-based description of a building)。依据这个理念,表述系统将提供一个完整、统一的数据库,从同一个元素的描述中,可以同时获得剖面图、平面图、轴测图或透视图,改变只需要在某处操作一次,就会使其他所有图形得到更新,并自动保持一致,视觉分析、算量分析可直接与这个表述系统对接,从而提高工程建设效率。BDS 即是 BIM 的雏形。

　　1986 年,来自美国的学者罗伯特·艾什(Robert Aish)提出了建筑模型(Building Modeling)的概念,并提出实施的相关技术:三维可视化建模、施工图自动化、智能参数化组件、关系数据库、实时施工进度计划模拟等,已经十分接近现在业内广为接受的 BIM 概念;2002 年,美国欧特克公司在此基础上进行了创新,使得 BIM 技术能够为项目的规划、设计、施工、运维等各阶段提供明确、可靠的数据信息,从而实现项目各阶段的连接,此举使得 BIM 技术的应用扩展到了建设项目的全生命周期;2008 年,由查克·伊斯曼主编的《BIM 手册》为学术界阐述了 BIM 的概念和使用指南;2009 年,哈佛大学柯特利用 BIM 与地理信息系统(Geographic Information System,GIS)结合,实现了数字城市的构建。

　　在国内,著名学者丁士昭于 2005 年在《建设工程信息化》一书中详细阐述了 BIM 的基本概念和建设应用,提倡合理运用技术提高工程项目的施工效率;2006 年,BIM 技术研究被科技部定为"十一五"重点科技攻关项目,同年,清华大学土木工程系设计并开发了基于 BIM 的四维(4D)参数化建模系统,实现了施工资源的动态管理和工程成本的实时监控,提高了工程项目管理能力。

　　近年来,BIM 技术逐渐与大数据、人工智能、云计算、点云、物联网、地理信息系统(GIS)、全球卫星导航系统(Global Navigation Satellite System,GNSS)、移动通信、无线射频、三维(3D)打印、航拍、激光扫描、虚拟现实(Virtual Reality,VR)等各种新技术进行了深度融合,促进了BIM 技术在项目全生命周期的应用。

单元三　BIM 技术标准

一、国际信息交换标准

　　要实现 BIM 技术对全生命周期管理理念的支撑,须在不同项目成员之间、不同软件产品之间及项目的不同阶段之间进行信息交换。为实现这种大跨度、高复杂程度的信息交换,相关国际组织建立了三个公开的信息交换标准:工业基础类(Industry Foundation Classes,IFC)、国际字典框架(International Framework for Dictionaries,IFD)和信息交付手册(Information Delivery Manual,IDM)。

由于设施的全生命周期要经历多个阶段,信息在不同阶段的多次重复输入不但耗费大量人力、物力成本,而且会增加出错的机会,而且每个阶段用到的软件都不相同,这些不同品牌、不同用途的软件都需要从 BIM 模型中提取源信息进行计算、分析,这就需要一种在设施全生命周期各种软件都通用的数据格式,以方便信息的输入、储存、共享、应用和流动。工业基础类(IFC)就属于这样的数据格式。目前,世界著名的工程软件开发商都支持 IFC 格式。IFC 标准是一个贯穿建筑全生命周期的开放的国际标准,同时它也是一种数据格式,用于在不同 BIM 软件之间实现数据共享,由国际组织国际互用联盟(International Alliance for Interoperability,IAI)制定并维护。

国际字典框架(IFD)的概念源于《建筑构造 施工工程的信息组织 第 3 部分:面向对象的信息框架》(ISO 12006-3:2007)这个国际标准,它的作用是核对所提取的信息与所需求的信息是否相符。在全球化日益深入的今天,一个建设项目参与方来自不同国家、不同地区、不同文化背景的情况比比皆是,不同语言之间的差异使得信息交换时常出现偏差。IFD 将概念和名称或描述分开,引入全局唯一标识符(Global Unique Identifier,GUID),一种类似身份证件号标识来给每一个概念定义一个全球唯一的标识码,不同的语言和名称的描述与这个 GUID 进行一一对应,保证了信息交换后得到的信息与想要得到的信息一致。IFD 中的概念独立于时间和用途。以窗为例,IFD 记录并且汇聚了所有不同的信息来源中关于窗的性质,从而形成了一个包含所有可能窗的性质的一个最一般意义上窗的概念,同时记录每一种窗的性质的初始信息来源,一个与窗有关的最完整的字典就形成了。

实际应用中的数据交换是只针对某个具体的项目中的某一个或某几个工作环节或者几个应用软件之间的交流,而识别每一个这样信息交换所需要的 IFC 中的内容就可以用信息交付手册(IDM)来完成。IDM 的技术架构涉及 BIM 用户和软件供应商,结构较为复杂。下面简单介绍一下与 BlM 用户有关的部分。

(1)参考流程(Reference Process):构成流程图的基本单元,例如创建 BIM 模型。

(2)流程图(Process Map):描述在某个特定的主题(例如分部工程量计算)边界条件下活动的流动顺序,其目的是理解结构流程图的活动配置、参与角色、需要信息、实用信息和产生的信息。

(3)交换需求(Exchange Requirements):在项目指定阶段支持一个特定的业务要求所需要交换的一组信息。

二、BIM 中国国家标准

中国国家级 BIM 标准分为三个层次:

第一层为最高标准:《建筑工程信息模型应用统一标准》(GB/T 51212—2016)。

第二层为基础数据标准:《建筑信息模型分类和编码标准》(GB/T 51269—2017)、《建筑信息模型存储标准》(GB/T 51447—2021)。

第三层为执行标准:《建筑信息模型设计交付标准》(GB/T 51301—2018)、《制造工业工程设计信息模型应用标准》(GB/T 51362—2019)等。

《建筑信息模型应用统一标准》(GB/T 51212—2016)于2017年7月1日起实施,对建筑工程建筑信息模型在工程项目全生命期的各个阶段建立、共享和应用进行统一规定,包括模型的数据要求、模型的交换及共享要求、模型的应用要求、项目或企业具体实施的其他要求等,其他标准应遵循统一标准的要求和原则。

《建筑信息模型存储标准》(GB/T 51447—2021)规定了模型信息应该采用什么格式进行组织和存储。例如,建筑师在利用应用软件建立用于初步会签的建筑信息后,他需要将这些信息保存为某种应用软件提供的格式,还是保存为某种标准化的中性格式,然后分发给结构工程师等其他参加者。对应于BIM数据模型标准中的IFC标准。

《建筑信息模型分类和编码标准》(GB/T 51269—2017)于2018年5月1日起实施,该标准与IFD关联,面向建筑工程领域,规定了各类信息的分类方式和缩码办法,这些信息包括建设资源、建设行为和建设成果。对于信息的整理、关系的建立、信息的使用都起到了关键性作用。

《建筑信息模型设计交付标准》(GB/T 51301—2018)含有IDM的部分概念,也包括设计应用方法。规定了交付准备、交付物、交付协同三方面内容,包括建筑信息模型的基本架构(单元化)、模型精细度(LOD)、几何表达精度(Gx)、信息深度(Nx)、交付物、表达方法、协同要求等。另外,该标准指明了"设计BIM"的本质,就是建筑物自身的数字化描述,从而在BIM数据流转方面发挥了标准引领作用。行业标准《建筑工程设计信息模型制图标准》(JGJ/T 448—2018)是本标准的细化和延伸。

《制造工业工程设计值息模型应用标准》(GB/T 51362—2019)是制造工业工程设计领域第一部信息模型应用标准,主要参照国际IDM标准,面向制造业工厂,规定了在设计、施工运维等各阶段BIM具体应用,内容包括这一领域的BIM设计标准、模型命名规则,数据该怎么交换,各阶段单元模型的拆分规则、模型的简化方法,项目该怎么交付及模型精细度要求等。

《建筑工程设计信息模型制图标准》(JGJ/T 448—2018)提供一个具有可操作性的、兼容性强的统一标准,以指导基于建筑信息模型的建筑工程设计过程中,各阶段数据的建立、传递和解读,特别是各专业之间的协同,工程设计师与各方的协作,以及风险管理体系中的管控等过程。

《建筑信息模型施工应用标准》(GB/T 51235—2017)于2018年1月1日起实施,标准规定在施工过程中该如何使用BIM应用,以及如何向他人交付施工模型信息,包括深化设计、施工模拟、预加工、进度管理、成本管理等。

单元四　BIM 相关技术

一、可视化技术

可视化技术能够把科学数据,包括测量获得的数据、图像,或是计算中涉及、产生的数字信息,变为直观的、以图形图像信息表示的、随时间和空间变化的物理现象或物理量呈现在用户面前,使他们能够观察、模拟和计算。该技术是实现三维展示的前提。BIM 是一种可视化程度很高的工具,由于它包含了项目的几何、物理和功能等完整的信息,加之与各类分析计算模拟软件的集成,将大大拓展可视化的表现能力。

二、三维协同技术

BIM 模型要求工程设计必须实现三维设计,能够根据 3D 模型自动生成各种图形和文档,而且始终与模型逻辑相关,当模型发生变化时,与之关联的图形和文档将自动更新。三维协同设计是以三维数字技术为基础、以三维计算机辅助设计(CAD)软件为载体,不同专业人员组成设计团队,为了实现或完成一个共同的设计目标在一起开展工作,是一个知识集成和共享的过程。借助 BIM 技术,专业人员能够快速共享数据、信息和知识。

三、3S 技术

3S 技术是遥感技术(Remote Sensing,RS)、地理信息系统(GIS)和全球卫星导航系统(GNSS)的统称,通过对空间技术、传感器技术、卫星定位与导航技术和计算机技术、通信技术等多学科进行高度集成,可对空间信息进行采集、处理、管理、分析、表达、传播和应用,它也是 BIM 成果的集中展示平台。

倾斜摄影技术是遥感技术的一种,它将高清相机安装在无人机上,采集待建模区域,再利用三维实景建模软件进行后期处理,即可得到现有地形的三维实景,然后在三维实景上构建虚拟模型,获得一种虚实结合的三维场景。实景模型所需照片还可以来自航空倾斜摄影仪、数码相机、手机等各种设备。适用的建模对象尺寸从近景对象到中小型场所,再到街道及整个城市。生成的模型可达到毫米级精度。

四、虚拟现实(VR)技术

虚拟现实(VR)技术是利用计算机生成一种模拟环境,通过多种传感设备使用户"沉浸"到该环境中,实现用户与该环境直接进行自然交互的技术。它能够让用户以身临其境的感觉,以自然的方式与计算机生成的环境进行交互操作。因为这些现象不是我们直接所能看到的,而是通过计算机技术模拟出来的现实中的世界,故称为虚拟现实。

五、数字化施工系统

数字化施工系统是指依托数字化地理基础平台、地理信息系统、遥感技术、工地现场数据采集系统、工地现场机械引导与控制系统、全球卫星导航系统等基础平台,整合工地信息资源,突破时间、空间的局限,而建立一个开放的信息环境,以使工程建设项目的各参与方更有效地进行实时信息交流,利用 BIM 成果进行数字化施工管理。

六、物联网

物联网(Internet of Things,IoT)通过射频识别(RFID)、红外感应器、全球卫星导航系统、激光扫描器等信息传感设备,按约定的协议,把任何与工程建设相关的物品与互联网连接起来,进行信息交换和通信,以实现智能化识别、定位、跟踪、监控和管理的一种网络。它在 BIM 应用中主要起到采集施工原始信息,更新 BIM 模型的作用。

七、云计算

云计算是网格计算、分布式计算、并行计算、效用计算、网络存储、虚拟化和负载均衡等计算机技术与网络技术发展融合的产物。它旨在通过网络把多个成本相对较低的计算实体,整合成一个具有强大计算能力的完整系统,并把这些强大的计算能力分布到终端用户手中。云计算是解决 BIM 大数据传输及处理的最佳技术手段。

八、信息管理平台技术

信息管理平台技术通过整合各种信息管理系统,充分利用 BIM 模型中的数据来进行管理交互,使工程建设各参与方都可以在一个统一的平台上协同工作。

九、数据库技术

BIM 技术的应用,将依托能支撑大数据处理的数据库技术为载体,包括对大规模并行处理数据库、数据挖掘、分布式文件系统、分布式数据库、云计算平台、互联网和可扩展的存储系统等的综合应用。

十、网络通信技术

该技术是 BIM 技术应用的沟通桥梁,是 BIM 数据流通的通道,构成了整个 BIM 应用系统的基础网络。可根据实际工程建设情况,利用移动通信网络、无线 Wi-Fi 网络、无线电通信等方案,来满足工程建设的通信需要。

单元五　BIM 技术的优势

一、传统设计的弊端

CAD 的应用,是建筑设计领域的第一次革命,也称为"甩图板运动",它带来了设计效率的巨大提升;BIM 技术的应用,则是建筑设计领域的第二次革命,它不仅带来了 2D 设计向 3D 设计的转变,更为规划、施工、运维等全生命周期管理提供了技术支撑,随着造价、质量、安全等管理要素的加入,项目管理实现了 4D、5D 等多维度的转变。

(1)在理论层面,按照传统做法,工程师在设计时使用二维线条表达三维实体,容易出现图与图、图与表(如平面图、立面图、剖面图、工程数量表)不一致,有些错误即使专业人员也不易察觉。这样的设计一旦交到施工人员手里,理解上就会产生歧义,施工的结果与设计意图出现偏差,这不仅造成工作时间上的延误,还会造成经济损失,甚至影响建筑功能的发挥。

(2)在应用软件层面,CAD软件系统存在的不足主要有:各专业协作设计缺少一个统一的技术平台;2D设计禁锢了设计师的空间想象力和创造力;变更设计时产生的修改工作量巨大;图纸审查和细节检查复杂抽象;项目各参与方缺少信息交流平台,存在信息断层。

二、普通建模的弊端

在建筑行业,有许多常用的三维建模与渲染软件,如SketchUp、3D MAX、MAYA、FormZ、3D studioVIZ等。但是这些软件所建的3D模型仅仅是几何体的组合,并不包含建筑物的物理特性、功能特性,不仅无法进行工程数量统计和建筑性能分析,更无法作为协同设计和协同管理的平台。

三、BIM技术的特点

BIM技术的特点可用"三化三性"进行描述,即参数化、可视化、一体化、协同性、仿真性、可优化性。

1.参数化

参数化建模指的是通过参数(变量)而不是数字建立和分析模型,简单改变模型中的参数值就能建立和分析新的模型。BIM的参数化设计分为两个部分:"参数化图元"和"参数化修改引擎"。"参数化图元"指的是BIM中的图元是以构件的形式出现,这些构件之间的不同是通过参数的调整反映出来的,参数保存了图元作为数字化建筑构件的所有信息;参数化修改引擎提供了参数更改技术,使得用户对设计对象或文档部分所做的任何改动,都可以自动地在其他相关联的对象里反映出来,每一个构件都通过一个变更传递引擎互相关联。构件的移动、删除和尺寸的改动所引起的参数变化会引起相关构件的参数产生变化,任一视图下所发生的变更都能参数化、双向传播到所有视图,以保证所有图纸的一致性,不需要逐一对所有视图进行修改,从而提高工作效率和工作质量。此特性也称为BIM模型的联动性。

2.可视化

为实现设计成果的可视化,设计公司往往会委托专门的效果图公司根据二维线条图完成设计,但效果图无法与二维线条图联动,一旦设计变更,效果图重新制作。而采用BIM进行设计,BIM软件往往具有多种可视化模式,如隐藏线、带边框着色及漫游,设计成果是以三维立体实物图的形式直接展示在人们面前,通过渲染可直接生成效果图,无须重复建模。

在施工阶段,BIM不仅可以展示复杂的构造,进行可视化技术交底,还可以通过为BIM模型添加生长动画、旋转动画、移动动画及创建相机路径,将BIM模型与施工进度计划进行关联,从而实现施工可视化模拟。

3.设计、施工、运维一体化

BIM技术为工程项目的全生命周期管理提供技术支撑,有力推动了设计、施工、运营的一体化。在设计阶段,BIM将整个设计整合到一个共享的建筑信息模型中,使建筑、结构、给排水、电气等各个专业基于同一个模型进行工作,实现了各专业模型一体化,结合碰撞检查功能,有效减少了各专业模型产生的碰撞。设计模型可直接用于施工阶段的材料计算、技术交底、测量放样,钢筋及钢结构模型可直接提交给加工设备,自动完成下料、焊接、弯折等加工,助力智能建造;在此基础上,通过对模型信息进行扩充,可开展施工进度控制、施工4D模拟、施工成本控制、施工质量管理等工作。

设计、施工阶段形成的BIM模型将为工程项目的运维提供帮助,业主可利用BIM直观、形象的特点,进行资产管理、空间管理、应急处置及设施设备的实时健康监测。

4.协同性

(1)设计协同。

在设计过程中,各专业设计师往往会存在沟通不到位的情况,从而导致各专业之间出现碰撞问题。这些碰撞问题很难在平面图纸中进行识别,造成施工返工及工期延误。但是,BIM可在设计阶段对各种碰撞问题进行检测,生成报告,帮助设计师进行修改。

(2)建设管理协同。

基于BIM技术建立的建设管理平台,结合互联网技术、物联网技术及GIS等多种新技术,使得建设、设计、监理、施工各方基于同一信息源开展项目管理工作,可有效降低工作协调难度,提高沟通效率,为工程建设项目管理赋能。

(3)运维协同。

运维阶段的协同管理主要体现在以下方面:①空间管理;②设施管理;③隐蔽工程管理;④应急管理;⑤节能减排管理。

5.仿真性

BIM模型不仅包含有工程项目的空间形、位信息,更重要的是包含有工程项目的物理信息及功能信息,因此,它具有仿真性。

(1)建筑物性能分析仿真。

建筑物性能分析仿真即基于BIM技术建筑师在设计过程中赋予所创建的虚拟建筑模型大量建筑信息(几何信息、材料性能、构件属性等),然后将BIM模型导入相关性能分析软件,可得到相应分析结果。性能分析主要包括能耗分析、光照分析、设备分析、绿色分析等。

(2)施工仿真。

施工仿真也称为预施工。在施工阶段,施工仿真不仅可以对工程数量进行自动计算,而且通过为施工任务添加设备及施工人员,可对施工工艺进行模拟,通过将BIM与施工进度计划相链接,把空间信息与时间信息整合在一个可视的4D模型中,实现对施工进度的模拟;甚至可以将BIM模型导入虚拟现实(VR)系统,不仅可以获得沉浸式体验,还可与模型进行互动。这种仿真,可帮助人们提前发现施工方案中潜在问题,并通过方案优化提前解决这些问题,从而减少对工程项目产生的影响。

(3)运维仿真。

在运维阶段,通过各种传感器,在BIM模型与真实设施(设备)之间建立连接,从而在虚拟世界与真实项目之间形成数字映射,称之为数字孪生。数字孪生不仅具有对现实世界的感知功能,更具有分析、预警、互操作等功能,如各种设施设备的运行监控及预警系统、车-路协同系统。借助这些系统,既可对各种紧急情况进行仿真演练(如地震逃生及消防疏散等),又可实现三维导航甚至无人驾驶。

6. 可优化性

在整个规划、设计、施工、运营过程中,需要经常对方案进行优化,因为优化过程受到信息、复杂程度和时间的影响,尤其是现代建筑的复杂程度大多超过参与人员本身的能力极限,而BIM技术能很好地提高信息量,其配套的各种优化工具提供了对复杂项目进行优化的可能,将复杂问题简单化。通过对项目投入和回报进行分析,计算出各种变化对回报的影响,使得项目决策者知道哪种方案更有利于自身的需求。借助BIM技术,可以使优化过程更高效。

四、BIM 技术的优势

将BIM技术与传统2D设计及普通3D建模进行对比,BIM技术有诸多优势:

(1)BIM可以创建包含大量真实建筑信息的虚拟建筑模型,其中包含建筑构造、建筑材料、工程成本和工艺流程等建造一个建筑所需要的所有组成部分。它是一个包含各类建筑信息的综合数据库,它为规划设计阶段提供了数字化的设计模式,同时为建设项目全生命期提供了统一的数据标准和技术支撑,实现项目全生命周期的应用扩展。

(2)使用BIM进行设计,受力分析、工程绘图、数量汇总、动画渲染均基于同一模型并实时关联,一维、二维、三维的信息完全融合,工程量及材料数量统计速度快、准确性更高,专业间的冲突可通过碰撞检测发现,这将提升纠错能力和设计效率,设计人员在浅层次重复工作上的投入将减少,可将更多的精力用于深层次的方案优化与技术论证。BIM设计优势如表1-1所示。

BIM 设计优势汇总表 表1-1

序号	设计优势	内容描述
1	三维设计	项目各部分拆分设计,便于特别复杂项目的方案设计、建档、项目的质量优化
2	可视设计	项目全范围可视化设计,便于业主决策,减少返工量
3	协同设计	多个专业在同一平台上设计,实现了高效的协同设计
4	设计变更	各部分实时关联,一处修改,处处更新,计算与绘图融合
5	碰撞检测	通过碰撞检测,解决机电管道碰撞问题
6	提高质量	采用阶段协同设计,减少错漏碰撞,提高图纸质量
7	自动统计	可自动统计工程量并生成材料表
8	节能设计	支持整个项目绿色、节能、环保、可持续发展

(3)BIM模型中包含有建造与预制加工所需要的全部信息,可以将模型信息传递给数控机床等预制加工设备或3D打印设备,实现数字建造;通过将BIM与进度计划整合,并配以相应的人工、机械设备及资金,可以进行5D施工模拟及施工方案的优化;同时,BIM技术为建设各参与方提供相应的分布式模型和三维信息处理平台,实现建设信息管理和协同工作,提高沟通与工作效率。

(4)BIM技术为设施设备提供了完备的信息,可以实现运维工况模拟与分析,通过各种传感设备在模型与实体间建立映射,可以实现结构物的状态感知、健康监测、远程控制,为最终的智慧运营管理带来价值。

单元六　数字化时代交通面临的挑战

随着我国交通基础设施进入新发展阶段,项目建设的难度和信息量越来越大,环保、低碳、智能化、安全性及专业间协同工作的要求越来越高,项目不同阶段的信息传递往往存在丢失现象,其完整性、准确性不能保证。与房屋建筑领域相比,交通基础设施行业的信息化、数字化、智能化严重滞后,这给交通基础设施行业的转型带来许多困难。

目前交通建设领域面临诸多问题:

一、传统设计方法较为落后

传统交通基础设施的设计主要借助 CAD 技术完成。CAD 技术是设计行业第一次信息革命,图纸设计从手绘发展到计算机绘图,提高了设计效率,但是,设计方案的表达并不充分,设计图纸与最终建设成果不能很好吻合,不能完全适应交通基础设施建设的迅速发展,主要体现在以下几点:

(1)设计过程中差错难以避免。

交通基础设施项目涉及的专业种类很多,主要包括地质勘察、测量、道路(路线、路基、路面)、桥梁、隧道、排水、照明等工程类别,工程规模庞大、内容复杂,需要多专业紧密配合,不断进行多种不同形式的信息交流,各个专业分别在各自独立的知识体系和软件平台中进行设计,专业之间的接口繁多;在设计过程中,大部分的信息由人工进行共享和交换,不仅效率较低,准确性也没有保障,设计师们在处理和理解其他相关专业的设计数据时,浪费了大量的精力和时间。这样的设计,"错、碰、漏、缺"几乎不可避免,许多深层次问题在设计审查中也难以发现,导致工程实施时产生大量的设计变更。

(2)传统设计工作效率较低。

CAD 技术的应用,虽然降低道路设计过程中人工计算与制图的工作强度,但在设计过程中,不同专业难以同步设计,常常出现多个部门等待一个部门的情况,降低整体工作效率。由于各专业使用的工作平台不同,无法达到完全的信息转换;效果图及三维展示的建模工作需要单独完成,模型只能作为中间成果,无法在后续施工及运维阶段重复利用。

(3)传统设计在变更时工作量较大。

设计变更是影响工程效益的一个重要因素,一旦路线调整,需重复所有改图出图流程,增加设计人员的工作量。

(4)传统设计难以胜任复杂结构的需要。

在设计复杂构造物,尤其面对复杂管线、复曲面、多维度构造物设计时,利用二维设计极易出现大量误差和冲突,导致施工进度缓慢,甚至无法施工。

二、交通建设管理手段滞后

（1）传统二维图纸往往影响对设计意图的理解。

在道路图纸设计完成后，还需要建设方组织设计、监理、施工等单位进行分工与协作，在多方合作的基础之上，共同将设计成果准确无误地实现为道路实体。传统的道路设计成果一般采用二维图纸的方式来表达，无法将设计初衷准确形象地传达给项目参建方。对于业主或者施工方来说，难以获得形象化的感受，影响对设计效果图的理解。作为项目建设的最终实施者，施工单位对设计的理解偏差，经常会导致原本的设计意图得不到实现，最终浪费时间与金钱。

（2）传统管理方式不能适应项目建设的需要。

由于现代交通建设规模不断加大，建造技术变得日益复杂，导致项目建设周期增加，参与主体增多，随之产生庞大冗杂的信息群，这些信息能否有效及时传递必然影响管理控制的效率与效果。由于缺乏有效的信息技术手段，交通基础设施建设项目的信息传递仍以纸介质为主，信息协同性差，信息表达不明确，信息利用价值低，已经不能满足现代化施工信息传递的时效性与数量要求。

在交通行业现代化、工业化、信息化融合的整体战略下，信息化将作为提高交通行业效率和利润的有效途径之一，在未来发挥重要作用。

三、设计成果与运营脱节

道路建设完成后，需要进行长期的运营工作，其间要对其进行管理、养护和维修。目前设计成果尚不能有效为后期运营服务，管理、养护、维修单位与设计单位缺乏充分的沟通，在查找设计资料的过程中费时费力，数据获取只能依靠各种图纸、合同、数据表单等纸质资料，工作难以展开或者是效率低，影响交通设施服务的水平和质量。再者，道路下方特别是城市道路，埋设的各种管线纵横交错，若是建设初期的管线综合设计没有处理好与周围建筑及空间的关系，道路建成后的管线管理与维护就会过于频繁，增加运营成本。

单元七　BIM 技术在我国交通领域的应用

BIM 技术的推广得到交通运输部的大力支持。2015 年，交通运输部将 BIM 技术确定为"十三五"公路行业十大重点技术之首，并开始研发基于 BIM 技术的桥梁设计、管养系统。2017 年发布的《关于推进公路水运工程应用 BIM 技术的指导意见》和《关于开展公路 BIM 技术应用示范工程建设的通知》两个文件，提出要大力推广 BIM 技术和 BIM 数据标准化工作；同年发布的《推进智慧交通发展行动计划》及 2019 年发布的《数字交通发展规划纲要》，提出要加强 BIM 技术在基础设施建设领域的应用，推动交通基础设施的三维数字化呈现。

BIM 技术在交通领域的应用主要集中在可视化设计、方案优化、4D 施工模拟、智能建造、工程建设管理等方面,并逐渐在智慧运维、应急处置及资产管理中得到推广。

一、BIM 在规划阶段的应用

此阶段,在项目可行性研究报告中需要有依据地评价项目的可行性和工程费用估算的合理性,才能做出科学的决策。传统的分析存在诸如定量分析不足、主观因素过重、大量数据信息无法处理等弊端,而 BIM 结合地理信息系统(GIS)对拟建工程项目进行建模,通过 BIM 及 GIS 的强大功能,迅速得出科学的分析结果,帮助项目在规划阶段做出决策。

二、BIM 在项目立项阶段的应用

可以利用 BIM 技术的可视化三维模型阐述、展示设计方案,并在更广泛的范围内听取意见,以获得各方支持。

三、BIM 在勘测阶段的应用

使用 BIM 技术可以在一致的软件环境中完成所有任务,包括直接导入原始勘测数据、最小二乘法平差、编辑勘测资料、自动创建勘测图形和曲面;能够以等高线或三角形的形式来展现曲面,并创建有效的高程和坡面分析;还可将曲面作为参考,创建与源数据保持动态关系的智能对象,同时将任何坡形生成曲面模型。

近年来,国内外学者陆续将 BIM 及 GIS、GNSS、倾斜摄影、实景建模、雷达数据扫描等技术引入到公路勘测设计中,这些技术可以高效完成许多原本耗时的任务,有助于简化项目工作流程。AutoCAD 和 MicroStation 等软件可实现对 2D GIS 数据的调用,Infraworks 软件可以调用 3D GIS 数据,Bentley 系列软件还可以使用 3D 实景模型进行 BIM 模型的构建,实景模型不仅包含有曲面模型,同时还具有高分辨率的真实纹理,所输出的三维网格模型能够准确、精细地复原出建模主体的真实色泽、几何形态,具有逼真的精美细节、清晰的边缘及精确的几何特性。

四、BIM 在设计阶段的应用

BIM 在交通基础设施设计阶段的应用主要有以下方面:

(1)道路建模。BIM 可以帮助我们高效创建道路模型,例如创建动态更新的交互式平面交叉路口模型,利用内置的部件和常用设计规范即可快速设计环岛,包括交通标识和路面标线等。由于施工图和标注始终处于最新状态,设计者可集中精力优化设计。

(2)工程量计算与分析。因为工程数量与 BIM 模型建立了联动,模型的每一次修改,都会及时准确反映在工程数量表中。使用生成的土方调配图表,可分析适合的挖填距离、要移动的土方数量及移动方向,确定取土坑和弃土堆的可能位置。另外,可直接通过 BIM 模型进行径流和排水分析、桥梁结构分析、交通安全分析及项目成本分析。

(3)自动生成施工图。因施工图与 BIM 模型建立了联动,可自动生成标注完整的平面图、横断面图、纵断面图等,使用外部参考和数据快捷键可生成多个草图。

（4）处理变更与评审。因为所有数据均直接来自同一 BIM 模型，进行设计变更时，工程师只需进行少量的手工操作，所有设计成果均自动完成更新。评审时，设计成果将以更加直观的方式展示在专家面前，设计评审更易通过。

（5）协同设计。道路工程师可以将各种路线信息直接传送给结构工程师，以便其在软件中设计桥梁、隧道、涵洞和其他交通结构物，提高设计效率。

（6）提供高质量图纸。通过模型与文档之间的智能关联，可以交付高质量的设计和施工图纸，提高各种图表的一致性。

（7）虚拟漫游及后期成果展示。无须重复建模，利用既有 BIM 模型可以直接制作并渲染为动画，或者利用虚拟现实技术，对设计成果进行展示，给人以真实感和沉浸感。

五、BIM 在工程施工阶段的应用

（1）基于 BIM 的建设管理平台逐渐普及。基于 BIM 技术，结合大数据、人工智能、云计算及物联网等各种新技术，将工程进度管理、工程质量管理、安全管理、材料管理、人员及设备管理、技术管理、日常管理等一系列因素全部整合在同一个管理平台中，建设相关各方协同工作，实现数据共享、远程监控、工程洽商、任务布置、跟踪与检查。

（2）与 BIM 相关的各种新技术在施工中不断推广。无人机倾斜摄影、BIM 放样机器人、三维激光扫描仪、数控机床、3D 打印机等，与 BIM 技术相关联的各种新技术近年来不断发展，使得施工工艺与工作流程不断得到优化，智能建造水平不断提升，工程质量与施工效率持续提高。

（3）基于 BIM 的施工进度管理。将 BIM 技术的 3D 模型和时间维度进行结合，形成 4D BIM 模型。此技术不仅用于可视化模拟施工过程，还可用于施工交底及工人培训，通过施工计划与实际工程进展的直观对比，找出关键线路，变得更加容易，通过优化资源配置、调整施工顺序，使施工进度管理更加科学合理。

（4）基于 BIM 的施工成本控制。在 4D 模型的基础上，增加各模型单元的成本信息，形成 5D BIM 模型，此模型集成了空间、时间、工序、成本等多种信息，便于更精确、更有效地进行成本控制。

（5）利用碰撞检查优化施工方案。运用 BIM 技术在施工前期进行碰撞检查，根据碰撞报告对施工方案进行优化调整，从而在工程开始前发现问题，减少在施工阶段可能存在的错误和返工，避免人力、物力浪费，达到降本增效的效果。

六、BIM 在运维阶段的应用

将 BIM 技术及 GIS 技术引入公路信息化管理，发挥其在空间定位和数据记录方面的优势，能够合理地制订维护计划，提高维护效率。通过各种传感设备，在 BIM 模型与设施设备之间建立一一映射，形成数字孪生，实现关键设施设备的可视化健康监测，并对其适用状态提前做出评判，从而在资产管理和路政执法方面发挥作用。

单元八　常用的交通类 BIM 软件及其选用原则

一、常用 BIM 软件

目前,市面上常用的 BIM 软件主要分为 BIM 模型的构建与应用两个大类。在交通领域,BIM 软件主要有:

(1)欧特克(Autodesk)公司软件。

Autodesk 是目前最常用的 BIM 平台,其优点是操作简单、易上手、功能全,在房屋建筑领域具有优势,缺点是软件运行速度慢,文件格式不统一,对于交通基础设施等大体量模型支持能力较弱。

(2)奔特力(Bentley)公司软件。

Bentley 公司的模型构建软件主要有 MicroStation、OpenRoads Designer、OpenBridge Modeler/Designer、OpenBuilding Designer,模型应用类软件有 LumenRT(效果展示)、Synchro(施工4D 模拟)。其优点是文件较小、格式统一,软件运行速度快,对于交通基础设施等大体量模型具有优势,特别是其内置了中国标准,对国内用户具有较强吸引力;缺点是软件购置成本较高。

(3)达索(Dassault)公司软件。

达索公司的代表软件有 CATIA、Civil 3D Design、SolidWorks,特点是参数化建模能力、表现能力和信息管理能力出色,对复杂形体、超大规模模型支持较好,在机械设计领域具有优势,但在基础设施领域涉足较晚,软件普及度不高。

(4)同豪公司软件。

"公路工程设计 BIM 系统"由上海同豪土木工程咨询有限公司与云南省交通规划设计研究院有限公司合作研发,系统基于 GIS、BIM 和互联网等技术提供一整套全流程、全专业的数字化、信息化、智能化的公路工程设计与管理的集成式解决方案,其特点是完全对接国内标准与规范,拥有完全自主的知识产权,不用担心关键时刻"卡脖子"。

二、软件选用原则

对于一个交通领域从业企业,BIM 软件的选用可以考虑如下基本原则:

(1)基础设施选用 Bentley 公司的 MicroStation、OpenRoads Designer、OpenBridge Modeler/Designer,Autodesk 的 AutoCAD Civil 3D、Infraworks,Dassault 公司的 Civil 3D Design,以及同豪公司的"公路工程设计 BIM 系统"。

(2)结构复杂或异形、预算比较充裕可选择 Dassault 公司的 CATIA。

(3)施工模拟可选用 Bentley 公司的 Synchro、Autodesk 公司的 Navisworks 或 Kalloc 公司的 Fuzor。

(4)建筑可视化展示可选用 Bentley 公司的 LumenRT、Act-3D 公司的 Lumion 及 Kalloc 公司的 Fuzor。

考虑到软件之间的数据传递便利及专业适用性,本书主要介绍 Bentley 公司系列软件。

模块二
MODULE TWO

MicroStation与三维建模基础

学习目标

（1）了解三维建模的基础知识，了解道路、桥涵及隧道结构物的构造特征。

（2）熟悉 MicroStation 软件的操作界面及应用。

（3）掌握创建实体、修改实体以及参数化建模的方法，能够根据三视图创建实体模型，能够根据设计图纸创建道路、桥涵及隧道结构物的三维模型。

单元一　MicroStation 软件简介

MicroStation 是与 AutoCAD 齐名的二维和三维 CAD 设计软件。经过多年的改进，MicroStation逐步由单纯的绘图软件发展成为在建筑、土木工程、交通运输、加工工厂、离散制造业、政府部门、公用事业和电信网络等领域提供解决方案的基础平台之一，如图 2-1 所示。

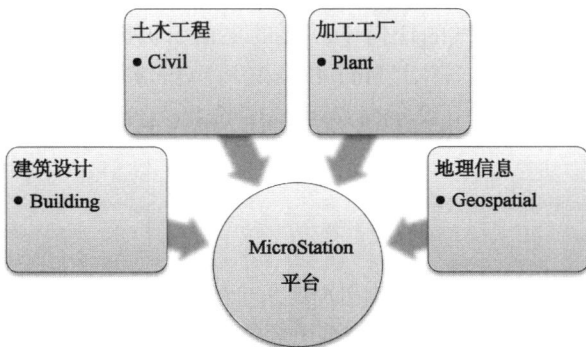

图 2-1　基于 MicroStation 平台的领域

MicroStation 支持大多数硬件平台及操作系统，且对不同的硬件平台及操作系统而言，比如在个人计算机与工作站之间,是完全兼容的,无须经过任何转换。这是 MicroStation 较为突出的技术优势之一,它既能为用户的系统升级提供更大的自由度和节省投资,而且对于大型用户的多平台操作而言,更是追求节能增效不可或缺的技术保障。

MicroStation 不仅仅是一个 CAD 软件,其主要功能包括:

(1)自动生成可交付成果。利用数据驱动的综合 BIM 模型自动创建和共享项目可交付成果,例如图纸、计划表、模型、可视化效果等。

(2)实景建模。轻松集成设计的背景信息,包括实景网格、图像、点云、GIS 数据、Revit 或其他模型、DWG 文件及外部数据源等。

(3)特有的地理坐标系。在特有的标注地理坐标的环境中工作,便于在精确的地理和几何环境中设计 BIM 模型。

(4)功能组件。体验真正的高级设计建模三维参数化设计,利用二维和三维约束,准确捕捉设计意图并进行建模。

(5)超模型建模。通过丰富、可视化的三维体验,将带注释的文档集成到三维模型中,提供对设计更深入的了解。

MicroStation 软件在其升级过程中,主要有 V7、V8、V8i、CE 等版本,本模块内容基于 CE 版本,全称 MicroStation Connect Edition。

单元二 MicroStation 基础入门

一、启动和退出

启动 MicroStation 的方式有多种:或在程序组中,双击 MicroStation 图标;或在 Windows 资源管理器中,双击 DGN 文件图标(扩展名为 .dgn);或将 DGN 文件图标从 Windows 资源管理器拖曳到 MicroStation 图标上;或在 Windows 资源管理器中,双击文件 microstation.exe 的图标。

当工作时,MicroStation 会将所有更改自动保存到磁盘,除非更改相关的缺省设置,因此务必在退出前撤消对 DGN 文件所做的任何不需要的更改,即便没有点击"保存"命令。这点与很多软件大相径庭,要特别留意。退出 MicroStation 可单击应用程序窗口的关闭图标,从"文件"选项卡中选择退出,或从应用程序窗口菜单中选择关闭,或在"键入命令"窗口中键入"EXIT"。

二、文件管理

MicroStation 文档文件称为 DGN 文件,DGN 文件由一个或多个模型组成。"文件"选项卡(详见本单元之三)提供创建、打开和保存 DGN 文件的选项;另外,也可以在工作页面或"打开的文件"对话框中执行这些文件管理操作中的许多操作和其他操作。一次只能打开一个 DGN 文件;如果之前已经打开了一个 DGN 文件,再打开一个 DGN 文件的话,第一个文件将自动关闭。

如图 2-2 所示,工作页面用于查看和管理"工作空间"和"工作集"(参见本单元之六),以及浏览和新建文件。启动 MicroStation 时,如果不指定要自动打开的 DGN 文件,首先看到的窗口将是工作页面;另外,关闭文件时(命令路径:文件→关闭),也会显示工作页面。

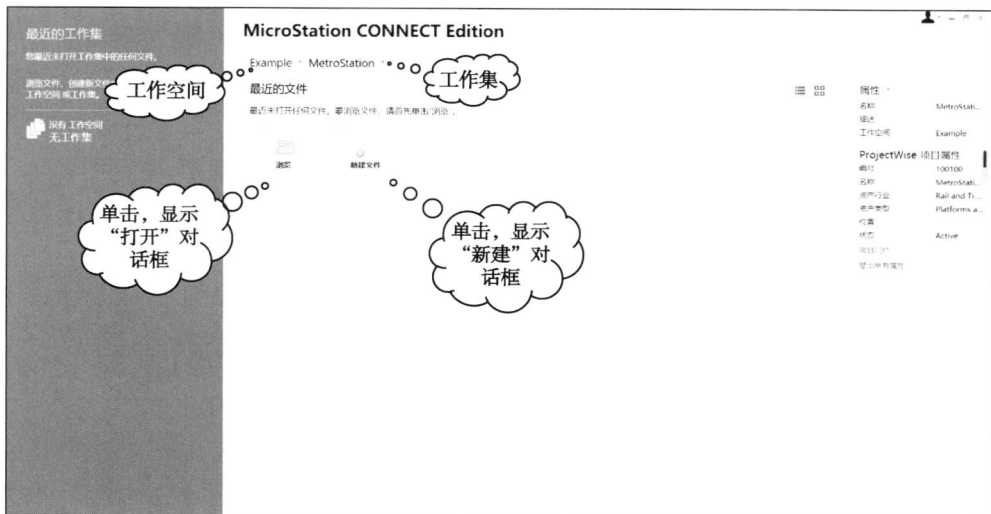

图 2-2　工作页面

从工作页面打开 DGN 文件的主要步骤如下:

(1)(可选)在工作页面中,从工作空间列表中选择需要的工作空间。

(2)(可选)在工作页面中,从工作集列表中选择需要的工作集。

(3)单击浏览,将显示"打开"对话框。

(4)(可选)更改过滤器,从文件名字段旁边的下拉列表中选择需要的过滤器。例如,将过滤器更改为"所有文件[＊.＊]",可显示当前目录中的所有文件。

(5)(可选)导航到需要的驱动器或目录。

(6)在列表框中,选择需要的 DGN 文件;或在文件名字段中,键入需要的 DGN 文件的名称。

(7)单击打开。

(8)(可选)如果文件不属于所选的工作集,将弹出警报窗口,提示文件不属于该工作集或属于另一个工作集。在警报窗口中根据需要进行选择,然后单击打开。文件一旦打开后,将列在工作页面的最近文件部分。这样,下次便可直接从最近文件部分打开该文件。

压缩 DGN 文件可缩小文件大小并清空撤消缓冲区,可以通过"功能区:文件→工具→压缩选项"或"功能区:文件→工具→压缩文件"等方式完成。要在关闭打开的 DGN 文件时自动压缩文件,可以通过"功能区:文件→设置→用户→首选项"打开"首选项"对话框,在其中的"操作"部分中勾选"退出时压缩文件"。

三、软件界面

缺省情况下,应用程序窗口从上至下依次为功能区界面、"视图组"窗口和状态栏;如图 2-3所示。

图 2-3　应用程序窗口布局

　　与之前的 V8 版相比,CE 版的用户界面现在采用了按功能区的设计方式;菜单、菜单项和任务对话框现在均替换为功能区界面;功能区有助于用户用最少的操作轻松找到各种工具和命令。功能区按工作流组织,每个工作流包含多个按任务组织的选项卡。功能区界面如图 2-4所示。

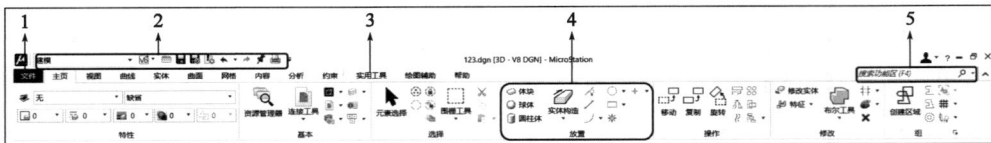

图 2-4　功能区界面

1-"文件"选项卡;2-快速访问工具栏;3-其他选项卡;4-组;5-搜索功能区

　　(1)"文件"选项卡:用于打开后台视图,可在其中执行不同的操作,例如管理文件及其设置、导入和导出文件、访问帮助等。

　　(2)快速访问工具栏:包含用于选择工作流的选项和其他常用命令。

　　(3)其他选项卡:包含一个或多个组。

　　(4)组:一组密切关联且带标签的命令或工具。

　　(5)搜索功能区:输入要在功能区中搜索的单词或短语。

　　(6)CONNECT 通知:钟形🔔表示未读通知数。

　　(7)帮助❓:用于查看账户内容、学习、支持和帮助文档。

　　(8)"登录"标志符号:以 CONNECTED 用户身份登录时显示。

　　(9)最小化:通过单击 ⌃ 最小化功能区。

　　(10)键盘快捷键:(图 2-4 中未显示)利用键盘快捷键可方便地访问各种工具和功能区组。

四、命令体系

在 MicroStation 中,各种工具和操作命令主要分绘图、建模和可视化等工作流;从快速访问工具栏中选择工作流时,将打开工作流选项卡。每个工作流选项卡均包含多个工作组,其中包含用于完成工作流相关任务的工具。MicroStation 命令体系如表 2-1 所示。

MicroStation 命令体系　　　　　　　　　　　　　　　　　　　　表 2-1

工　作　流	选　项　卡	工　具　组
绘图	主页	特性;基本;选择;放置;操作;修改;组
	视图 *	演示;工具;相机;命名边界;剪切;保存视图;窗口;视图组
	注释	文本;批注;尺寸标注;表;细节设计;单元;图案;地形模型
	连接	参考;光栅;点云;实景网格;项类型;数据库
	分析	测量;红线;标准检查器;数据清理;报告
	曲线	创建曲线;修改曲线;曲线实用工具
	约束	二维;尺寸;三维
	实用工具	实用工具;图像;宏;设计历史;安全性;地理;绘图比例
	绘图辅助 *	精确绘图;捕捉;ACS(辅助坐标系);锁定
	内容	项类型;单元
	帮助 *	帮助内容;社交媒体
建模	主页	特性;基本;选择;放置;操作;修改;组
	曲线	创建曲线;修改曲线;曲线实用工具
	实体	基元;创建实体;特征;修改特征;实体实用工具
	曲面	创建曲面;修改曲面;曲面实用工具
	网格	创建;修改网格;网格实用工具
	内容	项类型;单元
	分析	测量;冲突检测;红线修订;标准检查器;问题解决;涉及文件清理;报表
	约束	二维;尺寸;三维
	实用工具	实用工具;图像;宏;设计历史;安全性;地理;绘图比例
可视化	主页	特性;基本;选择;相机;光照;材质;渲染;实用工具;LumenRT
	动画模拟	创建;修改角色;脚本;控件;交通

注:带"＊"的选项卡表示"绘图"工作流、"建模"工作流、"可视化"工作流通用的选项卡。

五、鼠标与键盘

1)鼠标操作

MicroStation 的鼠标操作有其独特之处,缺省状态下,左键代表肯定(接受,确认),右键代表否定(放弃,退出)。左键为数据键,用于选择像素、输入坐标点、放置元素、选择功能表、选择按钮、接受、确定等;若用三键鼠标,则中键为试探键,主要用于捕捉数据点,若用两键鼠标,则相当于同时按左、右键(称之为"合击"),而在"按钮映射"对话框(可以通过"功能区:文件→设置→用户→按钮设定"打开"按钮设定"对话框,点击"重映射按钮"调出)中列出的缺省按钮映射适合两键鼠标;右键为重置键,用于重设或放弃命令执行、循环选择、回到内定的指令、结束绘制元素等操作。通过将鼠标点击及鼠标滚轮运动与按键组合搭配使用,可以实现其他类型的输入。缺省状态下,两键鼠标(带滚轮)主要按键的设定如表2-2所示。

系统缺省两键鼠标主要按键设定 表2-2

主要按键	鼠标左键	鼠标右键	鼠标滚轮
单击	"数据"按钮或单击	"重置"按钮或右键单击	
Shift 键 + 单击		显示视图控制弹出菜单	
按住		显示"重置"弹出菜单	
双击			全景视图
拖曳	定义起始点和结束点 (两个数据点)		平移
Shift 键 + 拖曳			动态旋转视图
Ctrl 键 + 拖曳			旋转视图相机(仅三维)
滚动			缩放
合击	捕捉数据点		
Shift 键 + 合击	打开"捕捉模式"菜单		

注:不建议为已在 MicroStation 中具有特殊含义的按钮-按键组合创建另外的按钮设定。

2)键盘输入

键入命令是在键入命令窗口中输入的用来控制 MicroStation 的键入指令。几乎所有键入命令的功能都可以通过图形用户界面实现。但是,键入命令有时速度更快,特别是因为 MicroStation 可以识别缩写。MicroStation 允许为功能键 F1～F12 设定键入命令,并可将这些功能键与 Shift 键、Alt 键和 Ctrl 键组合使用。MicroStation 将这些设定存储在功能键菜单中,可以通过"功能区:文件→设置→用户→功能键"打开"功能键"对话框,修改功能键菜单。

可以通过"功能区:绘图→主页→基本→键入命令",或按 < F9 > 键(缺省功能键菜单),或使输入焦点位于起始位置,按 Enter 键,访问"键入命令"对话框。MicroStation 可识别缩写的键入命令,缩写不能模棱两可,必须是唯一的。

MicroStation 键入命令为熟悉 AutoCAD 的用户提供使用相关语法的选项,可通过以下三种方式输入 AutoCAD 命令和系统变量:①依次键入 DWG 前缀和 AutoCAD 命令,比如"DWG CIRCLE ",即弹出"放置圆"对话框;②依次键入由 MS_DWG_COMMANDPREFIX 配置变量定义的命令前缀和 AutoCAD 命令,缺省前缀为反斜杠字符(\),比如"\CIRCLE",亦弹出"放置圆"对话框;③依次键入命令前缀和 PGP 文件中定义的命令别名。

六、设置环境

1)配置概念

MicroStation 配置是资源、"配置文件""配置变量""工作空间"和"工作集"的组合,可提供定制的工作环境,从而最大限度地提高用户工作效率。

"配置变量"是命名图元,其中许多可用于指定包含层库、字体和单元库等资源的文件或目录的位置。还有一些"配置变量"将设置为特定值,以控制 MicroStation 中的某些行为。"配置变量"在"配置文件"中指定,其中包括 MicroStation 随附的系统"配置文件",以及针对特定工作自定义的"配置文件"。

"工作空间"是对在特定的广泛上下文中使用的"工作集"、标准文件和关联配置文件进行分组的容器。对于不同的用户组织,"工作空间"分组机制有不同的用途。工程和建筑企业可能对每位客户使用不同的工作空间。资产所有者可能对每项资产或每个部门使用不同的工作空间。因此,可以自定义在用户界面中针对"工作空间"显示的标签。缺省值是中性"工作空间"。每个"工作空间"均有一个或多个配置文件,可指定"工作空间"标准和"工作空间"中所含"工作集"的位置。

"工作集"是文件和关联数据的逻辑分组。每个"工作集"均归一个"工作空间"所有。每个"工作集"均有一个或多个配置文件,可指定构成"工作集"资源和设计的各种文件的位置。在某些情况下,需要用适合特定"工作集"的标准替代或扩充在组织和工作空间层提供的标准。该操作可以在"工作集"配置文件中完成。

2)创建图纸模型

创建图纸模型并打印涉及的内容包括:设计几何图形、用于设置绘图所需的视图、包含出图输出的边框图形和标题块、注释、尺寸标注、索引符号和其他修饰等。如何创建图纸模型或者如何显示设计或绘图模型中的绘图信息,通常有两种方法:缩放边框以包含设计,或缩放设计以适合边框。不论采用哪种方法,宜将绘图信息与设计信息完全分开,便于同一设计模型按不同比例绘图。

缩放边框以包含设计,按比例缩放图纸边框以覆盖设计中的所需区域,还必须对所有文本和尺寸标注进行相同程度的缩放。例如,创建一个 1∶100 的绘图,则放置的所有文本都应当是正常大小的 100 倍,或将"注释比例"设为 1∶100 时且打开注释比例锁,则不必考虑计算文本大小。

缩放设计以适合边框,图纸边框按完整大小放置,设计信息放大或缩小以容纳在边框内,类似于以手动制图创建绘图。所有文本和尺寸标注都以完整大小放置。例如,对于 1∶100 的绘图,设计模型参考将以 1∶100 的比例放在"图纸"模型中,放置尺寸或文本时则按 1∶1 设置字高。

按上述两种方法创建图纸模型的主要步骤及要求如表 2-3 所示。

创建图纸模型的主要步骤及要求　　　　　　　　　　表 2-3

项　　目	缩放边框以包含设计	缩放设计以适合边框
创建文件	根据需要使用参考创建 DGN 文件和设计模型	根据需要使用参考创建 DGN 文件和设计模型
图纸模型	可在与设计几何图形相同的 DGN 文件或单独的 DGN 文件中创建。将"注释比例"设置为将在绘图中使用的主比例	可在与设计几何图形相同的 DGN 文件或单独的 DGN 文件中创建。将"注释比例"设置为 1:1(完整大小)
参考边框	对于图纸模型,按照绘图所需的比例参考边框文件	对于图纸模型,按 1:1(完整大小)参考边框文件
边框连接	在"属性"对话框中,将"边框连接"设置为新连接	在"属性"对话框中,将"边框连接"设置为新连接
参考模型	对于图纸模型,参考绘图主比例为 1:1(完整大小)的设计模型的所有视图。对于所用比例不同于主比例的任何视图,按照缩放因子(主比例/所需比例)参考这些视图	对于图纸模型,按照每个视图的打印比例根据需要参考设计模型的视图
显示格式	必要时,使用"参考"对话框中的"设置参考演示"工具更改参考的显示格式,也可以在"参考"对话框列表框中设置"可见边"设置	必要时,使用"参考"对话框中的"设置参考演示"工具更改参考的显示格式。也可以在"参考"对话框列表框中设置"可见边"设置
注释比例	检查"注释比例"锁是否处于启用状态	检查"注释比例"锁是否处于启用状态
文本尺寸	以所需大小放置文本和尺寸标注。"注释比例"锁会对文本大小进行缩放,以便按所需大小打印文本	在图纸模型中,根据绘图的需要,以所需大小放置文本和尺寸标注。要进行尺寸标注,必须启用"参考比例",以确保在标注参考中的元素时使用的是参考单位
打印绘图	按所需比例打印绘图	按 1:1 比例打印绘图。因为文本按实际大小放置,所以不要求使用"注释比例"锁,但仍建议启用;如需更改绘图比例,可通过更改模型的"注释比例"设置来快速更改所有文本的大小

七、准备绘图

1)种子文件

创建 DGN 文件时,需要指定一个种子文件来作为 DGN 文件的模板,新的 DGN 文件实际上就是种子文件的副本。种子文件不(或者不一定)包含元素,但是与其他 DGN 文件一样,它们至少包含一个(缺省)模型、各种设置和视图配置。使用具有自定义设置的种子文件可避免每次创建新的 DGN 文件时调整设置的麻烦。

种子文件通常存储在 MicroStation 程序目录的"…\Default\Seed\"文件夹或配置目录的

"…\Organization\Seed\"文件夹中。除了通用的种子文件"seed2d.dgn"和"seed3d.dgn"之外，还随附一些针对特定领域的种子文件。

选择种子文件的主要步骤如下：

(1)从功能区中，选择文件→新建，将打开"新建"对话框。

(2)单击与"种子"相邻的"浏览"按钮，打开"选择种子文件"对话框。缺省过滤器为"MicroStation DGN 文件［*.dgn］"，如图 2-5 所示。

(3)根据需要选择文件类型、查找范围及种子文件名，单击打开。

图 2-5 "选择种子文件"对话框

2)工作单位

工作单位是绘图或建模时所使用的现实法定计量单位。通常，工作单位在种子 DGN 文件中定义；可根据需要选择主单位和子单位，主单位是设计中常用的最大单位，如"米"，子单位是方便使用的最小单位，如"毫米"，子单位不能大于主单位。更改工作单位不会影响模型中几何图形的大小，例如，可先按工作单位"米"绘制边长为 1 米的正立方体，然后将工作单位更改为"毫米"，即得到边长为 1000 毫米的正立方体。

选择工作单位的主要步骤如下：

(1)按功能区"文件→设置→文件→设计文件设置"的路径，打开"设计文件设置"对话框。

(2)在"类别"列表中，选择"工作单位"，如图 2-6 所示。

(3)从"线性单位"选项菜单中，选择所需的格式、主单位、子单位及精度等，单击确定，如图 2-6 所示；设置"格式"和"精度"不会影响计算精度，只会影响结果的显示精度；在"线性单位"的"格式"选项菜单中，"MU""SU"和"PU"分别表示主单位、子单位和位置单位。

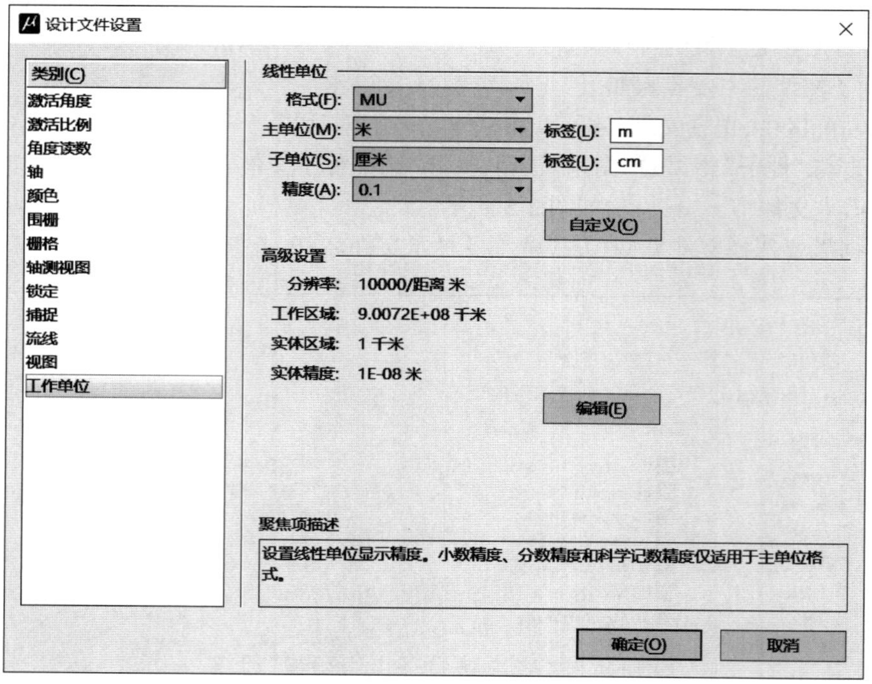

图 2-6 "设计文件设置"对话框

单元三 二维设计绘图

一、基本绘图

在绘图工作中,最常用到的就是绘制基本的几何图形,如直线、曲线、圆弧、多边形等。MicroStation 设有"线性""点""创建曲线""多边形""圆"等工具箱,其中包含各种用于放置基本二维元素的工具,如表 2-4 所示,也可以按功能区"绘图→主页→放置",或"绘图→曲线→创建曲线"等路径找到相应的工具。点击工具后,通过在绘图区域定位所需关键点,可绘制相应的几何元素。

基本几何图形工具　　　　　　　　　　　　　　　　　　　　　　　表 2-4

工具箱	图　标	工　具
线性	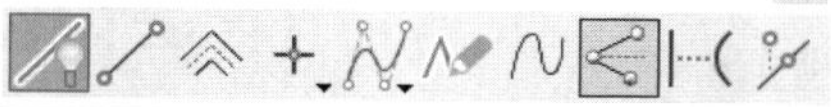	放置智能线,放置直线,放置多线,放置点,创建曲线,放置流线串,放置点或流曲线,构造角平分线,构造最短距离线,按激活角度构造直线
点		放置激活点,在两数据点间构造点,将激活点投影到元素上,在相交处构造激活点,沿元素构造点,沿元素按一定距离构造激活点

续上表

工具箱	图　标	工　具
创建曲线	创建曲线	按点的 B 样条,按切线的 B 样条,合成曲线,弧内插,圆锥曲线,螺线曲线,螺旋曲线,提取轴测曲线,公式曲线
多边形	多边形	放置块,放置形状,放置正交形状,放置正多边形
圆	圆	放置圆,放置椭圆,放置弧,放置半椭圆,放置 1/4 椭圆,修改弧半径,修改弧扫角,修改弧轴

　　"放置智能线"是最常用的线性工具之一,用于将一串连接的线段和弧段作为单独的元素或作为单个线串、形状、圆、复杂链或复杂形状元素来放置。"放置智能线"通常与精确绘图结合使用,可参见本单元之三相关内容。

二、常用编辑

　　MicroStation 设有"操作""修改""组"等工具箱,其中包含各种工具,可对现有元素进行编辑,如表 2-5 所示,也可以按功能区"绘图→主页→操作",或"绘图→主页→修改",或"绘图→主页→组"等路径找到相应的工具。

常用编辑工具　　　　　　　　　　　　　　　　　表 2-5

工具箱	图　标	工　具
操作	操作	复制元素,移动元素,缩放,旋转,镜像,构造阵列,对齐边,拉伸元素,平行移动/复制,移动至触点
修改	修改	修改元素,打断元素,延伸,修剪到交点,修剪到元素,修剪多个插入顶点,删除顶点,构造圆角,构造抛物线圆角,构造倒角
组	组	打散元素,创建复杂链,创建复杂形状,创建区域,添加到图形组,从图形组打散,成组开孔

　　复杂链是将一系列连接的开放元素(线、线串、弧、曲线)分组在一起,以便作为一个图元进行操作;复杂形状与复杂链类似,二者的区别在于,复杂形状中的第一个元素和最后一个元素是连接在一起的,从而形成了闭合形状。可以使用"组"工具从现有元素创建复杂链和复杂形状,也可以使用"放置智能线"工具创建复杂形状或复杂链。

　　复杂链和复杂形状是将两个或多个元素分组在一起,以便作为一个图元进行操作;也可以使用"组"工具箱中的打散元素工具将复杂元素转换为其组件元素,从而可以单独操作它们。

三、精确绘图

　　精确绘图是一种制图辅助工具,用于计算诸如当前指针位置、先前输入的数据点、上一个坐标指令、当前工具需求,以及通过快捷键入或精确绘图选项输入的任何指令等参数。精确绘图随后会生成相应的精确坐标,并将其应用于激活工具。

MicroStation 启动时,将自动激活精确绘图。精确绘图激活后,所有绘图工具都利用它进行动态数据输入。当与其他工具冲突时,精确绘图将不激活,例如在放置围栅、元素选择或尺寸标注过程中。必要时,可按"绘图→绘图辅助→精确绘图"路径,选择打开、关闭或停用精确绘图。

精确绘图最显著的功能是罗盘,如图 2-7 所示。罗盘仅在精确绘图处于激活状态且可控制 MicroStation 坐标输入时可见,此时其充当状态指示器和输入焦点,罗盘中心为精确绘图的原点。精确绘图功能有自己的窗口,名为"精确绘图"窗口,如图 2-8 所示;"精确绘图"窗口可以浮动显示,也可以停靠在应用程序窗口的底部。

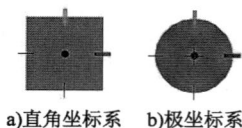

a)直角坐标系　b)极坐标系　　　　a)直角坐标系　　b)极坐标系

图 2-7　精确绘图罗盘　　　　图 2-8　精确绘图窗口

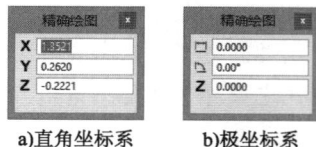

精确绘图可与弹出式计算器无缝结合使用,通过弹出式计算器执行加、减、乘、除等基本的数学运算,不仅可避免使用物理计算器,而且可完全"受键盘驱动",将鼠标保持在视图窗口中,无须在对话框中单击,极大程度地提高了工作效率。

精确绘图包含大量的键盘快捷键,以执行特定任务。表 2-6 列出了其中主要的快捷键、对应的图标及其作用,这些快捷键仅在精确绘图窗口具有焦点时有效。

精确绘图常用快捷键　　　　　　　　表 2-6

快捷键	图标	作　用
Enter		智能锁,在直角坐标中,如果指针在绘图平面的 Y 轴,则将 X 锁定到 0;如果指针在 X 轴,则将 Y 锁定到 0。在"极坐标"中,将"角度"锁定为 0°、90°、－90°或 180°(如果指针位于绘图平面轴),或将"距离"锁定为最后输入的值
M		在"直角坐标"和"极坐标"之间切换
O		将绘图平面原点移动到当前指针位置
V		旋转绘图平面以与视图轴对齐。再次按下此键可恢复上下文相关旋转
T		旋转绘图平面以与标准顶视图中的轴对齐。再次按下此键可恢复上下文相关旋转
F		旋转绘图平面以与标准前视图中的轴对齐。再次按下此键可恢复上下文相关旋转
S		旋转绘图平面以与标准侧视图中的轴对齐。再次按下此键可恢复上下文相关旋转

续上表

快捷键	图标	作　用
E		在三个主平面之间旋转:顶视图、前视图和侧视图(仅用于三维)。当原始平面为ACS或上下文旋转时,此功能同样有效,因此不必使用RX、RY来旋转至90°平面
X		切换X值的锁状态
Y		切换Y值的锁状态
Z		切换Z值的锁状态
D		切换距离值的锁状态
A		切换角度值的锁状态
I		激活捕捉交点模式
N		激活"最近点"捕捉模式
C		激活捕捉中心点模式
K		打开"关键点捕捉等分数"对话框。该对话框用于为关键点捕捉设置捕捉等分数
Q		停用精确绘图

许多绘图工具均已进行优化,以便与精确绘图一起使用。以下通过绘制某挖方路基边坡断面,反映精确绘图的用法及特点,主要步骤如下。

(1)新建文件。

新建文件FL201.dgn,本例可选择2D种子。

(2)设置单位。

为便于输入数据,本例选择"厘米"。

参考命令:功能区,文件→新建;绘图→实用工具→绘图比例→主单位。

(3)绘制过程。

如图2-9所示,选择"放置智能线"工具,从坡度0.02的路肩段开始,鼠标左键确定到A点;键入"T"切换坐标系(本例也可以键入"V"切换到视图坐标系),在精确绘图窗口的Y框中键入"80"即回车,在X框(通过"tab"键切换X框和Y框,下同)中键入"80*4",鼠标左键确定到B点;键入"T"切换坐标系,在X框中键入"150",鼠标左键确定到C点;在Y框中键入"200"回车,在X框中键入"200*3",鼠标左键确定到D点,在"放置智能线"对话框的"顶点"栏,选择为"圆角"(缺省为"尖角"),在"半径"栏输入"350";键入"T"切换坐标系,在Y框中键入"800"回车,在X框中键入"800*0.5",鼠标左键确定到E点,维持"放置智能线"对话框的"顶点"栏及"半径"栏的参数不变;最后绘制自然坡段线。

在绘图过程中,需多次键入"T"切换坐标系,这是由于"放置智能线"工具利用了精确绘图的上下文特性,工具会提示精确绘图将平面的轴旋转到最后两个数据点之间的角度;也可通过"精确绘图设置"对话框的"操作"选项卡的"上下文关联"复选框关闭此功能,关闭后罗盘将保持传统视图轴方位(+X 向右, +Y 向上)。

参考命令:功能区,绘图→主页→放置→放置智能线。

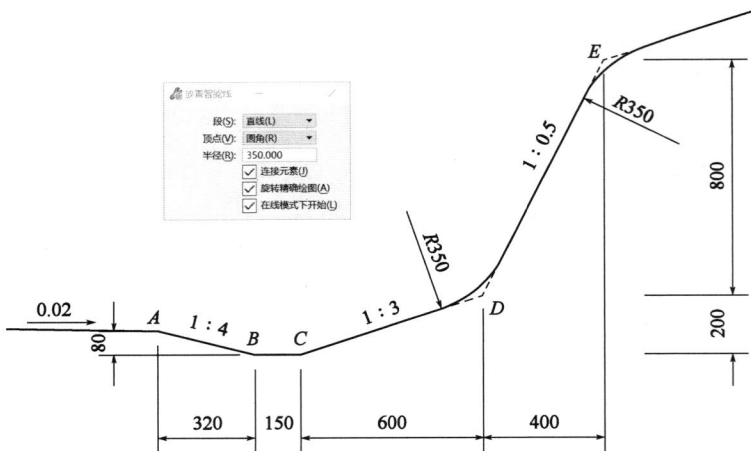

图 2-9   挖方路基边坡断面(尺寸单位:cm)

四、文本和尺寸标注

1)文本

文本可用于为模型和图纸添加注释,可以使用"文本样式"(绘图→注释→文本→管理文本样式)控制文本的字体、对齐方式和大小,如图 2-10 所示;如果打开"注释比例锁"(绘图→绘图辅助→锁定→注释比例锁),新创建的所有文本将自动按"属性"对话框中指定的注释比例因子进行缩放,参见本模块单元二之六相关内容。

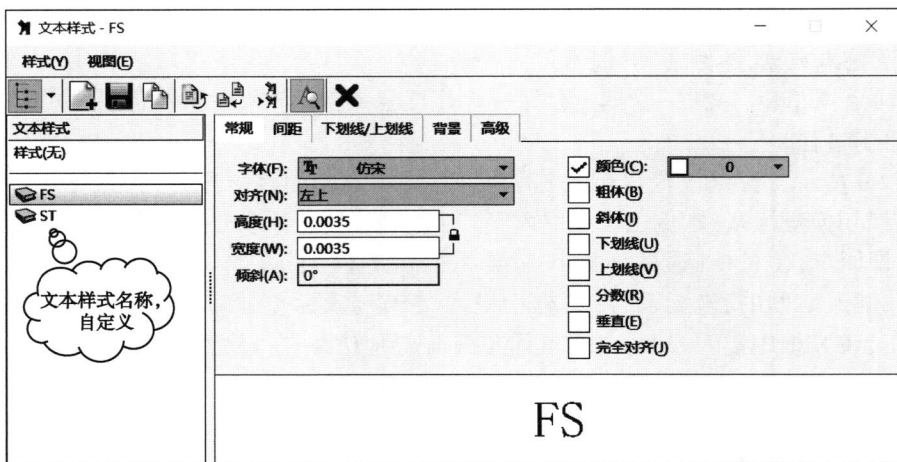

图 2-10   尺寸标注样式

文本样式是字体、宽度、高度和颜色等文本特性的命名集合,利用它可以在模型中自动放置一致的文本。修改样式后,使用文本样式放置的文本元素会自动更新。放置文本元素时可以使用,也可以不使用文本样式。

若发现文本中的汉字躺倒,比如"⼊⼣",是怎么回事呢?是因为选择含"@"的字体,比如"@宋体",可通过改选对应的"宋体"恢复正常。

2)尺寸标注

尺寸标注是设计中的标签,用于显示线性、角度或半径测量值。MicroStation 设置许多尺寸标注工具,其中包括元素尺寸标注、线性尺寸标注、角度尺寸标注、纵坐标尺寸标注、更改尺寸标注、匹配尺寸标注设置、打散尺寸标注元素、重新关联尺寸标注、插入尺寸标注、移除尺寸标注、尺寸标注审核等。

可以使用尺寸标注工具,将尺寸标注作为单独的线、线串和文本或作为一个尺寸标注元素进行放置。尺寸标注元素可以与其进行尺寸标注的一个或多个元素相关联,当修改任何已标注尺寸的元素时,此类关联的尺寸标注将会自动更新。也可根据需要将尺寸标注元素打散为构成它的线、线串、椭圆、弧或文本元素(绘图→注释→尺寸标注→打散尺寸标注元素)。

可通过"尺寸标注样式"对话框(功能区,绘图→注释→尺寸标注→管理尺寸标注样式),创建和管理尺寸标注样式,如图 2-11 所示。

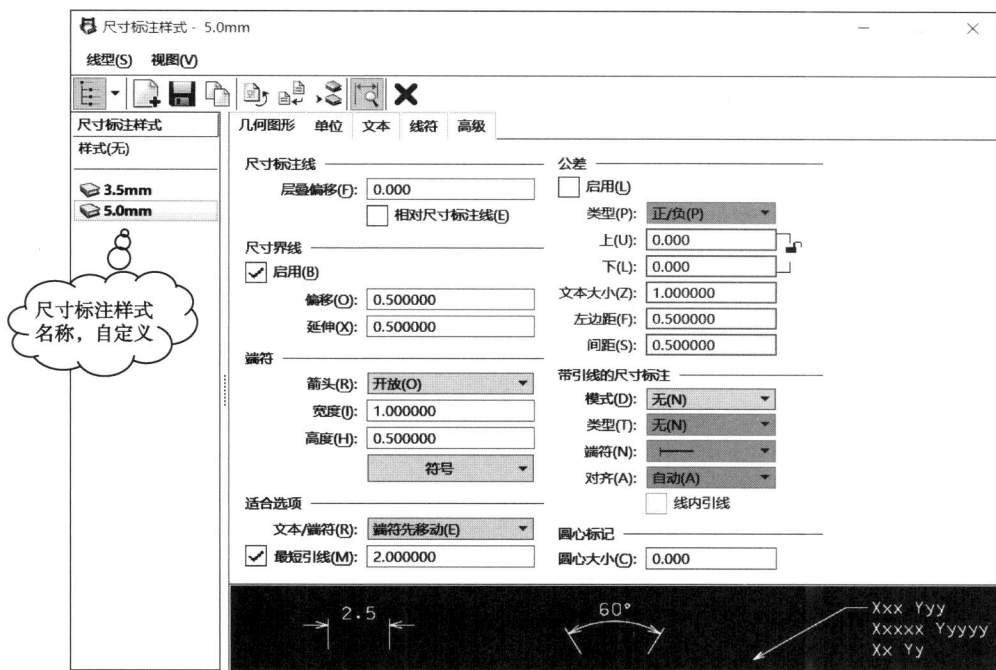

图 2-11 "尺寸标注样式"对话框

如图 2-12 所示,尺寸标注可以包含尺寸标注线、尺寸标注文本、尺寸界线、尺寸标注线端符、前缀或后缀等内容,相应的参数设置详见"尺寸标注样式"对话框中的"几何图形""单位""文本"栏。

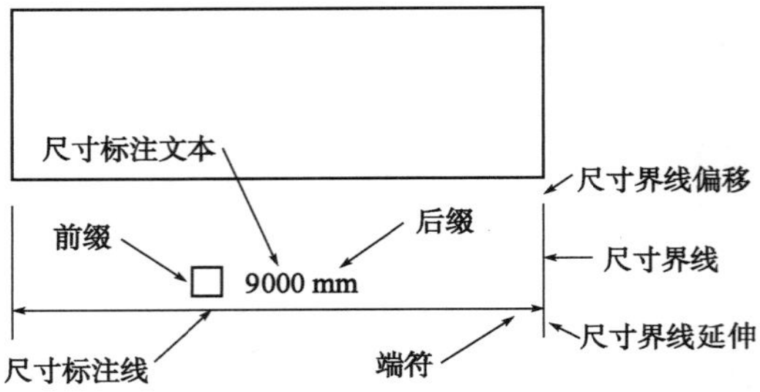

图 2-12　尺寸标注元素组成

五、参考与绘图合成

参考是连接到激活模型并随之显示以供打印或构造的模型,通常参考的元素并不在激活模型中,但在构图或打印时,参考将与激活模型一起显示。参考连接作为整体,无法单独操作其中的单个元素;如需更改,则必须直接打开参考。连接单个参考的步骤如下:

(1)单击参考图标(参考命令:功能区,绘图→连接→参考对话框启动器),将打开"参考"对话框,如图 2-13 所示。

图 2-13　"参考"对话框

(2)在"参考"对话框中,单击连接参考图标。

(3)在"连接参考"对话框中,选择包含要作为参考连接的模型的 DGN 文件。

(4)从连接方法选项菜单中,选择交互式。

(5)单击确定,若选择的文件不属于激活工作集,则会出现提醒此情况的警报,单击确定继续。

(6)在"参考连接属性"对话框中,根据需要调整设置。

(7)单击确定。

参考常用于绘图合成,当团队处理某一项目时,为了方便多人同时工作,会将项目分成多个文件。团队成员分别负责处理项目的各个方面,而参考则用于在整个团队中传达图形内容。绘图合成分为如下六个阶段。

(1)项目标准:在此阶段中,需设置工作空间/工作集范围的种子文件和种子模型并配置 DGN 库文件。

（2）设计合成：在此阶段中，需创建专用于多个设计、设计合成和/或图纸合成的一系列全比例（1：1）参考。设计合成与设计的不同之处在于，它以参考为主。这些参考由不同的层打开/关闭状态、层特性、参考剪切、位置和方向构成。

（3）视图合成：在此阶段中，需合成项目中所需的所有视图（剖面视图或平面视图）。这些视图应包含链接的索引符号和占位符字段。添加到图纸之后，它们将随着项目的推进而自动更新。

（4）图纸合成：在此阶段中，需创建可供发布的完工件图纸。图纸合成是图纸模型中用于定义可供发布的完工绘图图纸的一系列参考和元素。通常会在此处缩放参考以适应图纸，且始终考虑输出打印比例。

（5）计划和报告：在此阶段中，需创建索引图纸并作为表放置。此外，还可以从索引图纸创建报告并将其导出为 Excel 或 ＊.csv。

（6）打印、发布和导出：在此阶段中，需打印或发布图纸并将模型导出为其他文件格式。图纸将在打印机上出图、转换为 pdf 或作为 i-model 发布。

六、应用范例

《公路隧道设计规范 第一册 土建工程》（JTG 3370.1—2018）附录 B 列举了 13 例隧道限界及内轮廓图，选择其中 1 例绘制成图并打印成 PDF 文件，主要步骤如下。

（1）新建文件。

新建文件 FL202.dgn，本例可选择 2D 种子。

（2）设置单位。

按样图的尺寸标注设置单位，以方便输入尺寸数据，本例选择"厘米"。

参考命令：功能区，绘图→实用工具→绘图比例→主单位。

（3）绘制隧道建筑限界图。

首先应用智能线绘制隧道建筑限界图，然后标注尺寸，如图 2-14 所示。在智能线绘制过程中，可根据需要应用快捷键 V 切换绘图轴；可应用不同颜色区分表达各种类型，如重点线、辅助线、尺寸及文字标注等，既便于绘图识别，也便于在打印过程中设置线宽。

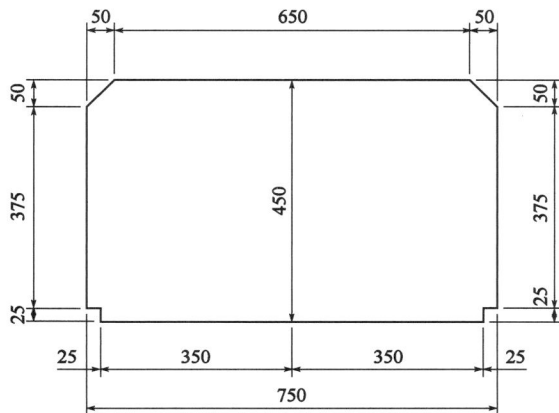

图 2-14 隧道建筑限界（尺寸单位：cm）

参考命令:功能区,绘图→主页→特性→颜色;绘图→主页→放置→放置智能线;绘图→注释→尺寸标注→线性尺寸标注。

(4)绘制隧道内轮廓图。

首先绘制参考坐标系并复制隧道建筑限界图,然后可依次按拱部、仰拱和拱脚的顺序绘制隧道内轮廓图,最后标注尺寸及文字,如图2-15所示。

参考命令:功能区,绘图→主页→放置→放置弧;绘图→主页→修改→构造圆角。

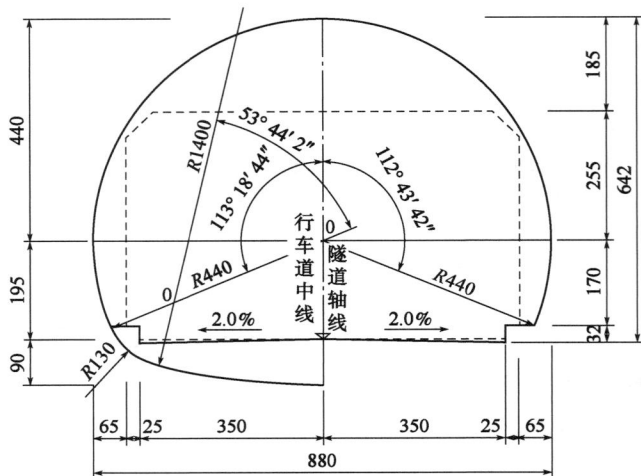

图2-15　隧道内轮廓(尺寸单位:cm)

(5)布图。

通常图形和图框都是按1:1绘制的,布图可缩放图框以适应图形,亦可缩放图形以适应图框。本例选择在图形文档中通过参考的方式加载已经完成的图框,既可避免改变图形信息,也有利于批量修改图框标题栏。

参考命令:功能区,绘图→连接→参考→连接参考;绘图→连接→参考→移动参考。

(6)打印。

为便于确定打印区域,可先设置"图纸";在"模型"对话框的菜单栏中,点击"编辑模型属性",在弹出的"属性"对话框中,将模型的"类型"栏值改为"图纸",如图2-16所示;其后方可在图纸模型中定义图形边界,点击"图纸边界",按弹出的"图纸边界"对话框,设置图纸的大小和位置,如图2-17所示。

参考命令:功能区,绘图→主页→基本→模型…;绘图→视图→图纸边界。

参考命令:文件→打印→打印到PDF;或在快速访问工具栏点击"打印";或按Ctrl+P键。

"打印"对话框设置如图2-18所示,根据需要选择"打印机和纸张大小"及其他各项。

打印线宽通过"笔表"文件设置,点击对应栏的"…"选择"＊.tbl"文件(可通过搜索计算机查找同类型文件),然后点击对应栏的▱,在弹出的"修改笔表"对话框中,点击"映射笔颜色",编辑设计颜色对应的打印宽度,如图2-19所示。

图 2-16　模型的"属性"对话框　　　　　　图 2-17　"图纸边界"对话框

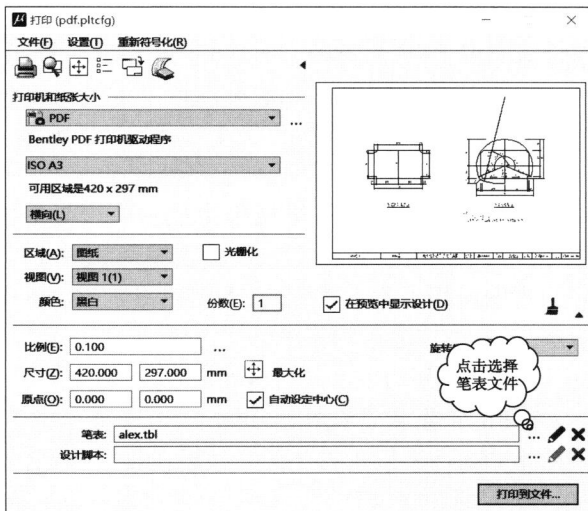

图 2-18　"打印"对话框

图 2-19　"修改笔表"对话框

单元四 三维实体建模

一、基础知识

1）设计立方体与视图体积块

设计立方体表示三维 DGN 文件的总体积块，其中的点以 x、y 和 z 值或坐标定义。MicroStation 随附的三维种子文件中的全局原点是设计立方体的正中心，为它分配的坐标是 $(0,0,0)$。三维 DGN 文件中所有的几何图形是绘制在这个设计立方体中，设计立方体可以看作一个存放各种元素的透明箱子，可以沿任意轴旋转以便观看设计模型，如图 2-20 所示。

视图体积块（有时称为显示体积块）是三维视图中显示的设计立方体范围，在多数情况下，视图中只显示设计立方体的一部分。任何不包含在视图体积块中的元素或元素部分都不显示在视图中，除非已经为视图应用了剪切体积块，否则视图体积块将以窗口区域及其显示深度为边界。如图 2-20 所示，大立方体显示的是设计立方体，"A"表示窗口区域（填充剖面线的区域），"D"表示显示深度，"F""B"分别表示前后剪切面。

三维视图前后剪切面之间的距离就是它的显示深度，位于显示深度范围之外的元素不会显示在视图中，无论视图缩小到何种程度也是如此。也就是说，前后剪切面共同定义了设计立方体总体积块的一个"切片"，只有位于该切片内的元素才可以显示在视图中。初学者经常以为偶然删除了元素，因为怎么缩放都不可见，其实这些元素在显示深度之外。

可以使用设置显示深度视图控制选项改变这些前后剪切面的位置；如图 2-21 所示，以图形方式设置显示深度的主要步骤如下：

（1）确保至少打开两个视图：一为前视图，即要设置"显示深度"的视图；二为顶视图，要求与前视图正交（为便于定义前后剪切面）。另外，还可以打开轴测视图，以动态指示前视图的信息。可以这么理解，前视图为目标视图，顶视图和轴测视图为工具视图。

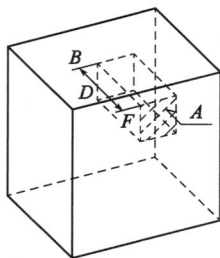

图 2-20　设计立方体

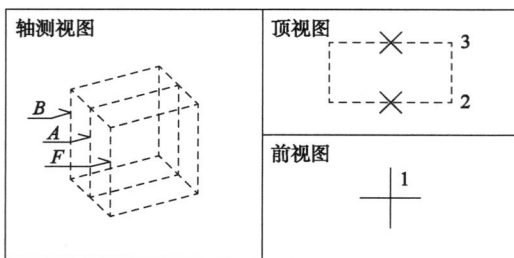

图 2-21　设置显示深度

（2）选择任一视图窗口顶部的"设置显示深度"工具 ▦。若没有该工具，则可通过鼠标右键单击视图控制工具栏调出。

（3）选择要设置"显示深度"的视图，比如通过数据点1选择前视图。如果打开轴测视图，则其动态将指示前视图的信息，包括前剪切面"F"、后剪切面"B"和激活深度"A"。在其他视图中移动指针时，形状会指示将放置第一条深度边界的位置。

（4）定义前剪切面，比如在顶视图中输入数据点2定义前剪切面。若将前剪切面设置为激活深度，则输入数据点的位置为前视图；若将前剪切面设置为激活深度以外的深度，则输入数据点的位置为要顶视图，在所需深度处。

（5）定义后剪切面，比如在顶视图中输入数据点3定义后剪切面。如果为前剪切面和后剪切面指定了同一平面，则将显示一条消息且"显示深度"不会变化。

2）标准视图

在二维模式下，无论怎样旋转视图，实际上仍然是俯视视图，相当于三维模式的顶视图。在三维模式下，由于可以围绕三个轴（而不仅仅是一个轴）旋转视图，因此一共有六个正交方向，每个方向对应一个标准正交视图：顶视图、底视图、左视图、右视图、前视图、后视图。视图的名称还说明观察模型时的视角位置。除了上述视图，还有两种标准视图，即轴测视图和右轴测视图，这些视图经过旋转，立方体中与设计立方体的轴正交的三个面相对于屏幕表面的倾斜度相等，如图2-22、图-23所示。

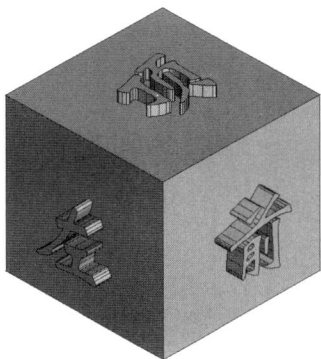

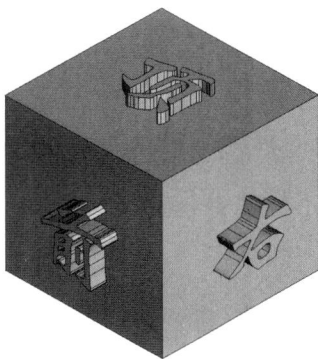

图2-22　轴测视图　　　　　　　　　图2-23　右轴测视图

3）空间绘制二维元素

所有2D工具在3D绘图环境中同样可用，在空间中准确绘制的二维元素，是快速进行3D绘图的基础；在空间绘制二维元素，本质是不断调整绘图平面的方向。

如图2-24、图2-25所示，以正方体边长的尺寸标注为例，阐述在空间准确绘制二维元素的过程。命令：绘图→注释→尺寸标注→元素尺寸标注，然后选择"前"面与"右"面的共棱，此时标注方向不定，确保精确绘图模式处于激活状态，键入"F"则旋转绘图平面得前方标注尺寸，键入"S"则旋转绘图平面得侧面标注尺寸，见表2-6。

4）三维坐标系

在三维模式中，每个视图始终有至少两个坐标系——DGN文件坐标系和视图坐标系可以操作;只有在顶视图中,这两个坐标系才完全一致。旋转视图时,DGN 文件坐标系的轴会随之一起旋转。视图坐标系的轴与屏幕有关,XY 平面即屏幕,X 轴是水平轴,从左向右为正向,Y 轴是垂直轴,从下向上为正向,Z 轴垂直于屏幕,以向屏幕外的方向为正向;在精确绘图模式下,键入"V"则切换到视图坐标系,缺省情况下,X 轴正向和 Y 轴正向分如罗盘中的红、绿粗短线所示。

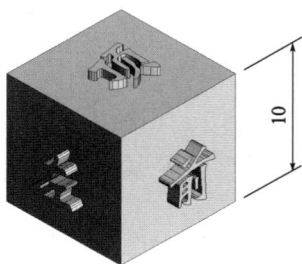

图 2-24　前方标注尺寸

图 2-25　侧面标注尺寸

由于轴测视图和视图坐标系都是默认选项,初学者常在轴测视图中选择视图坐标系绘制图形,从而造成错误的方位;图 2-26 所示为挡土墙的侧面,本应在左视图中绘制,现在轴测视图中选择视图坐标系绘制完成,如何旋转至图中文件坐标系的 YZ 平面? 可通过对齐方式(参考命令:功能区,建模→主页→操作→对齐三维)修改,修改后如图 2-27 所示。

图 2-26　视图坐标系(轴测视图)

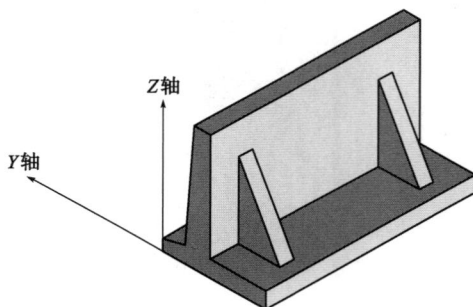

图 2-27　文件坐标系(轴测视图)

辅助坐标系(ACS)是指方向或原点不同于 DGN 文件坐标(全局系统)的坐标系,在其他一些 CAD 系统中,ACS 被称为 UCS(用户坐标系)。通过使用与特定元素的位置和方向相对应的 ACS,可以相对于模型部件(而非全局原点)输入数据点。

二、创建实体

可以通过两种方式创建实体:一种直接放置基元实体,或可称为简单实体;另一种使用轮廓,可以线性拉伸或沿路径拉伸实体,或者可以旋转构造或通过增厚曲面构造实体。

关于第一种方式,按功能区"建模→实体→基元"的命令路径,有 8 种工具,分别为体块、圆柱体、球体、椭圆体、圆锥、椭圆锥体、圆环和线性实体,如表 2-7 所示。

基 元 实 体 表 2-7

基　　元	功能及命令	对　话　框
体块	用于放置具有矩形横截面的拉伸构造实体 命令:功能区,建模→实体→基元→体块	体块实体　　　　　　　—　　× 轴(A): 点(精确绘图)(P) ▼ ☑ 正交(O) ☐ 长度(L): 0.000　　(x) ☐ 宽度(W): 0.000　　(x) ☐ 高度(H): 0.000　　(x)
圆柱体	用于放置实体圆柱——具有圆形横截面的拉伸构造实体 命令:功能区,建模→实体→基元→圆柱体	圆柱实体　　　　　　　—　　× 轴(A): 点(精确绘图)(P) ▼ ☑ 正交(O) ☐ 半径(R): 0.328　　(x) ☐ 高度(H): 1.446　　(x)
球体	用于放置球面实体——具有圆形横截面的旋转构造的实体 命令:功能区,建模→实体→基元→球体	球体实体　　　　　　　—　　× 方法(E): 圆心(C) ▼ 轴(A): 点(精确绘图)(P) ▼ ☐ 半径(R) ▼ 0.000　　(x)
椭圆体	用于放置椭圆体,它是由三个半径定义的实体 命令:功能区,建模→实体→基元→椭圆体	椭圆体　　　　　　　—　　× 轴(A): 点(精确绘图)(P) ▼ ☐ 长半径(P): 0.000　　(x) ☐ 短半径(S): 0.000　　(x) ☐ 第三半径(T): 0.000　　(x)
圆锥	用于放置实体圆锥 命令:功能区,建模→实体→基元→圆锥	圆锥实体　　　　　　　—　　× 轴(A): 点(精确绘图)(P) ▼ ☑ 正交(O) ☐ 顶半径(D): 0.000　　(x) ☐ 底半径(R): 0.000　　(x) ☐ 高度(H): 0.000　　(x)

基　元	功能及命令	对　话　框
椭圆椎体	用于放置椭圆椎体实体,此实体是两个椭圆之间的过渡实体,得到的实体为智能实体 　命令:功能区,建模→实体→基元→椭圆锥体	椭圆锥体实体　　— □ × 轴(A): 点(精确绘图)(P) ▼ ☑ 正交(O) ☐ 底长半径(P): 0.000　(x) ☐ 底短半径(S): 0.000　(x) ☐ 高度(H): 0.000　(x) ☐ 顶长半径(M): 0.000　(x) ☐ 顶短半径(N): 0.000　(x)
圆环	用于放置圆环(环形曲面或实体) 　命令:功能区,建模→实体→基元→圆环	圆环实体　　— □ × 轴(A): 点(精确绘图)(P) ▼ ☐ 长半径(P): 0.000　(x) ☐ 短半径(S): 0.000　(x) ☐ 角度(N): 0.0000　(x)
线性实体	用于通过定义对齐方式来创建墙状实体(矩形截面) 　命令:功能区,建模→实体→基元→线性实体	线性实体　　— □ × 放置方式(P): 外部(O) ▼ 宽度: 1.000　(x) 高度: 4.000　(x) 闭合元素(E)

　　关于第二种方式,按功能区"建模→实体→创建实体"的命令路径,有 4 种工具,分别为拉伸构造、沿曲线拉伸构造、增厚和旋转构造,如表 2-8 所示。

创 建 实 体 表 2-8

创 建 实 体	功能及命令	对　话　框
拉伸构造	用于创建通过按定义的距离线性拉伸轮廓元素(文本、形状或复杂形状、B 样条曲线、曲面或实体元素的面)而生成的实体。拉伸将向平面曲面添加第三个尺寸。在原始轮廓元素及其拉伸体之间形成的面由连接关键点的直线指示 　命令:功能区,建模→实体→创建实体→拉伸构造	拉伸构造实体　　— □ × ☐ 使用激活特性(U) ☐ 保留原始元素(K) ☑ 参数化 ☐ 距离(D): 0.000　(x) 厚度(I): 0.000　(x) 无(N) ▼

续上表

创 建 实 体	功能及命令	对 话 框
沿曲线拉伸构造	通过沿路径拉伸轮廓元素创建实体。轮廓元素可以是形状、复杂形状、B 样条曲面等闭合元素,也可以是实体或曲面元素的选定面;沿路径创建管状实体拉伸 命令:功能区,建模→实体→创建实体→沿曲线拉伸构造	沿路径拉伸构造实体 对齐(L): 法线(N) 锁定轮廓旋转(K): 设计图 X 轴(D) 起点距离: 0.000 (x) 终点距离: 0.000 (x)
增厚	用于增厚现有曲面以创建参数化实体 命令:功能区,建模→实体→创建实体→增厚	增厚曲面 方向: 向前 厚度: 0.020 (x)
旋转构造	用于创建旋转构造的实体——通过绕一根旋转轴旋转轮廓元素(椭圆、形状、复杂链、复杂形状或闭合 B 样条曲线)而生成的复杂三维元素 命令:功能区,建模→实体→创建实体→旋转构造	旋转构造实体 轴(A): 点(精确绘图)(P) 角度(N): 90.0000 (x) 厚度(T): 0.000 (x) 无(N) □ 使用激活特性(U) □ 保留原始元素(K) ☑ 参数化

三、特征及修改

特征是使用特征建模工具创建的实体模型的一部分,通过堆叠或合并特征以实现所需的建模策略,可实现复杂的设计。MicroStation 提供了很多"特征"及"修改特征"工具,可以根据需要修改设计元素,如表 2-9 所示。

特性及修改特征 表 2-9

特征/修改特征	图 标	主要功能及说明
剪切		用于使用轮廓剪切实体。它至少需要一个二维轮廓和一个要操作的实体;轮廓可以是"开放"(例如"线"或"复杂链"等线性元素)轮廓或"闭合"(例如"形状")轮廓。开放轮廓必须延伸至(或超过)实体的边界
圆角		用于为实体、投影曲面或旋转构造的曲面的一条或多条边构造圆角,仅限三维
倒角		用于对实体、投影曲面或旋转构造的曲面的一条或多条边构造倒角,仅限三维

特征/修改特征	图　标	主要功能及说明
孔		在基于特征的实体中构造简单孔、柱形沉头孔或锥形沉头孔
凸出		用于将设计中的闭合轮廓元素（形状、复杂形状、圆或椭圆）用作凸台轮廓，在参数化实体上构造凸台
壳体		用于创建面具有定义厚度的中空实体，仅限三维；可以对标准实体和在某种程度上修改的实体进行抽壳
延展边		用于沿使用轮廓的参数化实体的边定义的路径放置切槽或凸台
压印		用于创建实体边，采用的方法有绘制直线、线串、块、圆、形状以及压印曲线，或者创建现有边的偏移副本；缺省情况下，该工具将识别实体的最近面，并将绘图平面与选定面对齐
锥面		用于对实体上的一个或多个面拔锥
自旋面		用于自旋或围绕某个轴旋转实体的一个面或多个面
编辑特征		用于编辑所选参数化元素或特征的参数；"编辑特征"对话框显示所选特征的可编辑参数，支持对特征进行编辑
修改实体		用于通过交互推拉的方式操作实体的面、边或顶点；精确绘图罗盘可根据选择的图元（单选和多选）自动定向自身。可以随时对自动精确绘图定向进行手动重定向，以获得所需的结果
修剪实体		用于将实体修剪到与另一个实体的交点处
相并		用于合并两个或多个重叠实体，仅限三维
删减		用于将一个或多个重叠实体的体积块从另一个实体中减去，仅限三维；还可以使用该工具减去实体的一部分，以恢复为横截面
相交		用于构造作为两个或多个重叠实体交集的实体，仅限三维

以下通过绘制某实体模型，说明部分"特征"和"修改特征"工具的用法；如图2-28和图2-29所示，根据三视图或轴测图绘制实体模型，主要步骤如下。

（1）新建文件 FL203. dgn，本例选择 3D 种子。

（2）设置单位以便输入数据，本例选择"毫米"。

参考命令：功能区，绘图→实用工具→绘图比例→主单位。

图 2-28　实体模型三视图

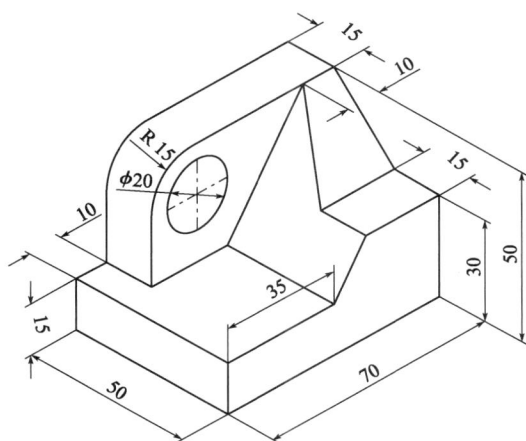

图 2-29　实体模型轴测图（尺寸单位：mm）

（3）在轴测视图中绘制体块并合并，在合并的体块上压印直角梯形，如图 2-30 所示，修改压印的梯形成体，类似拉伸构造，如图 2-31 所示。

参考命令：功能区，建模→实体→基元→体块；建模→实体→修改特征→相并；建模→实体→特征→压印；建模→实体→修改特征→修改实体。

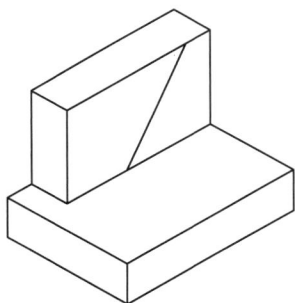

图 2-30　绘制实体模型步骤图（1）

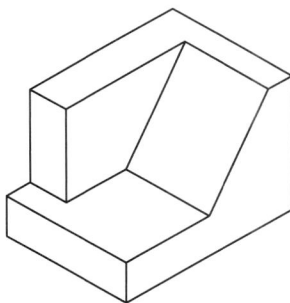

图 2-31　绘制实体模型步骤图（2）

（4）在右轴测视图中压印两线段如图 2-32 所示，修改压印的两线段成体，类似用曲线剪切实体，如图 2-33 所示。

参考命令：功能区，建模→实体→特征→压印；建模→实体→修改特征→修改实体。

（5）在轴测视图中，为实体的边创建圆角，如图 2-34 所示；在实体中放置孔，如图 2-35 所示。

参考命令：功能区，建模→实体→特征→圆角；建模→实体→特征→孔。

（6）标注尺寸，如图 2-29 所示。创建"尺寸标注样式"参见本模块单元三之四相关内容，控制尺寸标注的方向参见本单元之一相关内容。

参考命令:功能区,绘图→注释→尺寸标注→元素尺寸标注;绘图→注释→尺寸标注→半径尺寸标注。

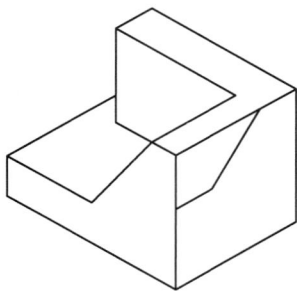

图2-32 绘制实体模型步骤图(3) 　　图2-33 绘制实体模型步骤图(4)

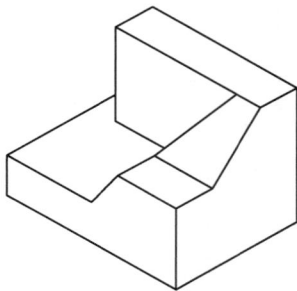

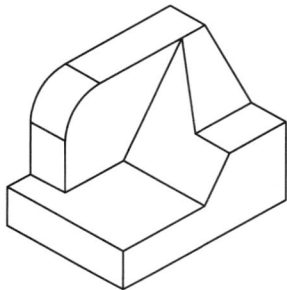

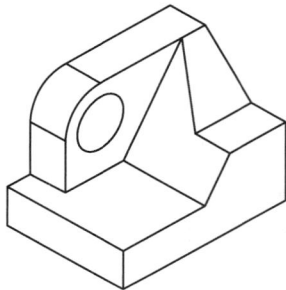

图2-34 绘制实体模型步骤图(5) 　　图2-35 绘制实体模型步骤图(6)

根据相关制图标准,不可见的轮廓线由虚线绘制。在本例实体模型绘制完成后,如何以虚线反映不可见的轮廓线?打开"显示样式"对话框(参考命令:功能区,建模→视图→演示→显示样式),如图2-36所示;新建显示样式"alex"(也可以选择既有显示样式修改参数),双击激活,在"渲染模式"栏的"显示"窗口选择"可视边"或"实心可视边",在"边设置"栏勾选"隐藏边"后,展开选择所需的虚线线型。

四、参数化建模

比起常规的三维工具,使用参数化建模,编辑复杂元素要轻松很多;它无须手动重建元素,只需对用于创建对象的参数稍加更改,就能获得不同的结果。参数化建模的方法有两种:一种是基于历史的建模,另一种是基于约束的建模。前者在建模过程中记录每个操作的输入设置和几何图形,这些操作称为元素的"特征",如本单元之三所述;通过保留而非删除这些信息,参数化元素不仅捕获最终的几何形状,还捕获完整的设计过程;由于每个特征通常都是由一组参数来定义,因此更改这些参数可以生成不同版本的元素。后者通过在草图或二维设计中应用约束,可轻松管理模型修改过程;通过这些约束,即使对创建的模型进行更改,仍然能够保持原始设计意图,这提供了极大的设计灵活性。这种基于约束的参数化建模尤其适用于类型相似但数量很多的项目,比如路基工程中的挡土墙,桥梁工程中的箱梁、T梁,隧道工程中的衬砌等,可以节省大量的时间。下面以挡土墙为例,反映参数化建模的主要流程及方法。

图 2-36 "显示样式"对话框

国家建筑标准设计图集《挡土墙(重力式 衡重式 悬臂式)》(图集号 04J008)列举了大量的挡土墙类型及断面,其中包括仰斜式、折背式、直立式、俯斜式、衡重式、悬臂式等,节选折背式挡土墙的 1 例,截面尺寸及参数如表 2-10 所示。

折背式挡土墙截面尺寸及参数(单位:mm) 表 2-10

选用号		YQ2	YQ3	YQ4	YQ5	YQ6	YQ7	YQ8	YQ9	YQ10
墙高 H		2000	3000	4000	5000	6000	7000	8000	9000	10000
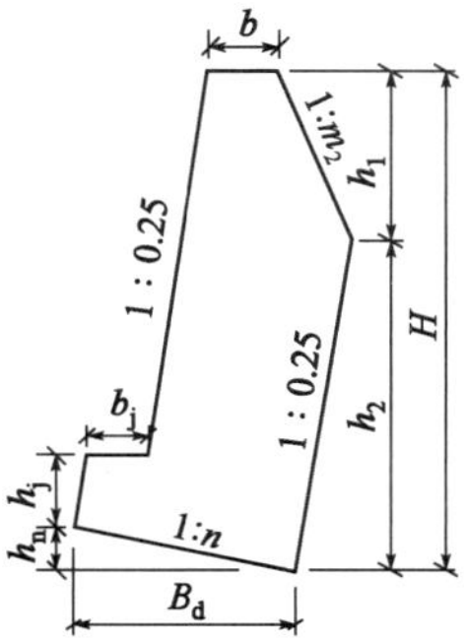	h_1	760	1150	1530	1910	2290	2670	3060	3440	3820
	h_2	1240	1850	2470	3090	3710	4330	4940	5560	6180
	h_j	400	450	500	550	600	650	700	750	800
	h_n	290	420	560	760	910	1060	1210	1490	1650
	b	540	830	1120	1770	2130	2490	2850	3880	4310
	b_j	170	190	210	230	250	270	290	310	340
	B_d	1440	2120	2790	3820	4560	5310	6050	7430	8240
	m_2	0.80	0.80	0.80	0.80	0.80	0.80	0.80	0.80	0.80
	n	0.20	0.20	0.20	0.20	0.20	0.20	0.20	0.20	0.20

1）新建文件

新建文件 FL204.dgn，本例选择 3D 种子。

2）绘制挡土墙截面轮廓

按表 2-10 中 YQ2 尺寸，先设置单位以便输入数据，本例选择"毫米"，后在前视图中绘制挡土墙截面轮廓如图 2-37 所示，为便于表述，图中补充了 O、A 等点位标注。

参考命令：功能区，绘图→实用工具→绘图比例→主单位；绘图→主页→放置→放置形状。

3）对截面设置约束

绘制的挡土墙截面为自由对象，需应用约束使自由度 DOF = 0；应用约束的同时也是设置参数的过程，自由度 DOF = 0 意味着：针对某组设定的参数，有且仅有一个图形与之对应，或者说有唯一解；如图 2-37 和图 2-38 所示，在 O 点设固定约束，在点 OA、CD、EF、FG 之间设水平距离约束，在点 CD、AC、AG、DE、EF 之间竖向距离约束，在线段 OA 和 OG 之间设角度约束，在线段 OG 与 DE、OA 与 FG 之间设平行约束，可得唯一的挡土墙截面。

参考命令：功能区，绘图→约束→尺寸标注→变量。

图 2-37　挡土墙截面轮廓

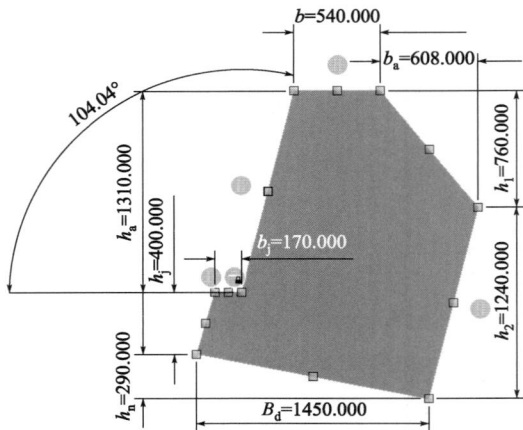

图 2-38　截面约束（尺寸单位：mm）

先在弹出的"变量"对话框中添加"变量"（变量是在模型中定义的命名值），如图 2-39 所示。"变量"主要根据表 2-10 中的参数，其中既有自变量，也有因变量。若为自变量，则直接赋值；若为因变量，则赋函数表达式。比如，在 H、h_1、h_2 三个参数之中，可以认定 H 和 h_1 是自变量，h_2 是因变量，$h_2 = H - h_1$。同理，$B_d = h_n/n$，$h_a = H - h_j - h_n$，$b_a = h_1 \times m_2$，其中 h_a 和 b_a 是增设的参数。所有自变量可临时按 YQ2 对应参数赋值。

接着添加"变化"（变化是变量值的命名集），如图 2-40 所示，并对照表 2-10 中的选用号修改相应参数。

在"变量"及"变化"完成之后，即可通过尺寸标注或其他方式设置约束，如图 2-38 所示。可通过检查自由度 DOF = 0，验证正确设置约束。

参考命令：功能区，绘图→约束→尺寸标注→按元素；绘图→约束→二维→平行/固定/显示自由度。

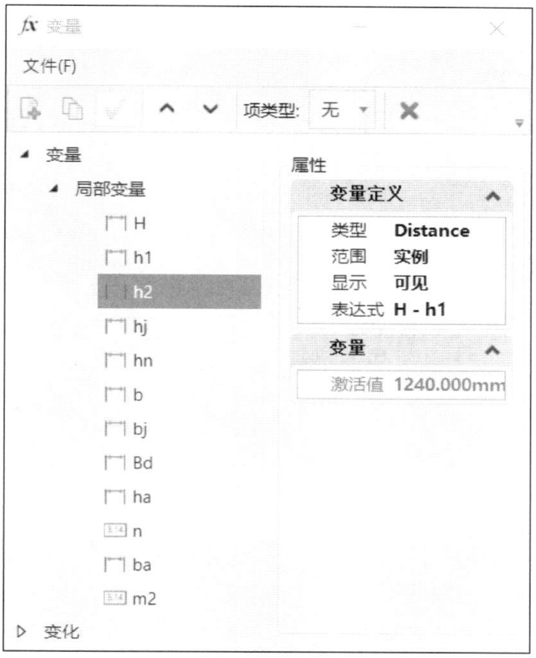

图 2-39 "变量"对话框设置变量

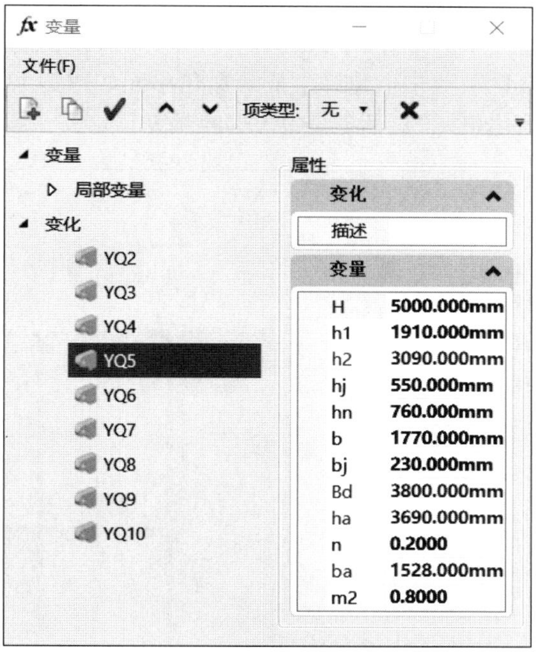

图 2-40 "变量"对话框设置变化

4）创建参数化实体

可利用受正确约束的截面轮廓创建参数化实体,并通过设置的"变化"来选择需要的截面尺寸,如图 2-41 和图 2-42 所示,图中两段挡土墙的纵向长度相同。

参考命令:建模→实体→创建实体→拉伸构造。在弹出的"拉伸构造实体"对话框中,勾选"参数化"选项,然后拉伸生成实体。

图 2-41 折背式 YQ2 挡土墙   图 2-42 折背式 YQ9 挡土墙

5)创建参数化单元

可利用上述参数化实体创建参数化单元,参数化单元是使用变量和等式创建的特殊单元,便于广泛重复使用。

首先新建单元库,参考命令:功能区,建模→内容→单元→管理单元和单元库;在弹出的"单元库"对话框中,点击菜单栏文件→新建,选择路径保存 alex. cel(自命名)。

其后在顶视图中点选既有参数化实体并定义单元原点,参考命令:建模→内容→单元→定义单元原点;在保留的"单元库"对话框中,点击创建;在弹出的"创建单元"对话框中,命名"折背式挡土墙"并选择"参数化",点击创建即生成参数化单元如图 2-43 所示;双击其中"折背式挡土墙"即弹出"放置参数化单元"对话框,如图 2-44 所示。

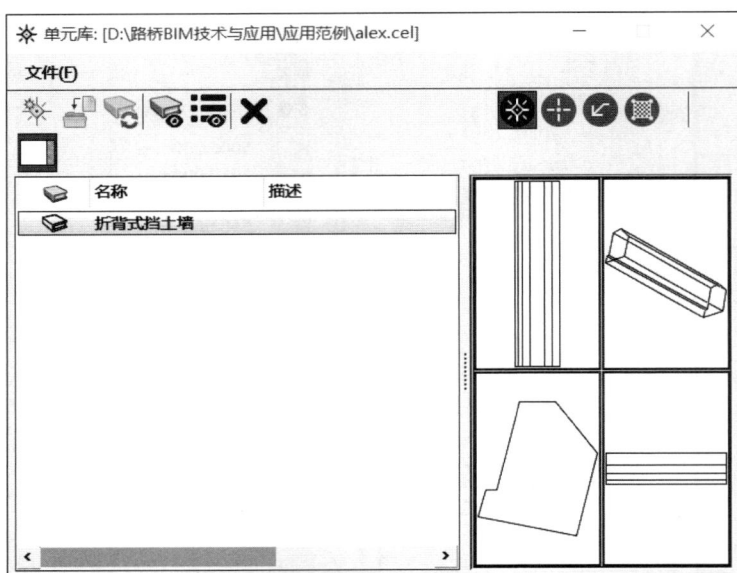

图 2-43 "单元库"对话框

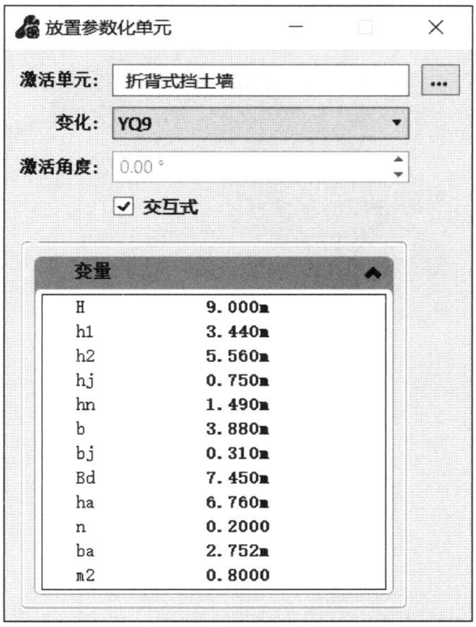

图 2-44   "放置参数化单元"对话框

五、应用范例

1)拱桥模型

拱桥是常见的桥梁形式,其式样之多,数量之大,或为各种桥型之冠;拱桥造型优美,曲线圆润,在公路工程中有大量拱桥。《公路桥涵标准图　石拱桥》(JT/GQB 046-84)中列举大量的尺寸参数,选择其中一例反映建模的主要步骤,具体如下。

(1)新建文件。

新建文件 FL205.dgn,本例选择 3D 种子。

(2)上部构造。

在前视图中绘制主拱和腹拱的轮廓线,主拱跨径 30m,矢跨比 1/5;由轮廓线创建断面,由断面拉伸构造成主拱和腹拱实体,如图 2-45 和图 2-46 所示。

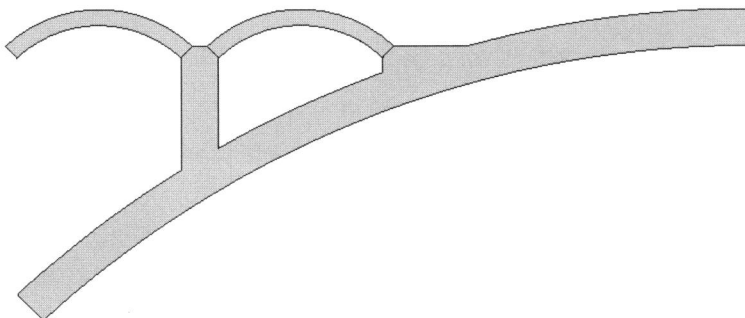

图 2-45   主拱和腹拱断面(半幅)

图 2-46 主拱和腹拱实体

参考命令：功能区，绘图→主页→放置→弧工具；绘图→主页→放置→放置直线；绘图→主页→修改→修改到交点；绘图→主页→组→创建复杂形状；建模→主页→放置→拉伸构造实体。

（3）桥墩构造。

由下往上，先绘制扩大基础实体，后绘制墩身断面，由墩身截面拉伸构造而成实体，补充两端锥体，如图 2-47 和图 2-48 所示。

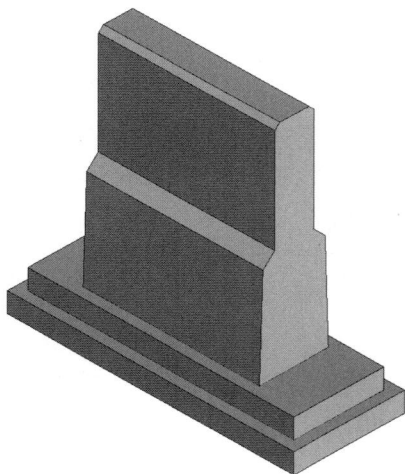

图 2-47 桥墩步骤图(1)

图 2-48 桥墩步骤图(2)

参考命令：功能区，建模→实体→基元→体块；绘图→主页→放置→放置形状；建模→主页→放置→拉伸构造实体；建模→实体→基元→圆锥；建模→实体→修改特征→相并。

（4）U 形桥台构造。

由下往上，先绘制扩大基础实体，后绘制桥台各特征截面，如图 2-49 所示；由桥台特征截面放样曲面，再生成智能实体，如图 2-50 所示；按曲线剪切可得桥台实体，如图 2-51 所示。

参考命令：功能区，建模→实体→基元→体块；绘图→主页→放置→放置正交形状；建模→曲面→创建曲面→放样；建模→实体→实体实用工具→转换为实体；绘图→主页→放置→放置智能线；建模→实体→特征→剪切。

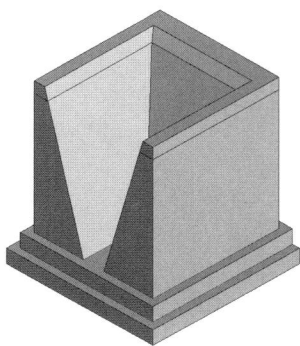

图2-49 桥台步骤图(1)　　图2-50 桥台步骤图(2)　　图2-51 桥台步骤图(3)

(5)引桥式桥台构造。

在前视图中绘制引桥式桥台的轮廓线,由轮廓线创建断面,再由断面拉伸构造成实体,如图2-52和图2-53所示。

参考命令:功能区,绘图→主页→放置→弧工具;绘图→主页→放置→放置智能线;绘图→主页→组→创建复杂形状;建模→主页→放置→拉伸构造实体。

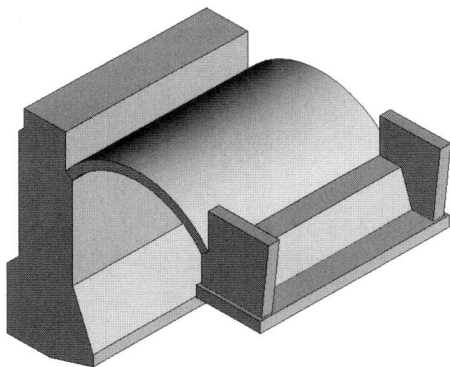

图2-52 引桥式桥台断面　　　　　图2-53 引桥式桥台实体

(6)桥面构造。

组合上部构造、桥墩、U形桥台和引桥式桥台,绘制桥面、路缘石、栏杆等,如图2-54所示。

参考命令:功能区,建模→主页→操作→复制;建模→主页→操作→镜像;建模→主页→操作→阵列。

如何控制镜像的方向?在"镜像"对话框中,关于镜像方向,有垂直、水平和直线三个选项。水平表示围绕水平轴,垂直表示围绕垂直轴,直线表示围绕由两个数据点定义的直线,其中水平轴和垂直轴是特定位置的直线。可见三维空间的镜像与平面镜像一样,以确定对称轴为途径,区别在于平面镜像的对称轴位于特定的平面内,而三维镜像的对称轴则有更多选择,可键入T、F、S、V等快捷键切换绘图面,以选择所需的对称轴。

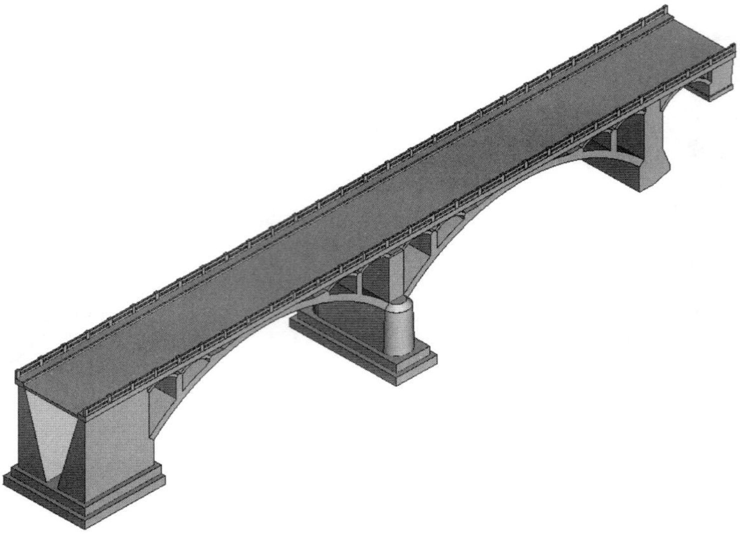

图 2-54　石拱桥构造全貌

2）空心板梁模型

为实现设计和施工的标准化,生产的工厂化和机械化,交通运输部专家委员会曾组织全国多家公路设计单位,针对量大面广的中小跨径桥梁,编制公路桥梁上部结构系列通用图,内容涵盖装配式先张法或后张法钢筋混凝土板和预应力混凝土空心板、装配式预应力混凝土 T 形梁、装配式预应力混凝土箱形连续梁、现浇等截面预应力混凝土连续梁等上部结构形式。选择其中一例后张法预应力混凝土简支空心板梁(1.25m 板宽,跨径 16m,边板),反映建模过程。

(1)新建文件 FL206.dgn,本例选择 3D 种子。

(2)绘制空心板梁的过渡段两端截面,如图 2-55 和图 2-56 所示;在绘制过程中需多次利用快捷键切换坐标轴,参见本模块单元三之三相关内容。

参考命令:功能区,绘图→主页→放置→放置形状。

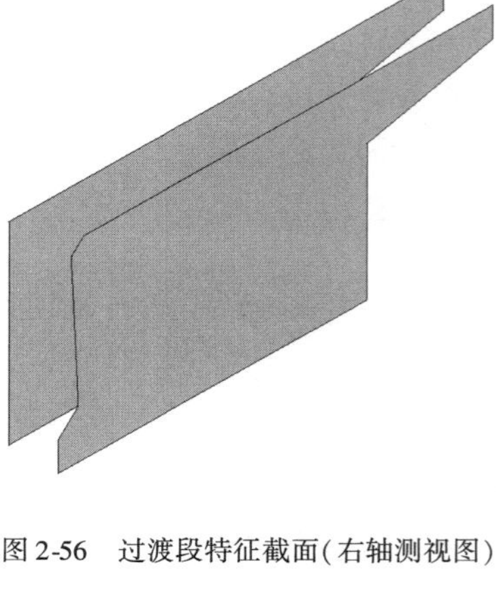

图 2-55　过渡段特征截面(轴测视图)　　图 2-56　过渡段特征截面(右轴测视图)

（3）补充绘制过渡段实体表面并缝合，利用缝合表面生成智能实体，如图 2-57 和图 2-58 所示。通用图中相关图纸的细节表达是比较含糊的，若无实践经验，识图较难；与之相比，图 2-57 和图 2-58 中三维模型更详细、准确和直观。

参考命令：功能区，绘图→主页→放置→放置形状；建模→曲面→修改曲面→缝合曲面；建模→实体→实体实用工具→转换为实体。

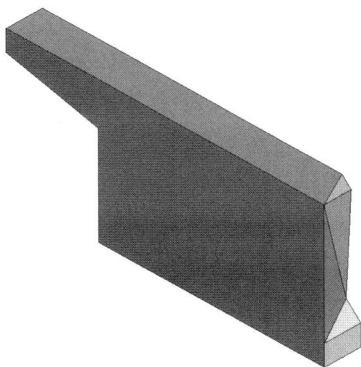

图 2-57　过渡段实体（轴测视图）　　　　图 2-58　过渡段实体（右轴测视图）

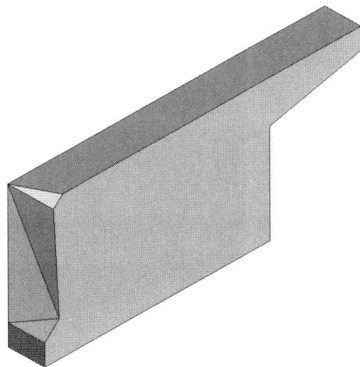

（4）将过渡段实体的端面向两端延伸可得半幅板梁模型，如图 2-59 所示；针对梁端设置锥面，如图 2-60 所示。同样方法可得板梁内空心部分实体，以之为剪切工具（图 2-59 和图 2-60 所示模型为剪切目标）完成实体剪切，进而得到空心板梁模型，限于篇幅，此处不再赘述。

参考命令：功能区，建模→实体→修改特征→修改实体；建模→实体→特征→锥面。

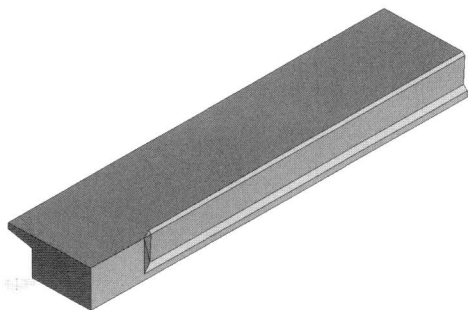

图 2-59　斜度 0°半幅空心板梁模型　　　　图 2-60　斜度 15°半幅空心板梁模型

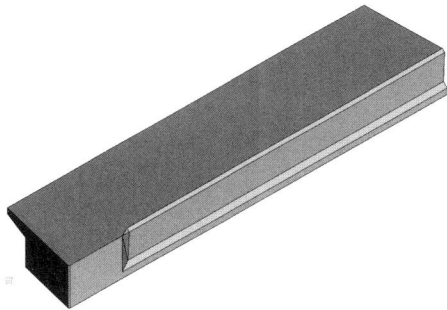

3）单孔圆管涵模型

交通部于 1998 年发布了《公路桥涵标准图　钢筋混凝土圆管涵洞》（JT/GQB 015—98），其中包括单孔涵洞、双孔涵洞、一字墙洞口、八字墙洞口等形式及各种孔径参数，选择 1 例反映建模的主要步骤，具体如下。

（1）新建文件。

新建文件 FL207. dgn，本例选择 3D 种子。

（2）一字墙洞口。

绘制洞口河床铺砌断面，由断面拉伸构造生成实体，见图 2-65；绘制锥形护坡，可先绘制两椭圆椎体,取1/4分别作为剪切的目标实体和工具实体,剪切生成锥形护坡,如图2-61和图2-62所示;绘制涵洞顶帽檐,见图2-65。

参考命令:功能区,绘图→主页→放置→放置形状;建模→实体→创建实体→拉伸构造;建模→实体→基元→椭圆椎体;建模→实体→修改特征→相减。

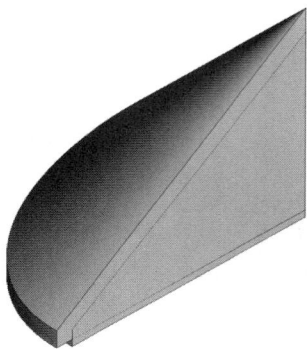

图2-61 锥形护坡步骤图　　　　　　　　图2-62 锥形护坡步骤图

(3)八字墙洞口。

绘制洞口河床铺砌断面,由断面拉伸构造生成实体,见图2-66;绘制八字墙实体,可先绘制前后两端截面,如图2-63所示;通过放样创建曲面,进而生成实体,如图2-64所示。

参考命令:功能区,绘图→主页→放置→放置形状;建模→曲面→创建曲面→放样;建模→实体→实体实用工具→转换为实体。

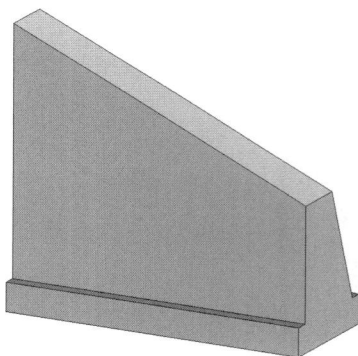

图2-63 八字墙步骤图(1)　　　　　　　　图2-64 八字墙步骤图(2)

(4)管节实体。

可先绘制圆柱体,其后在圆柱体上放置孔,如图2-65和图2-66所示。

参考命令:功能区,建模→实体→基元→圆柱体;建模→实体→特征→孔。

(5)路堤表面。

可先绘制路堤断面轮廓线,通过拉伸断面轮廓线创建路堤表面,参见图2-93或图2-95。

参考命令:功能区,绘图→主页→放置→放置智能线;建模→曲面→创建曲面→拉伸构造。

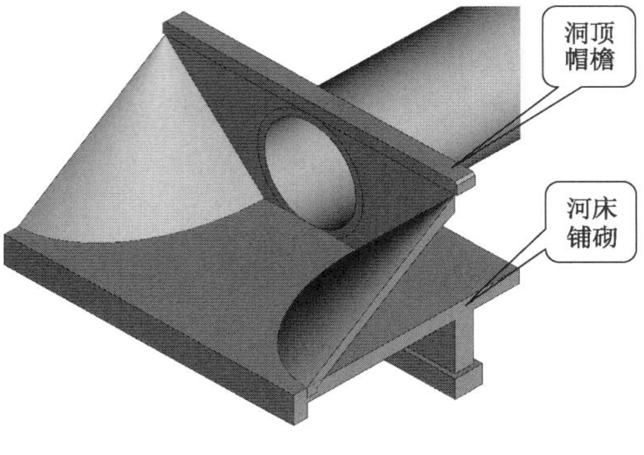

图 2-65　一字墙洞口

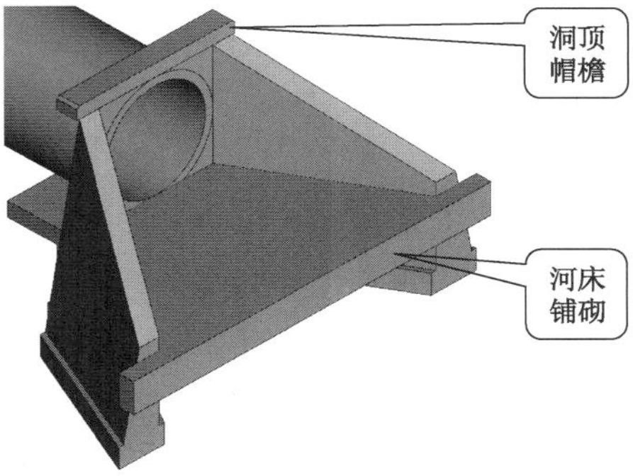

图 2-66　八字墙洞口

4）隧道端墙式洞门模型

公路隧道洞门形式很多,总体上可分为有墙洞门和无墙洞门两大类,如图 2-67 和图 2-68 所示,具体有端墙式、翼墙式、台阶式、柱式、削竹式、喇叭口式等。以最常见的端墙式洞门为例,反映建模的主要步骤,具体如下。

（1）新建文件 FL208.dgn,本例选择 3D 种子。

（2）导入 CAD 文件,可在导入之前对 CAD 文件做必要的整理,导入 CAD 文件要注意尺寸单位。当然也可以如前（本模块单元三之六）所述,直接绘制隧道洞门结构图;但若有现成的 CAD 设计文件,导入明显要便捷很多。

参考命令:功能区,文件→导入→常见文件类型→DWG。

（3）如图 2-69 所示,在轴测视图中,结合导入 CAD 文件的实际情况,可采用绘制或组合的方法得到端墙截面和明洞截面的面域;然后利用截面面域拉伸构造而成实体,如图 2-70 所示,对下一步骤而言,其中既有剪切目标实体,也有剪切工具实体。

参考命令:功能区,建模→主页→放置→放置形状;建模→主页→组→创建复杂形状;建模→主页→放置→拉伸构造实体;建模→主页→修改→修改实体。

（4）利用曲线和上述工具实体剪切目标实体,进一步生成端墙及明洞实体模型,如图 2-71 所示;在洞口正上方的端墙表面,由文字拉伸构造实体可得隧道名牌,由边坡曲线拉伸构造可得洞口边坡面,如图 2-72 所示。

图 2-67　有墙洞门

图 2-68　无墙洞门

参考命令:功能区,建模→实体→修改特征→剪切实体;建模→实体→修改特征→相减;建模→曲面→创建曲面→拉伸构造。

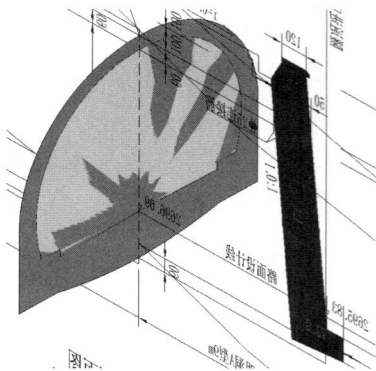

图 2-69　端墙式洞门步骤图(1)

图 2-70　端墙式洞门步骤图(2)

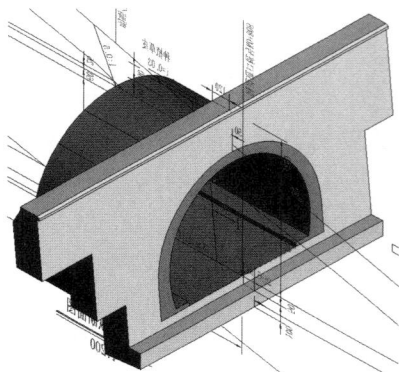

图 2-71　端墙式洞门步骤图(3)

图 2-72　端墙式洞门步骤图(4)

5)隧道削竹式洞门模型

削竹式洞门也是极为常见的隧道洞门形式之一,因形似削竹而得名。削竹式洞门结构是一段特殊的明洞衬砌,建模的主要步骤如下。

(1)新建文件 FL209. dgn,本例选择 3D 种子。

(2)导入 CAD 文件,由明洞断面轮廓线生成断面面域,由面域拉伸构造生成实体;经实体剪切和曲线剪切后,如图 2-73 所示。

参考命令:功能区,文件→导入→常见文件类型→DWG;建模→主页→组→创建复杂形状;建模→实体→创建实体→拉伸构造;建模→实体→修改特征→剪切实体;建模→实体→特征→剪切。

(3)生成两相交实体,如图 2-74 所示;取两实体相交部分,得到削竹式洞门的帽檐,如图 2-75 所示;组合图 2-73 和图 2-75 而成削竹式洞门实体模型,如图 2-76 所示。

参考命令:功能区,绘图→主页→放置→放置椭圆;建模→实体→创建实体→拉伸构造;建模→实体→修改特征→相交;建模→实体→修改特征→相并。

图 2-73　削竹式洞门步骤图(1)

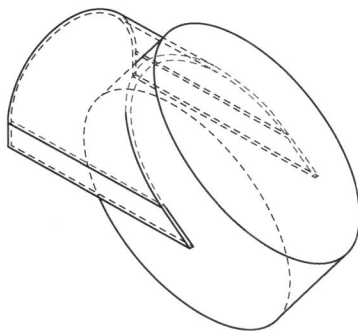

图 2-74　削竹式洞门步骤图(2)

图 2-75　削竹式洞门步骤图(3)

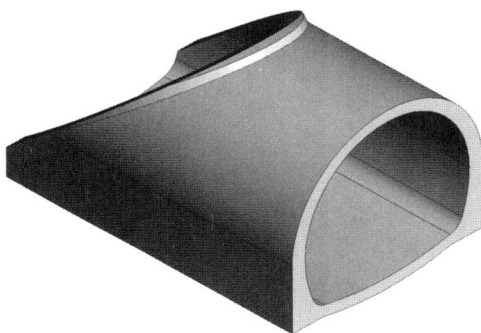

图 2-76　削竹式洞门步骤图(4)

6)隧道复合式衬砌模型

隧道衬砌是支护隧道围岩的结构体,按结构受力及施工方法可分为锚喷式衬砌、整体式衬砌和复合式衬砌。在公路隧道中,复合式衬砌是普遍采用的衬砌类型,以下反映建模的主要步骤。

(1)新建文件 FL210. dgn,本例选择 3D 种子。

(2)导入 CAD 文件,由断面轮廓线生成断面面域,由面域拉伸构造生成实体;按由内到外的顺序,依次生成道床、电缆沟、二次衬砌及初期支护等,如图 2-77 ~ 图 2-79 所示;为便于反映洞内,可选择剖视图,如图 2-79 所示。

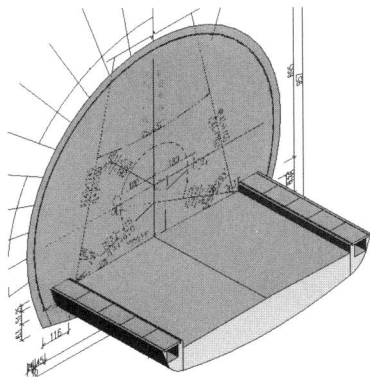

图 2-77　隧道衬砌步骤图(1)

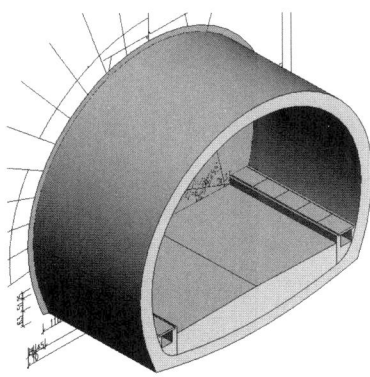

图 2-78　隧道衬砌步骤图(2)

参考命令:功能区,文件→导入→常见文件类型→DWG;建模→主页→组→创建复杂形状;建模→实体→创建实体→拉伸构造;建模→实体→修改特征→剪切实体;建模→视图→剪切→剪切体积块。

(3)绘制锚杆,沿隧道外轮廓线阵列,如图2-80所示。注意,系统锚杆按梅花形布设。

参考命令:功能区,建模→实体→基元→圆柱体;建模→主页→操作→阵列。

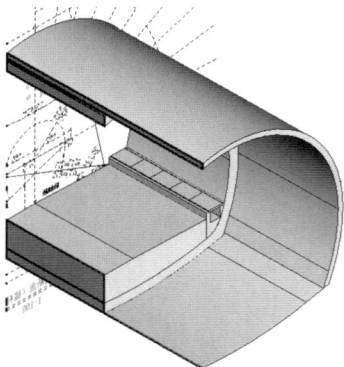

图2-79 隧道衬砌步骤图(3)

图2-80 隧道衬砌步骤图(4)

7)隧道渐变段模型

在公路隧道中特定位置会设有渐变段,比如紧急停车带处。以紧急停车带与普通段之间的渐变段为例,反映建模的主要步骤如下。

(1)新建文件 FL211. dgn,本例选择 3D 种子。

(2)导入 CAD 文件,由普通段和紧急停车带的断面轮廓线生成断面面域,如图2-81所示;由两面域放样曲面,再生成衬砌渐变段实体,如图2-82所示。

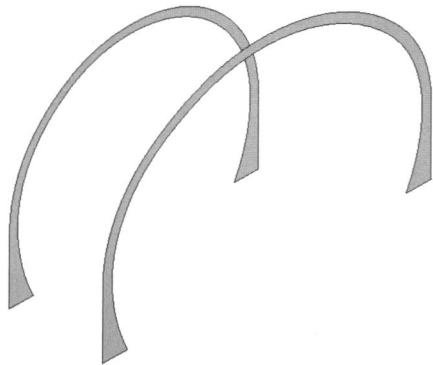

图2-81 隧道渐变段步骤图(1)

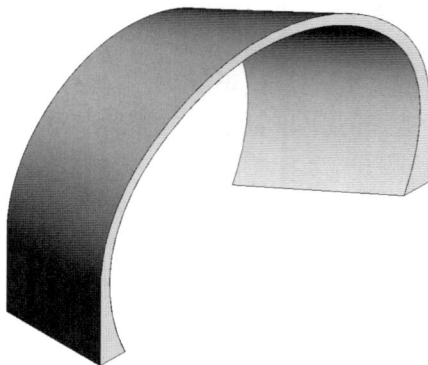

图2-82 隧道渐变段步骤图(2)

参考命令:功能区,绘图→主页→组→创建复杂形状;建模→曲面→创建曲面→放样;建模→实体→实体实用工具→转换为实体。

(3)同样方法可生成路面、电缆沟和水沟渐变段模型,再补充两端的普通段和紧急停车带衬砌结构及设施模型,如图2-83和图2-84所示。

图 2-83　隧道渐变段结构

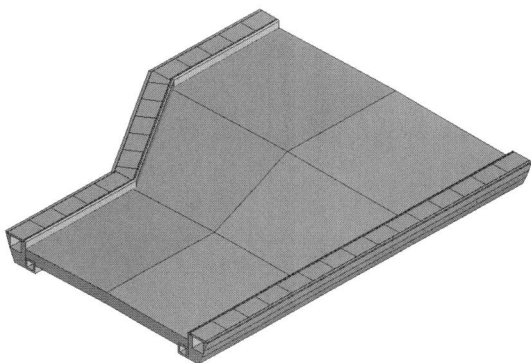

图 2-84　隧道渐变段路面

参考命令：功能区，建模→曲面→创建曲面→放样；建模→实体→实体实用工具→转换为实体；建模→实体→创建实体→拉伸构造。

单元五　渲染

一、渲染简介

渲染是指通过显示着色曲面描绘三维模型的过程，通过渲染设置可以从快速草稿级输出更改为照片实感最终图像。可以通过"视图特性"或"更改视图显示样式"对话框设置视图的显示样式，将视图设置为着色模式，可以在"经过渲染"的视图中工作。

渲染前通常需要为模型赋予材质、设置照明和确定观察角度与方式。要生成具有真实感的渲染图像，光照必不可少。渲染依赖于设计文件中曲面对光的反射，材质定义包括影响光照处理方式的各种属性的设置。对于静态单幅画面的渲染，模型材质表面的视觉效果受照明影响较大，因此建议在设置光照之后赋予材质。设置虚拟视图相机是准备渲染图像的最后一步，设置光、定义和应用材质特征并设置虚拟视图相机之后，下一步是综合运用并创建渲染图像。

二、光照

有三种类型的光照可用于渲染：自定义光源、全局光源和建模光线。自定义光源和全局光源均被视为场景光照，在视图特性"缺省照明"处于关闭状态时使用。如果打开"缺省照明"，则可使用建模光线。建模光线从视点向外发散并从观察者的视角在模型上提供光。

MicroStation 支持"点光""聚光灯""方向光""区域光"和"自然光"等光源类型，相关功能及说明如表 2-11 所示。

光源类型及功能　　　　　　　　　　　　　　　　　　表 2-11

光源类型	图标	主要功能及说明
点光		与灯泡类似,点光源的光线将向各个方向辐射。要创建点光源,通常只需定义其位置
聚光灯		具有锥形光束的方向光,与实际射灯工作原理类似;要创建聚光灯光源,首先需要定义光源的位置,然后定义目标点
方向光		方向光,在整个模型中生成平行光线。也就是说,光源的方向定义照亮朝向光源的所有表面的均匀光方向。无论这些表面位于模型中的光源之前还是之后,这一点均适用;创建方向光源时,首先需要定义光源的位置,然后是其方向
区域光		对于许多散射照明情况非常有用,例如,模拟荧光灯发出的光线;可以从任何现有的凸多边形(必须是凸多边形)创建区域光源,方法为定义几何图形(多边形)的形状,然后在选择了"区域光"的情况下选择"放置光源"工具
自然光		自然光不是传统意义上的真正光,而是使用太阳光时的一种控制方法。使用太阳光时,整个模型中都会存在光线。为了提高效率,可创建一个或多个自然光,将计算限制为仅通过自然光的光线。对于使用太阳光从外部照明的室内空间,尤其应该使用自然光。可以按照放置区域光的方式放置自然光;例如,表示窗户的开口将指向房间内部,即阳光从窗户射入房间的方向

可按功能区"可视化→主页→光照→光照"的路径放置光源,"放置光源"对话框如图 2-85 所示。光源单元放置在激活层上且通过构造类元素生成。为了避免光源元素出现在渲染视图或图像中,在渲染之前,必须通过关闭元素所在的层或者关闭视图构造将其"隐藏"。此设置位于"视图特性"对话框中,如图 2-86 所示。创建光源时,系统会提供缺省名称,如图 2-85 中的"区域光(20)",但建议采用更有意义的名称命名光源,以便在修改光源设置时能通过名称在"光管理器"对话框中轻松识别光源,如图 2-87 所示。对于点光源、聚光灯光源或方向光源,光源单元的大小不会影响图像中的光线;区域光源的大小由创建它的元素定义,元素和光源的大小将影响渲染的图像。

全局光源包括"环境光""闪光灯""太阳光"和"天幕",可以使用"光管理器"对话框定义,如图 2-87 所示。"环境光"无孔不入,均匀照亮所有表面,因此增大其强度会减小着色视图的深度或对比度。但是,环境光在模拟背景办公室照明或照亮原本无法接收光的表面时非常有用。"闪光灯"从视图的视点提供点光源,由于闪光灯光源始终源自相机或视图的视点,因此在引入其他光源前使用它进行"第一次尝试"渲染会很方便。"太阳光"用于模拟太阳发出的光,除了指定"太阳光"的位置和时间外(图 2-88),还可以在模型中定义"北"方向。"天幕"是一种来自想象的天空半球每个方向的方向光,天幕提供直接照明,可以使用此设置添加来自天空的大气光。

图 2-85　"放置光源"对话框

图 2-86　"视图特性"对话框

图 2-87　设置区域光

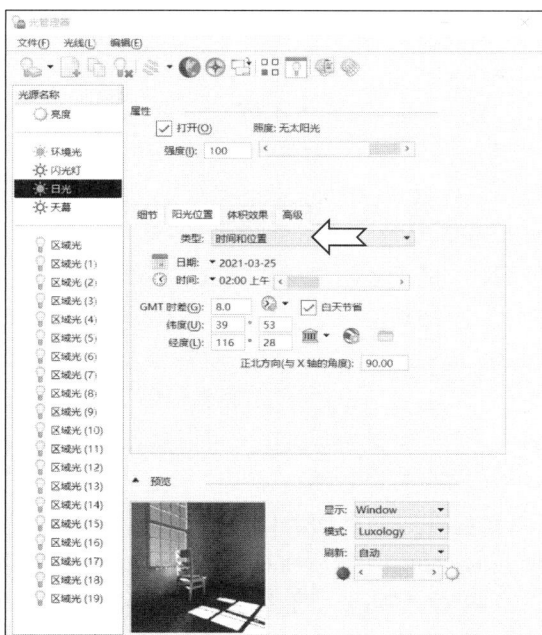

图 2-88　设置日光

三、材质

渲染依赖于设计文件中曲面对光的反射,材质定义包括影响光照处理方式的各种属性的设置。材质定义是在材质板中创建并存储与颜色、纹理、透明度和光洁度相关的特性。材质定义和分配可以分为本地和外部两种类别;缺省情况下,材质是本地材质并随 DGN 文件一起保存在材质板中。

MicroStation 设有"材质"工具箱,其中包含用于定义和应用材质、动态调整图案/凹凸贴图、查询或预览材质以及调整环境设置的工具,如表 2-12 所示;也可以按功能区"可视化→主页→材质"路径找到相应的工具。

材 质 工 具 表 2-12

工 具	图 标	主要功能及说明
定义材质		用于打开"材质编辑器"对话框,该对话框可用于为渲染定义材质和创建材质板
应用材质		将材质应用/连接到模型中的几何图形或从模型中的几何图形移除材质,或者定义环境贴图
动态调整贴图		交互移动、缩放或旋转先前应用的图案贴图或凹凸贴图
查询材质		查询元素的材质分配。用于查询模型中的元素是否具有通过分配或连接与其关联的材质
环境贴图		用于打开"环境管理器"对话框,该对话框支持定义使用 Luxology 渲染时所用的环境设置

MicroStation 提供了许多示例材质定义,为了更好地管理大量的"材料",MicroStation 设置了"材料分配表""材料板"等层次,在"材料分配表"放置多个"材料板",比如"Blocks&Bricks"(砌块和砖)、"Landscape"(景)、"Wood"(木)、"Water"(水)、"Stone&Gravel"(石)、"Concrete&Pavers"(混凝土和路面)等,各"材料板"放置多种材料。若有必要,也可通过"材质编辑器"对话框创建材质定义,定义新材质的主要步骤如下:

(1)按功能区"可视化→主页→材质→材质编辑器"路径,打开"材质编辑器"对话框,如图 2-89 所示;必要时,可在对话框左侧单击加号/展开图标,显示材质板树。

(2)在对话框的下拉菜单栏中,点击"材质板→新建",之后将在材质板树中显示,其缺省名称为"新建材质板[1]",可以修改名称;若不新建材质板,则直接略过此步骤。

(3)在材质板树中点选"新建材质板[1]",若没有新建材质板,也可以点选已有的材质板;之后在对话框的下拉菜单栏中,点击"材质→新建",或在材质板树下方空白处通过右键选择"新建材质";然后将在材质板树中显示"新建材质[1]",可以修改名称。

(4)如果需要,调整设置并选择一个图案贴图或凹凸贴图。

"材质编辑器"对话框有"高级"和"PBR"两种模式,PBR 是基于表面与光照的相互作用来准确表示表面的渲染方式,为实现更真实的渲染效果,使用 PBR 可简化材质编辑的过程。就"PBR 模式"而言,如"0"所示,单击"贴图"图标则会打开"打开图像文件"对话框,可以在其中选择要用作图案贴图的图像文件;"反射"基于金属度或粗糙度定义材质的反射率,"金属"0(黑色)表示非金属,100(白色)表示原始金属,"粗糙度"0表示表面有光泽,100表示表面无光泽;"曲面"定义材质的凹凸度,"高度"定义凹凸的高度,"法线"定义垂直于纹理表面的光照法线;"辉光"指材质射出的光线量,辉光来自曲面本身,辉光材质视为间接光源更准确;"透明度"设置材质的透明度,用于玻璃、水、宝石和其他透明材质,"不透明度"定义不能直接从材质透射的入射光百分比,0表示透明,100表示不透明;"折射率"定义材质折射光线的方式。

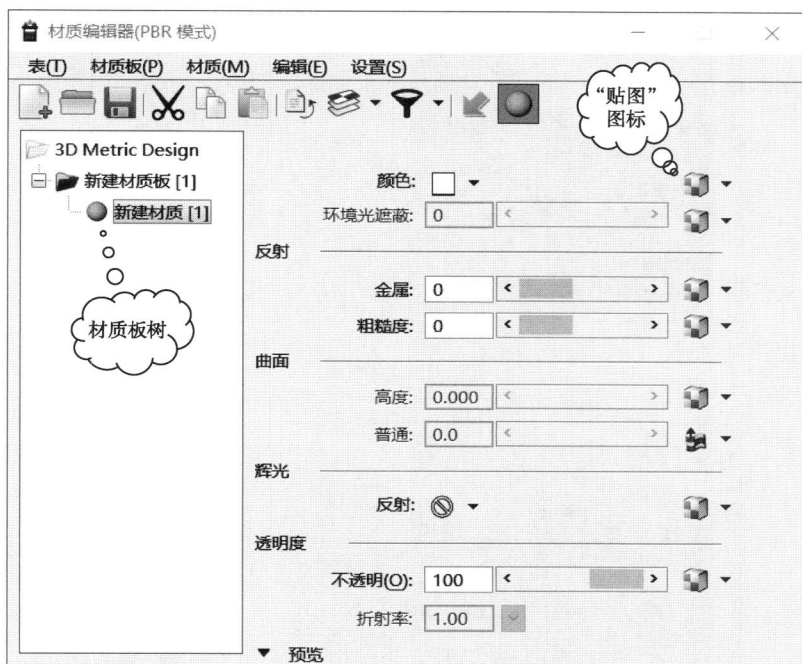

图 2-89　材质编辑器

可按层和颜色将材质分配给模型中的元素或移除按层和颜色的材质分配,分配材质的主要步骤如下:

(1)按功能区"可视化→主页→材质→应用"路径,选择分配材质工具(图标为 ⬡)。

(2)从材质下拉菜单中,选择所需的材质,如图 2-90 所示。

(3)选择元素。

也可将材质作为特性连接到模型中的元素或移除已作为特性连接到元素的材质,连接材质的主要步骤如下:

(1)按功能区"可视化→主页→材质→应用"路径,选择连接材质工具(图标为 ⬡)。

(2)从材质下拉菜单中,选择所需的材质,如图 2-91 所示。

(3)选择元素,在元素上输入一个数据点,将其选中。

(4)若在元素外输入一个数据点,则材质定义将作为一个特性连接到元素;若将指针移动到实体上,当所需的面高亮显示时,输入数据点以表示接受,则材质定义将连接到实体面。

如果存在冲突并将不同材质连接到已分配层/颜色材质的元素,则连接的材质优先于层/颜色分配。例如,某个实体的层/颜色可能分配了"stone wall",但该实体的某个面连接了"road"材质,如图2-90和图2-91所示。渲染时,该实体将显示为"stone wall"(按层/颜色分配的材质),但有一个面显示为"road"(连接的材质)。

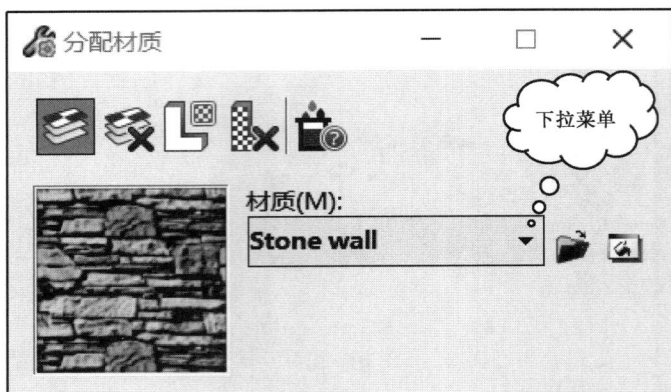

图 2-90 分配材质

图 2-91 连接材质

四、渲染

渲染可能会很耗时,特别是对于复杂模型。各种不同的渲染设置可能会对渲染时间产生重大影响。对于初始工作图像,可以使用粗糙设置快速生成图像。但是,对于最终图像,务必调整设置以提高质量。"渲染设置管理器"对话框可用于创建渲染设置,简化这些程序。可以通过所有渲染工具和对话框选择"渲染设置"。

"渲染设置管理器"对话框可用于创建渲染设置并将其与设计文件保存在一起。可以创建多个涵盖不同渲染场景的设置,创建渲染设置的主要步骤如下:

(1)按功能区"可视化→主页→渲染对话框启动器"路径打开"渲染设置管理器"对话框,

如图 2-92 所示。

（2）单击新建设置图标 。

（3）渲染设置列表中会增加一个新条目。其缺省名称（例如"Untitled-1"）将高亮显示，可为新条目命名。

（4）使用对话框中的控制选项，根据需要定义各项设置。

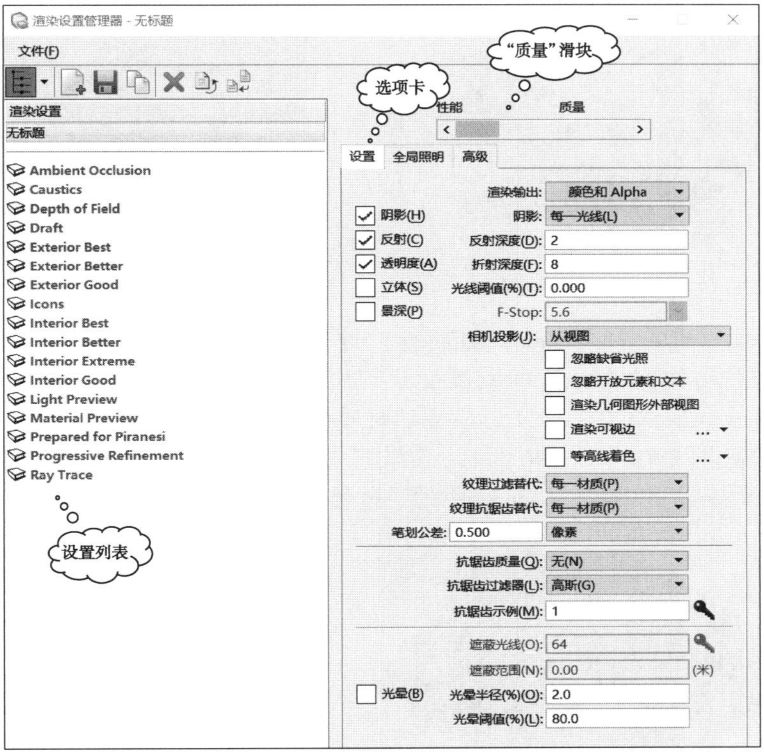

图 2-92　渲染设置管理器

"渲染设置管理器"左侧显示设置列表，针对渲染设置切换树视图可见性，从此列表中选择（单击）某个渲染设置时，其设置即会显示在该对话框右侧的选项卡式区域中，双击则会激活相应的渲染设置。在选项卡式区域中，"设置"选项卡包含影响渲染输出的控制选项，"全局照明"选项卡包含用于控制 Luxology 渲染引擎如何处理间接光线的设置，"高级"选项卡提供了一个树视图，其中包含"设置"和"全局照明"选项卡中的所有设置。

五、应用范例

1）植物护坡

坡面防护是保证边坡稳定、改善路域环境、保护环境和防止水土流失的一种工程措施，选用坡面防护类型时要考虑其适用条件，以及对周围环境景观的影响。在气候和土质条件适宜时，优先采用植物防护。骨架植物防护既能防止坡面产生冲刷，又能改善环境景观，是公路边坡防护的主要形式之一。以下反映植物防护建模的主要步骤。

（1）新建文件 FL212.dgn，本例选择 3D 种子。

（2）绘制路堤表面及实体模型，可利用 FL207 成果；在坡面添加拱形窗孔，如图 2-93 和图 2-94所示。为便于在坡面绘制、复制或阵列拱形窗孔，可通过"3 点"方法旋转视图后，在视图坐标系中绘图，也可以采用辅助坐标系（ACS）绘图。

图 2-93　骨架植物护坡整体

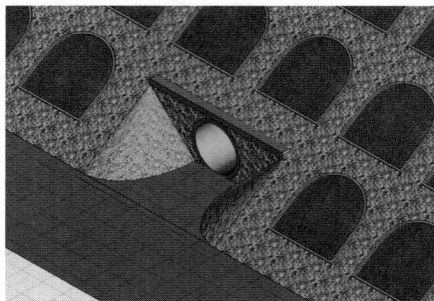

图 2-94　骨架植物护坡局部

（3）定义路面材质，选择"Concrete&Pavers"材质板中的"Road"材质；连接材质后，必要时需调整贴图。同样方法定义坡面材质，坡面浆砌片石及涵洞表面选择"Stone&Gravel"材质板中的"Stone3"材质，坡面草皮选择"Landscape"材质板中的"Grass field"或"Grass area"材质，连接材质后的效果如图 2-93 ~ 图 2-96 所示。

参考命令：功能区，可视化→主页→材质→连接材质；可视化→主页→材质→调整贴图。

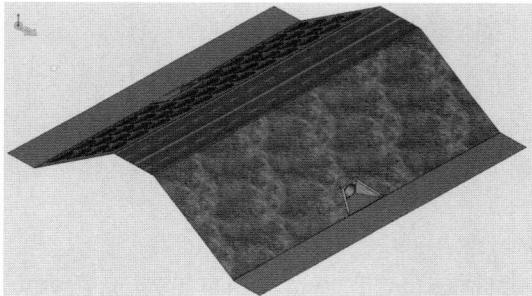

图 2-95　植物护坡整体

图 2-96　植物护坡局部

2）隧道照明

隧道照明是保障隧道安全舒适及应有的通行能力的基本设施之一，几乎所有的隧道均设置电光照明。照明涉及隧道视觉环境的改善，以使司乘人员安全接近、通过隧道，消除"明—暗—明"的不利变化过程；隧道洞内照明重点是对洞口段照明的有效控制，需经济合理地考虑。以下反映洞口段照明建模的主要步骤。

（1）新建文件 FL213.dgn，本例选择 3D 种子。

（2）参照 FL208 建模过程，绘制隧道及洞门结构模型，见图 2-72。

（3）绘制灯具模型，可选各种隧道灯具造型；在灯具正面另绘制矩形面域，点选该面域放置区域光，如图 2-97 所示；沿隧道轴线复制或阵列隧道灯具模型及设置光源，区域光源已附在面域上，复制面域即复制光源。

参考命令:功能区,可视化→主页→光照→区域光;建模→主页→操作→阵列。

(4)根据需要修改各区域光源(对应于隧道灯具)的参数,如图 2-87 所示,可单选也可多选光源编辑;放置或编辑日光路径,以图形方式修改时间和日期如图 2-98 所示;根据需要修改日光参数,如图 2-88 所示,可在修改过程中,观察洞口光照的变化。

参考命令:功能区,可视化→主页→光照→管理;可视化→主页→光照→日光路径。

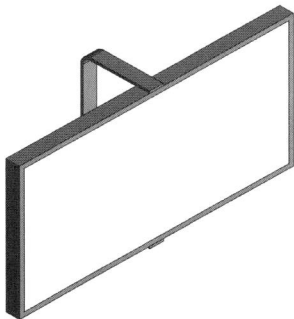

图 2-97　隧道灯具

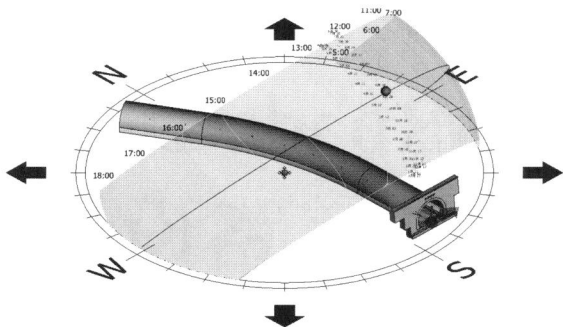

图 2-98　太阳图标和罗盘

(5)修改参数后,可通过放置相机得到光照的透视效果,如图 2-99 和图 2-100 所示;亦可通过渲染命令得到光照的渲染效果图。

参考命令:功能区,可视化→主页→相机→放置相机。

图 2-99　洞内白天照明

图 2-100　洞内夜间照明

本模块参考文献

[1] 汤众,栾容,刘烈辉,等.MicroStation 工程设计应用教程(制图篇)[M].北京:中国建筑工业出版社,2008.

[2] 汤众,栾容,刘烈辉,等.MicroStation 工程设计应用教程(表现篇)[M].北京:中国建筑工业出版社,2008.

[3] 张弛,王建伟,沈照庆,等.公路 BIM 及设计案例[M].北京:人民交通出版社股份有限公司,2018.

[4] 梁旭源,宁长远,高阳,等.MICROSTATION CE 应用教程[M].北京:人民交通出版社股份有限公司,2019.

模块三
MODULE THREE

OpenRoads Designer 与三维道路设计

学习目标

（1）了解公路总体设计的基础知识。

（2）熟悉 OpenRoads Designer 软件的操作界面及应用。

（3）掌握三维道路设计及建模的方法，能创建及分析地形模型，能设计及修改道路平面和纵断面模型，能创建、编辑及应用廊道模型。

单元一　OpenRoads Designer 软件简介

OpenRoads Designer（简称ORD）是一款综合全面且功能完备的详细设计应用程序，可用于测量、排水、公共设施和道路设计，取代以前通过 InRoads、GEOPAK、MX 和 PowerCivil 交付的所有功能。OpenRoads Designer 引入全新的综合建模环境，提供以施工驱动的工程设计，有助加快路网项目交付，统一从概念到竣工的设计和施工过程。

OpenRoads Designer 通过 ProjectWise 协同环境和工作流，实现用户、项目、工作环境和团队间的全球工作共享，打破地理和技术上的界限。同时，软件支持道路工程的 BIM 正向设计整体流程，可审查各种复杂性道路、平交口、互通式立交的 BIM 模型，支持图形、设计参数、参数化横断面模板与 BIM 模型数据实时动态关联。基于上下文关联的直观界面和动态三维互动的实时设计体验，用户可以通过多种修改模式（设计图形或设计参数）取得项目最佳方案，利用三维可视的设计模型可充分查看道路要素，以提高设计成果质量。

OpenRoads Designer 的主要功能包括：

（1）自动出图：使用文档中心来自动生产高质量图纸，包括与整体项目一致的多领域文档设置。在图纸定位中获得项目的实时视图。一旦设计改变，图纸也会随之改变。直接在图纸中编辑，OpenRoads Designer 将更新源几何图形。

（2）创建平面几何和竖向几何：使用对象导向的坐标几何和线形设计功能，快速创建精准的平面几何和竖向几何，提供智能化更新。使用高程剖面图显示表面信息和与水平线形相关的垂直线形。

（3）创建剖面图和截面图：从设计中的任意点创建剖面图和截面图。借助动态截面在修改设计时实时查看更新。还可以查看地面变化，以反映设计编辑，包括地表特征、道路组件，以及建筑限制注释等。

（4）设计和分析廊道：使用沉浸式廊道建模功能支持复杂的建模，以一种参数化的表现形式从各个方面简化复杂的道路开发过程。用户可以控制间隔沿廊道快速移动，现场查看和动态设计所有道路组件。

（5）按地理空间位置查找项目：将数百个支持的坐标系中的地理空间信息转换并集成到用户的设计中。

（6）结合环境进行设计：将传统勘测、图像、点云和三维实景模型集成至设计和施工模型，借助这些功能，清晰了解现有状况并加快设计建模工作流。集成地理空间信息，确保模型的精确地理空间定位。

（7）对地形进行建模和分析：创建既包含地形数据又包含公路或场地特征的智能模型。可以根据特征一目了然区分设计中的结构、外观和符号。

（8）对整个雨水和污水管网进行建模、分析和设计：创建、操作、设计和分析与公路设计完全集成的雨水和污水管网。可以操纵平面图或剖面图视图中的管网，不仅显示排放系统模型，还显示其他公用设施。

（9）土石方建模：创建 3D 挖填土石方模型，将其作为数字孪生模型，精确计算、可视化并总结挖填量分析。OpenRoads Designer 独特的建模功能帮助提升土石方量工作流，实现效率最大化，降低成本。

（10）支持 BIM 工作流：导出数字化可交付成果，来支持行业 BIM 工作流，实现更有效、数据更丰富的 BIM 可交付成果。在数字孪生环境中改善用户的 BIM 工作流，并支持创建所有传统和数字化设计可交付成果。

（11）进行设计时间分析：通过设计时间分析，确保深入了解整体项目绩效，以获得各种分析的最优设计结果，如对排放系统、地形、安全性、坡度、现场可见性的分析。

（12）常用设计布置：使用土木工程单元，确保符合实施标准，提高设计质量，且无须重复设计通用配置。同时，对土木工程单元的简洁性和复杂度没有限制。

（13）可视化设计：借助约束驱动的模板、上下文敏感的直观界面和动态三维建模工具体验实时设计。在建模工作流中按需随时将设计可视化，无须执行转换、软件或特殊工作流流程。

单元二　OpenRoads Designer 基础入门

一、界面介绍

ORD 的启动与退出、文件管理、项目环境设置、种子文件选择等内容的界面和操作，与模块二中介绍的 MicroStation 软件类似，在此不再赘述。需要注意的是，除地形模型的创建使用3D 的种子文件外，路线设计的相关内容均使用 2D 的种子文件。

启动 ORD 后，出现如图 3-1 所示软件界面，缺省情况下，与 MicroStation 类似应用程序窗口从上至下依次为功能区界面、视图组窗口以及状态栏。

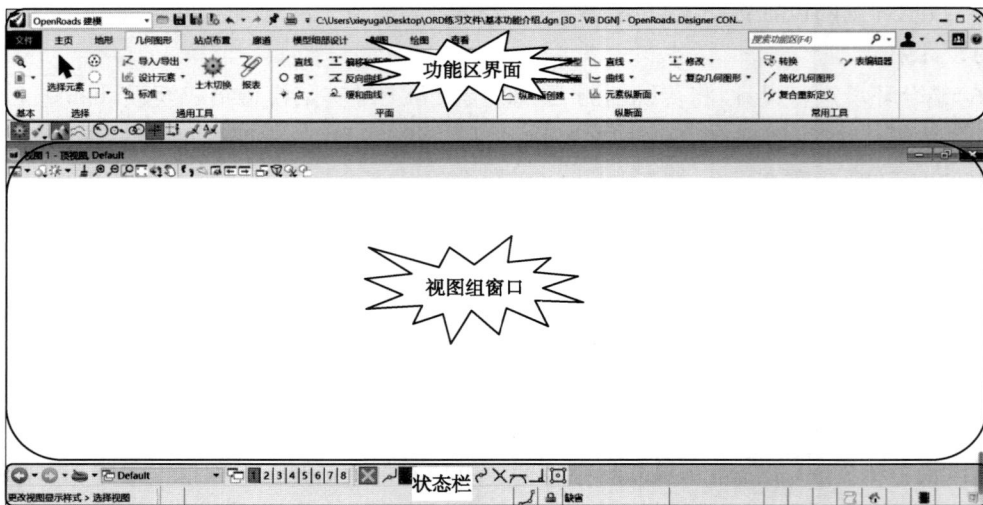

图 3-1　软件界面

其中，功能区界面包含如图 3-2 所示的组成部分。

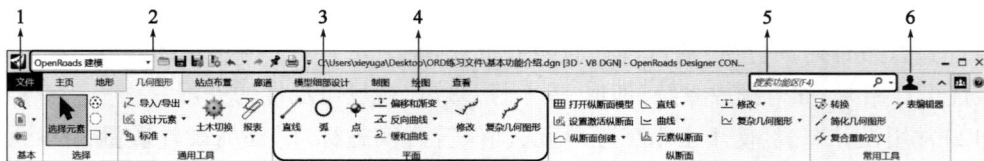

图 3-2　功能区界面

1-"文件"选项卡;2-快速访问工具栏;3-其他选项卡;4-组;5-搜索功能区;6-"登录"标志符号

（1）"文件"选项卡：用于打开后台视图，可在其中执行不同的操作，例如管理文件及其设置、导入和导出文件、访问帮助等。

（2）快速访问工具栏：包含用于选择工作流的选项和其他常用命令。

（3）其他选项卡：包含一个或多个"组"。

（4）组：一组密切关联且带标签的命令或工具。

（5）搜索功能区：输入要在功能区中搜索的单词或短语。

（6）"登录"标志符号：以 CONNECTED 用户身份登录时显示。

二、命令体系

在 OpenRoads Designer 中，从快速访问工具栏中选择工作流时，将打开工作流选项卡，每个工作流选项卡均包含多个工作组，其中包含用于完成工作流相关任务的工具，其命令体系如表 3-1 所示。

OpenRoads Designer 命令体系　　　　　　　　　　　表 3-1

工　作　流	选项卡	工　作　组
OpenRoads 建模	主页	属性；基本；选择；模型分析与报表；模型导入/导出
	地形	基本；选择；创建；编辑；分析；杂项；加标注
	几何图形	基本；选择；通用工具；平面；纵断面；常用工具
	场地布置	基本；选择；绘制要素；文件导入；停车场；垫层；道路；纵断面几何；拟定坡度；修改
	廊道	基本；选择；创建；编辑；杂项；超高；检查
	模型细部设计	基本；选择；土木单元；三维工具；技术预览
	制图	基本；选择；剪切；保存视图；表；注释；文本；标注；命名边界；绘图比例
	绘图	属性；基本；选择；放置；操作；修改；测量；绘图比例
	查看	演示；工具；相机；命名边界；剪切；保存视图；窗口；视图组
OpenRoads 制图	主页	属性；基本；选择；模型分析与报表；模型导入/导出
	制图	基本；选择；剪切；保存视图；表；注释；文本；标注；命名边界；绘图比例
	绘图	属性；基本；选择；放置；操作；修改；测量；绘图比例
	查看	演示；工具；相机；命名边界；剪切；保存视图；窗口；视图组
测量	主页	属性；基本；选择；模型分析与报表；模型导入/导出
	外业簿	基本；属性；创建；导入；导出
	分析	基本；选择；查看；标注；修饰；测量
	编辑	基本；选择；编辑线性；编辑线性点；操作；修改
	地形	基本；选择；创建；编辑；分析；杂项；加标注
	几何图形	基本；选择；通用工具；平面；纵断面；常用工具
	制图	基本；选择；剪切；保存视图；表；注释；文本；标注；命名边界；绘图比例
	绘图	属性；基本；选择；放置；操作；修改；测量；绘图比例
	查看	演示；工具；相机；命名边界；剪切；保存视图；窗口；视图组
地理技术	主页	属性；基本；选择
	gINT 项目	连接性；分析
	站点地图	参考；光栅；地理；测量；钻孔
	三维建模	三维；地形模型；横断面；导出

续上表

工 作 流	选项卡	工 作 组
实景建模	主页	性;基本;查看;选择;放置;操作;地理
	查看	演示;工具;相机;命名边界;剪切;保存视图;窗口;视图组
	连接	点云;实景网格;可缩放的地形模型;光栅;参考
	分析	实景模型;实景网格;剪切体积块;选择;测量;太阳光
	修饰	点云;OBJ;选择;修改网格;三维打印
	提取	属性;选择;实景模型;实景网格;可扩展的地形模型;点云;放置;操作;捕捉;ACS
	传送	发布;导出;LumenRT
	帮助	Bentley Descartes
绘图	主页	属性;基本;选择;放置;操作;修改;组
	查看	演示;工具;相机;命名边界;剪切;保存视图;窗口;视图组
	标注	文本;注释;尺寸标注;表;细节设计;单元;图案;地形模型
	连接	参考;光栅;点云;实景网格;项类型
	分析	测量;红线;标准检查器;问题解决;设计文件清理;报表
	曲线	创建曲线;修改曲线;曲线实用工具
	约束	二维;尺寸标注;三维
	实用工具	实用工具;图像;宏;设计历史;安全性;地理;绘图比例
	绘图辅助	精确绘图;捕捉;ACS;锁定
	内容	项类型;单元
	网格	创建;修改网格;网格实用工具
	CONNECT 服务	CONNETCT Advisors;问题解决
建模	主页	属性;基本;选择;放置;操作;修改;组
	查看	演示;工具;相机;命名边界;剪切;保存视图;窗口;视图组
	曲线	创建曲线;修改曲线;曲线实用工具
	实体	基元;创建实体;特征;修改实体;实体实用工具
	表面	创建表面;修改表面;表面实用程序
	网格	创建;修改网格;网格实用工具
	内容	项类型;单元
	分析	测量;红线;标准检查器;问题解决;设计文件清理;报表
	约束	二维;尺寸标注;三维
	实用工具	实用工具;图像;宏;设计历史;安全性;地理;绘图比例
	绘图辅助	精确绘图;捕捉;ACS;锁定
	CONNECT 服务	CONNETCT Advisors;问题解决
可视化	主页	属性;基本;选择;相机;光照;材质;渲染;实用工具;LumenRT
	查看	演示;工具;相机;命名边界;剪切;保存视图;窗口;视图组
	动画	创建;修改角色;脚本;控制;交通

续上表

工 作 流	选项卡	工 作 组
可视化	绘图辅助	精确绘图;捕捉;ACS;锁定
	CONNECT 服务	CONNETCT Advisors;问题解决
地下公共设施	主页	属性;基本;选择;模型分析;模型导入/导出;Subsurface 帮助
	布局	基本;选择;布局;剖向图走向;开关
	分析	基本;选择;计算;分析工具;分析视图
	组件	基本;选择;通用;目录;沟渠
	公共设施视图	基本;选择;绘图视图;结果视图;选择和查询;元素视图;自定义
	工具	基本;选择;通用工具;投影工具;许可证激活
	报表	基本;选择;报表;表;土木;地下公共设施
	制图	基本;选择;剪切;保存视图;表;注释;文本;标注;命名边界;绘图比例
	绘图	属性;基本;选择;放置;操作;修改;测量;绘图比例
	查看	演示;工具;相机;命名边界;剪切;保存视图;窗口;视图组

三、系统工作流

OpenRoads Designer 工作流选项卡,主要包括 OpenRoads 建模、OpenRoads 制图、测量、地理技术、实景建模、绘图、建模、可视化和地下公共设施等,如图3-3所示。

图 3-3　土木工作流

不同的工作流包括不同的功能命令,用户可以根据工作内容进行切换,其主要功能如表3-2所示。

其中,使用频率最高的为"OpenRoads Designer 建模"工作流,本模块也将主要对该工作流的功能做详细介绍。

工 作 流 简 介

表 3-2

工 作 流	描　　述
OpenRoads 建模	访问 OpenRoads Designer 工具
OpenRoads 制图	访问 OpenRoads Designer 绘图制作工具以及绘图和注释工具,用于主要被视为制图操作的基本非土木功能
地理技术	访问 gINT(Bentley 公司的岩土工程与地质环境软件)土木工具,这是 gINT 的附加组件,将数据从 gINT 数据库导入 CAD 环境中,从而进行高级审查和分析
实景建模	访问可对点云和实景网格执行各种操作的工具
绘图	显示绘图和注释工具,并用于所有常见功能,如放置线、连接参考以及放置注释等功能,这些往往被视为制图操作
建模	显示曲面和实体建模工具,并用于放置和构造曲面、实体、网格和参数化特征
可视化	显示可视化工具,并用于生成渲染、应用材质以及设置相机视图和照明
地下公共设施	访问 Subsurface Utilities Design and Analysis(SUDA)工具,从而支持土木设计师和公共设施协调员对地下特征进行建模,以便进行规划、制定设计决策、进行水利设计

单元三　地形模型

一、地形模型概述

地形模型是根据在正在建模的表面上收集的点数据,以数学方式计算的一组三维三角形。模型用于定义高度不规则的表面,尤其是地球表面,也可以用于被设计的表面生成模型。地形模型也称为数字地形模型(DTM)、三角形化不规则网络(TIN)或三角形化曲面。地形模型的创建和编辑工作将在"Open Roads 建模工作流—地形选项卡"中进行,主要包括创建、编辑、分析、杂项、加标注等工具组,如图 3-4 所示。

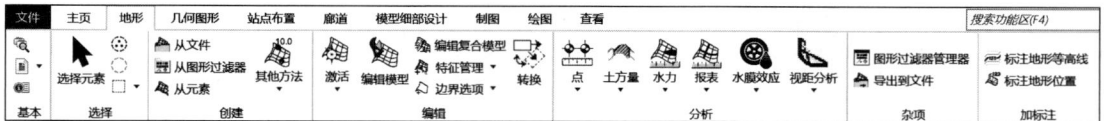

图 3-4 "地形"选项卡

地形模型创建过程中,"特征定义"和"三角网选项"为常见选项,其含义如下:

(1)特征定义。

用于定义地形的显示样式,不同特征定义会影响地形模型的显示效果,常用特征包括三角网、等高线、高程点、边界、水流方向等。在创建地形模型时也可不做设置,默认为"无特征定义",后期可以根据需要在地形的"属性"中进行修改。

（2）三角网选项。

用于指定处理创建的地形模型的外部三角形的方式,许多外边界三角形薄而窄并且不代表表面,数据集的边界在本质上是凹形时,这一点尤为明显。消除这些三角形的办法是使用边界方法,包括三种边界处理方式：

①无或不删除:不移除外部三角形。

②删除裂片:根据软件中硬编码的公式分解细长的三角形。

③最大三角网长度:移除外部边缘长度超过用户指定距离的外部三角形(以主单位指定)。该选项不适用于内部三角形,仅适用于模型边缘的三角形。

二、地形模型创建

"地形模型创建"工具组包含用于从文件、图形元素、ASCII 文件、点云等创建地形模型的工具,以及从各种 Bentley Civil 产品导入地形模型的工具。这些工具还支持将两个或以上模型合并在一起,还支持剪切模型。地形模型创建方法如表 3-3 所示。

地形模型创建方法 表 3-3

图 标	创 建 方 法	描 述
	从文件	通过从外部文件导入来创建地形模型。支持多种文件格式,主要包括".XYZ"".dtm"".tin"".dat"".dem"".dim"等
	从图形过滤器	一种自动存储图形元素搜索设置的方法,该方法能够快速从众多的图形中筛选出可用的对象进行原始地形的创建工作
	从元素	从三维图形元素创建地形模型(如等高线、高程点等)
	按文本内插创建	从二维图形中创建地形模型,其原始对象是二维文件,通过创建文本过滤器和线性过滤器的形式将图形中有价值的对象进行提取,创建三维地形
	从 ASCII 文件创建	从二维图形中创建地形模型,主要用于原始数据是经过人工编辑和调整,或数据文件不在专业数据文件支持列表中,而需要导入操作,例如以".txt"".xls"等格式保存的高程数据点文件
	从点云创建	从点云数据中创建地形模型,点云文件通常密度很大,可以使用过滤器对地形进行轻量化处理
	创建剪切地形模型	通过剪切现有地形模型和给定可选横向或竖向偏移来创建地形模型
	创建符合地形模型	通过合并/附加多个地形模型来创建新的复合地形模型
	创建增量地形模型	通过两个地形模型之间的差异或地形模型与平面之间的差异(高程)来创建新的地形模型
	创建廊道备选表面	根据廊道模型中的用户指定点沿任何给定路径创建地形模型

工具组可以从各种源数据创建地形模型,每种数据类型均有不同的输入要求,但创建工具之间有很多相同的选项,主要包括以下几个概念:

(1)地理坐标系。

"地理坐标系"部分支持用户在处理其他任务的数据时将数据从一种坐标实时转换为另一种坐标。如果数据位于下游任务所需的坐标系中,则不使用此部分。但是,如果下游任务需要与源数据不同的坐标系,则用户可以选择源数据的坐标系,并指定创建地形模型的坐标系。可以在创建过程中转换其他坐标系的源数据,然后在"复合地形"或"合并"工具中对其进行合并。如果"源"和"目标"选项设置为"无",则假设源数据采用设计文件工作单位;如果软件可以检测到坐标系,则会填充到"源"字段中。

(2)图像投影。

当选择"从文件创建地形"或"从 ASCII 创建地形模型"时,在主对话框的"GCS"对话框部分选择"浏览"按钮时,将显示第二个"图像投影"对话框,可选择输入和输出的坐标系基准,如图 3-5 所示。

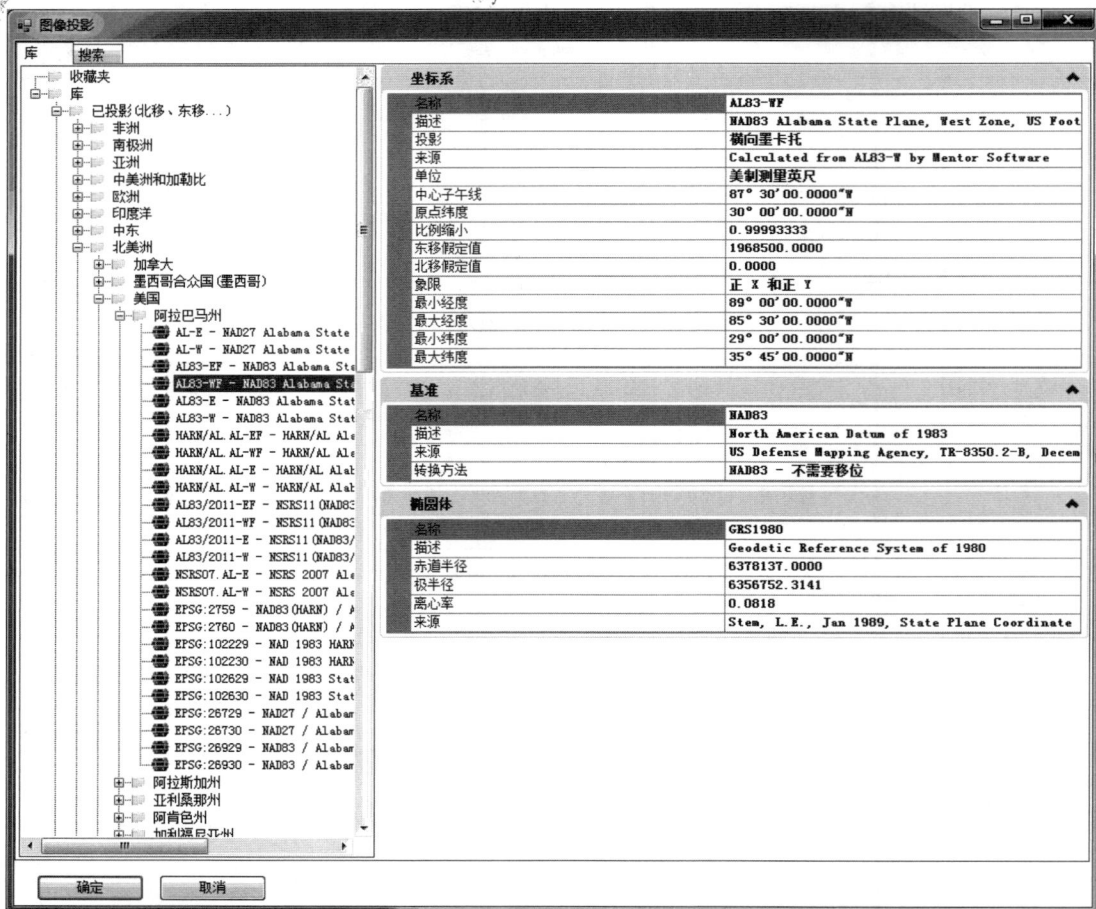

图 3-5 "图像投影"对话框

（3）过滤器。

通过过滤器以减少导入的数据点数目，对于大型数据集，过滤是一个十分有用的选项，相关设置因源数据的文件类型而异。软件支持"无""平铺"和"切线"三个选项，从经验研究来看，平铺算法更快，通常可以使文件大小减少 30% ~ 50%，切线算法通常可以减少 70% ~ 90%。

三、地形的编辑

地形模型编辑工具组包含用于编辑和操作地形模型的工具，包括按特征添加和移除、编辑无规则地形模型以及使用复杂地形模型等工具，各项工具的作用如表 3-4 所示。

地形模型编辑工具功能介绍　　　　　　　　　　　　　　　　　　　　表 3-4

图　标	名　称	功　能　介　绍
	激活	设置激活地形模型文件。激活地形模型是默认情况下在轮廓模型中显示的模型，是廊道建模器的默认目标
	编辑模型	打开地形模型编辑工具，可以对地形进行进一步处理，包括"删除、插入和移动顶点，删除三角形和交换线"
	编辑复合模型	通过改变合并的顺序来编辑复杂地形，改变合并的方法，以及添加或者删除组件地形模型
	特征管理	包括添加特征、删除特征和更改特征类型工具，可在创建的地形中添加或删除特性： 添加特征：在使用创建命令创建的地形中添加更多特征。例如，从切断线创建地形，然后添加点。 删除特征：从"添加特征"或"从元素创建"添加的地形中移除元素。 更改特征类型：更改地形模型内选定元素的特征类型
	边界选项	包括添加边界和删除边界： 添加边界：用于从地形中提取隐含或存储的边界，并能够编辑/规则化边界。 删除边界：从无规则的地形模型中移除边界元素
	转换	实现转换、旋转以及缩放元素的功能。同时可以对常规或土木元素执行该类修改

其中，对于"编辑模型"，选择该项后将几种编辑方法供用户选择。这些编辑命令适用于没有带规则的图形元素的地形模型，例如，从其他格式导入地形模型而不创建特征，这些命令允许进行有限的编辑，而无须返回源和导入特征。其功能见表 3-5 所示。

"编辑模型"功能介绍　　　　　　　　　　　　　　　　　　　表 3-5

图　标	名　称	功　能
	删除顶点	删除指定的顶点，然后在没有它的情况下重新三角形化地形模型。注意，无法选择位于地形模型边（边界）的顶点
	删除边三角网	从用户定义的边确定三角形，然后从模型中删除三角形，并相应地更新边界
	交换线	更改两个三角形的公共边
	插入顶点	在地形模型的内部或外部插入顶点。如果该点位于模型内部，则支持使用面的高程（从三角形顶点内插）作为高程
	移动顶点	移动三角形的顶点。工具设置中的开关使用户可以使用原始顶点的高程
	按线删除三角形	删除与该线（由工具中的两个数据点定义）相交的所有三角形，并相应更新边界

四、地形的分析

在"地形"选项卡的"分析"工具组中，提供了众多针对地形模型的分析工具，其中包含点与点之间的数据分析、土方量的计算、水力数据的分析以及生成相关报表等工具，具体功能如表 3-6 所示。

"地形"选项卡的"分析"工具组功能介绍　　　　　　　　　　表 3-6

图　标	名　称	功　能	功　能　介　绍
点	点	测点间分析	获取地形模型上任意两点之间的位置信息，包括高差、长度、坡度及两点的高程等
		测点分析	获取指定的点的位置信息，包括坡度、坡度方向、高程等
		高程分析	创建将元素与地形进行比较的地形检查报告
		反转点	获取指定对象在地形模型中的位置信息，输入类型可以是线、弧、半径、垂直以及元素，最后还可选择输出分析报告等
	土方量	创建挖方和填方土方量	计算两个表面之间（通常是现有地形和一个曲面）的挖方和填方量，并使用土方量特性创建三维网格实体
		分析土方量	计算两个地形模型之间或者一个地形模型到一个平面之间的土方量
	水力	分析水塘	通过地形模型上的数据点位置分析水塘（低点）的地形模型（土方量、区域最大深度）
		分析轨迹边坡	沿着表面，或用户指定的坡度进行跟踪分析
		创建 HEC-RAS 数据	创建 HEC-RAS 格式以导出数据供后续进行溪流和河流分析

图　标	名　称	功　能	功能介绍
	报表	特征集交叉报表	定位例如等高线、中断线等相交线特征
		冲突点报表	用于创建有重复点的地形模型,报告源数据
	水膜效应	水膜效应	评价车辆在湿滑路面失控的可能性
	视距分析	视距分析	根据指定的设计地形或廊道的顶网格和可选的现有曲面或网格,分析沿路线或廊道控制路线的视线距离

五、地形的导出

地形模型创建完成后,一般需要将数据储存在主储存外部,以便备份数据,或将数据传输到其他应用程序进行运用,ORD软件中提供高效的存储和导出地形模型方法。

参考命令:地形→杂项→导出到文件。

OpenRoads Designer中,可以如下几种格式导出地形数据:GEOPAK(TIN)、MX(FIL)、LandXML版本1.2、InRoads DTM、MX Geni等。

六、应用范例

以常用的从图形过滤器创建、从元素创建为例,介绍地形模型创建过程。

1)从图形过滤器创建地形模型

通过图形过滤器的创建方式,能够快速从众多的图形中筛选出可用的对象进行原始地形的创建工作,即通过设置好过滤器,识别出有用的信息,过滤掉无用的信息。

(1)新建文件

新建FL301.dgn文件,设置工作空间为"Training and Examples——Training Metric",选择3D种子文件。

(2)参考地形文件

通过过滤器创建地形模型的前提是基于原测绘地形图数据信息,通常可采用如下两种方式:

"导入"文件:文件→导入,选择要导入的地形图数据文件"DX1"。

"参考"文件:地形→创建→连接工具→参考,弹出"参考"对话框,选择"连接参考",从文件中选择要参考的地形文件"DX1",将其导入,完成参考操作。

建议使用"参考"的方法,因为该方法不会改变原始文件中的信息,地形模型创建完成后,也可以非常方便地对原数据文件进行卸载,而不会影响创建好的地形模型。

(3)创建图形过滤器

第一步:地形→创建→从图形过滤器,打开"按过滤器创建地形"对话框。

第二步:由于第一次使用时还未创建"过滤器",需点击"地形过滤管理器"选项,打开编辑框,如图3-6所示。根据参考的地形数据特征,创建高程点过滤器,命名名称为"高程点","特征类型"根据过滤对象特征选择"点"(特征类型介绍见表3-7)。

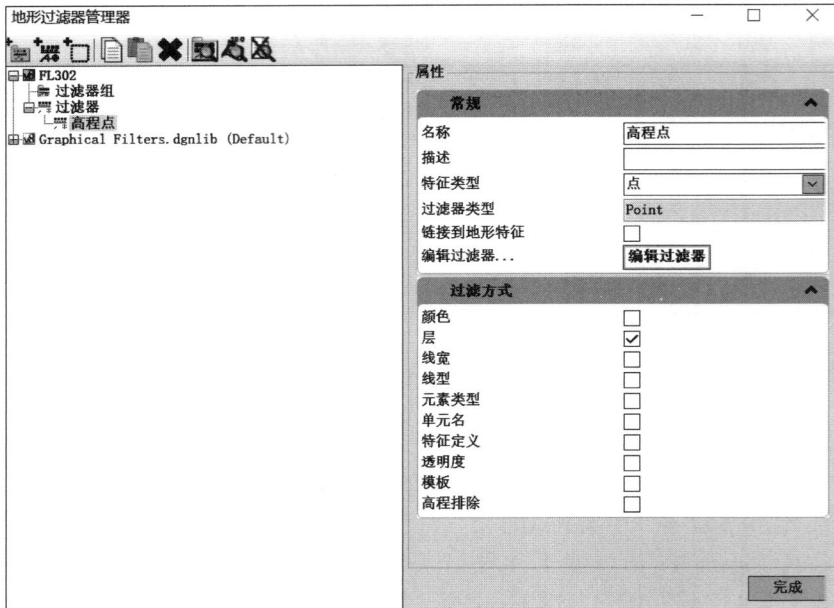

图 3-6 "地形过滤器管理器"对话框

特征类型介绍　　　　　　　　　　　　　　　　　　　　　　　　　　表 3-7

特 征 类 型	描　　述
等高线	具有相同高程的元素或元素集。等高线可以作为源数据来生成地形模型,也可以进行计算(基于地形模型绘制),等高线间隔是两个相邻等高线之间的高程差
垂投空区	由闭合形状定义的范围,用于标出缺少数据或遮挡范围的区域。不使用空区范围中的点或打断数据,也不会在空区范围内创建三角形。在垂投空区中,空区坐标不包含在三角网中。空区插在三角网后面。空区坐标和孔隙线投影到地形模型表面上。尽管用户必须为垂投空区顶点提供高程,但用户高程将更改为地形模型表面在 XY 垂投空区坐标位置的高程
孔	由闭合形状定义的范围,用于标出当前地形被忽略而利用底层地形的区域
边界	表面的外部边界
覆盖边界	通过覆盖到底层表面来确定高程的表面边界
岛	由闭合形状定义的范围,用于标出数据完全位于空区中的区域。例如,河流、湖泊等中间的岛
点	与其他任何点均没有函数关系的点(具有 X,Y,Z 数据)。开放地形中的随机测量点将成为随机点示例
软断裂线	软断裂线属于断裂线的另外一种表现形式,与断裂线的区别在于,如果断裂线穿过断裂线,则不会影响三角网的划分,会被忽略
空区	由闭合形状定义的范围,用于标出缺少数据或遮挡范围的区域。不使用空区范围中的点或打断数据,也不会在空区范围内创建三角形。空区坐标包含在三角网中,连续空区坐标之间的孔隙线作为投影线插入表面中。因此,它们不会更改表面的坡度或高程
断裂空区	由闭合形状定义的范围,用于标出缺少数据或遮挡范围的区域。不使用空区范围中的点或打断数据,也不会在空区范围内创建三角形。它与空区和垂投空区的区别在于,它利用图形元素的顶点高程,而连续空区坐标之间的孔隙线作为切断线插入。因此,断裂空区会更改表面的坡度和高程

第三步：点击图 3-6 中的"编辑过滤器"选项，设置主要属性编辑过滤器，如"层""元素类型"等快速进行选择和编辑。此例选择"层→GCD（高程点）→添加→完成"，即将"高程点"过滤出来，如图 3-7 所示。

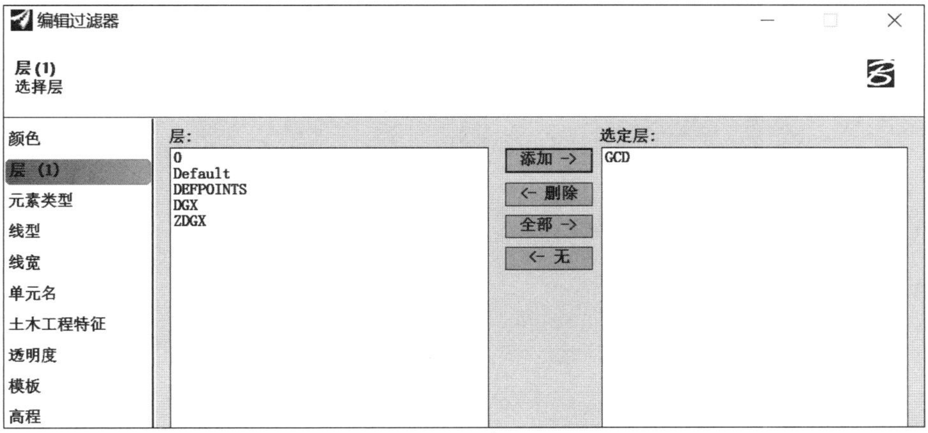

图 3-7　编辑过滤器

（4）选择过滤器生成地形模型

过滤器创建完成后，将自动跳转到"按过滤器创建地形"对话框，选择已创建好的"高程点"过滤器，并对三角网选项、特征定义、名称等相关选项进行设置（三角网选项、特征定义的介绍见本模块"单元三"中的"一、地形模型概述"），根据提示依次接受后完成地形模型创建，如图 3-8 所示。

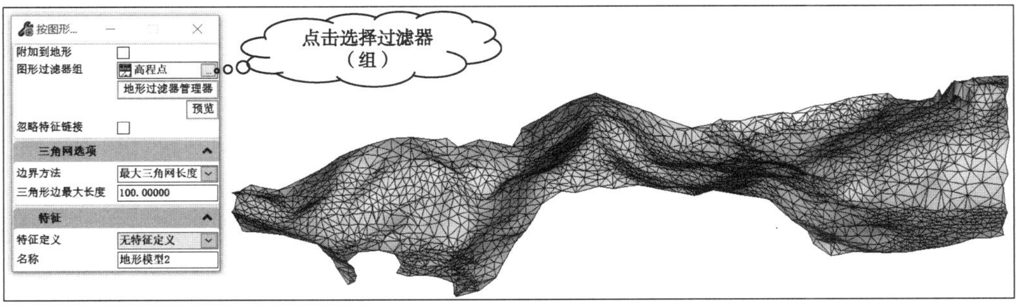

图 3-8　按图形过滤器创建地形

除单一过滤器外，还可通过"过滤器组"创建地形模型，当原始测绘数据中存在多种信息的时候，单一过滤器可能不能过滤全部所需信息（点、线、文本等），此时就需要通过"过滤器组"进行过滤。过滤器组创建地形模型的操作与单一过滤器类似，只需要创建两个或两个以上的单一过滤器，将其组合为"过滤器组"进行过滤即可。

参考命令：地形→从图形过滤器→地形过滤管理器→过滤器组→创建过滤器组。

勾选需要选择的过滤器，例如"高程点""等高线"，点击"完成"，如图 3-9 所示，新的过滤器组即被创建，后续步骤与前述类似，在此不再赘述。

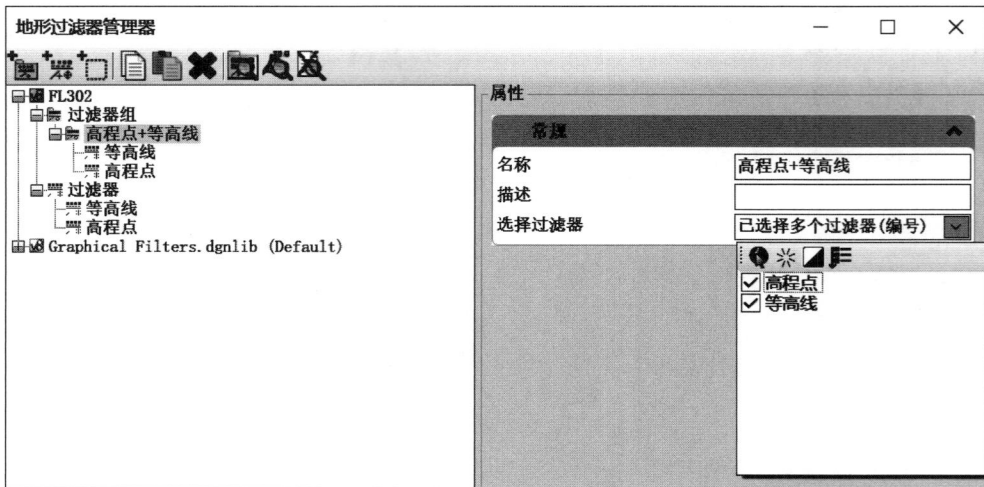

图 3-9　新建过滤器组

2）从元素创建地形模型

此方法主要用于场地设计工作或者原测绘文件中元素相对简单、可以通过直接选择的方式快速确定对象，进而实现数字化地形的创建。

（1）新建文件

新建 FL302.dgn 文件，设置工作空间为"Training and Examples—Training Metric"选择 2D 或 3D 种子文件均可。

（2）参考地形文件

以下方法二选一，建议"参考"文件：

"导入"文件：文件→导入，选择要导入的地形图数据文件"DX2"。

"参考"文件，地形→创建→连接工具→参考，弹出"参考"对话框，选择"连接参考"，从文件中选择要参考的地形文件"DX2"，将其导入，完成参考操作。

（3）按元素创建地形模型

第一步：地形→选择→选择元素，选择用于创建地形模型的对象元素或元素集。

第二步：地形→创建→从元素，打开"按元素创建地形"对话框。

第三步：根据对象元素设置"特征类型""边界方法"以及特征定义等内容。

第四步：根据系统提示，确定要添加的元素数据点，以及特征类型、边界方法等信息，接受后地形模型即被创建完成，如图 3-10 所示。

无论通过什么方式创建的地形模型，创建完成后均可对其属性进行修改。选择地形模型并右键单击"属性"将会打开地形模型"属性"弹出窗口，如图 3-11 所示。通过此方式，可以方便地关闭和打开特征显示，还可以更改"边界方法"以及添加或更改"特征名称"或"特征定义"等。

若要对属性进行更多的设置和修改，也可通过选择"地形模型"，点击"地形→基本→属性"，以查看和更改完整属性信息，如图 3-12 所示。

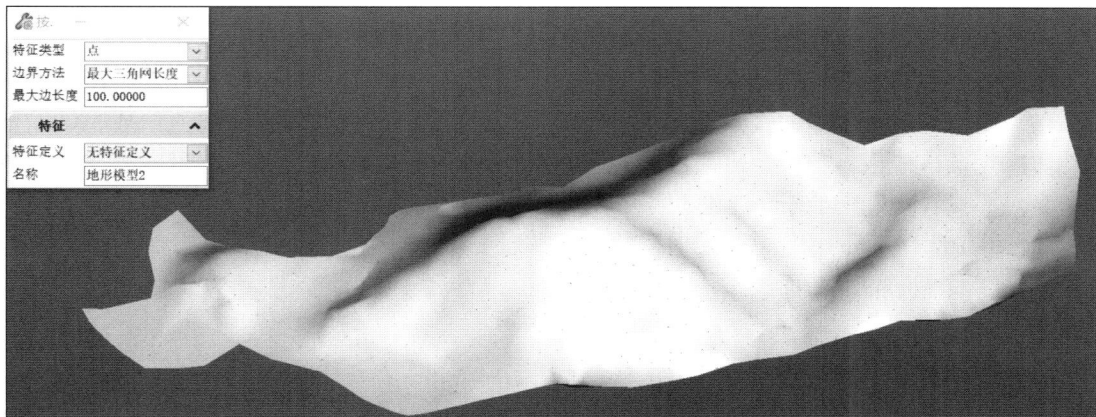

图 3-10　从元素创建地形模型

图 3-11　快速查看常用属性

图 3-12　完整属性设置

单元四　道路几何设计

一、道路几何设计概述

　　道路的几何设计主要包括"平面线设计"和"纵断面设计"。公路平面线形由直线、圆曲线、缓和曲线三种线形要素组成,公路平面缓和曲线应采用回旋线。平面线形必须与地形、景观、环境等相协调,同时要注意线形的连续与均衡性,并同纵断面、横断面相互配合。沿道路中心线纵向垂直剖切的一个立面即"纵断面",它表达了道路沿线起伏变化的状况。为了适应行车的要求,各级公路和城市道路中的快速路、主干路及相邻坡度代数差大于1%的其他道路,在纵坡变更处均应设置竖曲线。因而,道路纵断面设计线是由直线和竖曲线所组成,其中,竖曲线可采用圆曲线或抛物线。需要注意的是,在进行道路几何设计时,应注意相关参数的设置应符合道路设计规范的要求。

OpenRoads Designer 中,道路几何设计通过"几何图形"选项卡中的各工具组来完成,主要包括通用工具、平面、纵断面及常用工具等,如图3-13 所示。

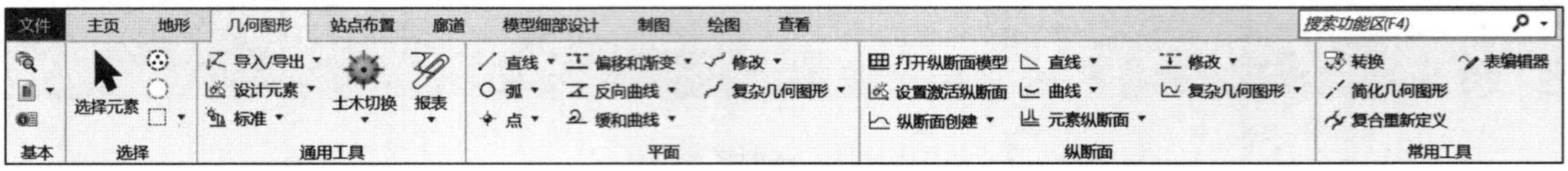

图 3-13　"几何图形"选项卡

二、通用工具

通用工具组包含"导入/导出""设计元素""标准""土木切换"及"报表"等工具。

1)导入/导出

该工具包含的功能如表 3-8 所示。

导入/导出工具功能介绍　　　　　　　　　　　　　　　　　　　　表 3-8

功　能	描　述
导入几何	如果坐标几何数据库中存储的图形元素为 MX（FIL）、InRoads（ALG 或 FIL）或 GEOPAK（GPK）元素,则可直接导入这些元素
从 ASCII 文件导入平面几何	通过文本向导从 ASCII 文件中导入平面几何元素
从 ASCII 文件导入水平点	过文本向导从 ASCII 文件导入平面几何点
从 ASCII 文件导入纵面几何	通过文本向导从 ASCII 文件中导入纵面几何元素
导出几何图形	将选定的土木几何元素导出到 LandXML

如果坐标几何数据库中存储的图形元素满足格式要求,通过"导入几何"功能直接导入专业数据,相比其他导入形式更专业、更简单,此功能主要应用在与不同软件的数据对接。但是,当保存数据的文件格式不能直接导入时,通常可以用"从 ASCII 文件导入"平面、纵面几何的功能。同样,创建好的平纵元素也可以导出保存,以便备份数据或将数据传输到其他应用程序进行运用。

2)设计元素

该工具用于设置激活纵断面和地形,还可以选择图形元素,具体功能如表 3-9 所示。

设计元素工具功能介绍 表 3-9

图　标	功　能	描　述
	设置激活纵断面	指定多个潜在纵断面元素中的哪个元素将驱动三维模型
	设置激活地形模型	指定多个潜在地形模型中的哪个模型位于激活文件或参考文件中。激活地形模型是默认情况下在轮廓模型中显示的模型,是廊道建模器的默认目标
	通过图形过滤器选择	将与"图形过滤器"匹配的所有元素放入 MicroStation 选择集中
	创建土木规则特征	为非土木几何工具创建的元素分配土木几何规则

　　"设置激活纵断面""设置激活地形模型"功能,在后文平面和纵断面创建时将会详述,"通过图形过滤器选择"功能在本模块单元三已作介绍,在此不再赘述。下面,对"创建土木规则特征"功能作一介绍。需要注意的是,位于二维设计模型中的元素,才能将其转换为土木规则特征。

　　通过创建土木规则,可以使绘制的线形具有工程意义,使其带有方位角、长度等路线元素,可以通过调整角度和长度等实现参数化调整,如图 3-14 所示。

　　参考命令:几何图形→通用工具→设计元素→创建土木规则特征,根据提示,选择要向其分配规则的图形元素即可。

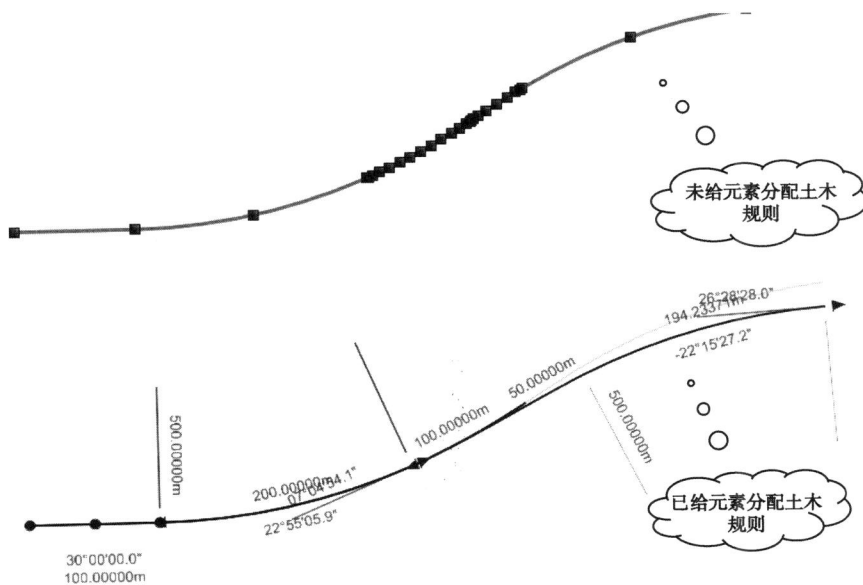

图 3-14　元素有、无土木规则对比

3）标准

包含设置设计标准、设置特征定义及设置元素信息等功能，见表3-10。

标准工具功能描述   表 3-10

图 标	功 能	描 述
	设置设计标准	用于为先前没有设计标准的元素分配设计标准
	设计标准工具栏	为土木几何元素分配设计标准或更改元素的设计标准
	设置特征定义	为土木几何元素分配特征定义，或更改元素的特征定义
	特征定义工具栏	使用"特征切换栏"上的命令来激活或取消激活影响各种几何图形命令的设置
	匹配特征定义	将某个元素的特征提供给另一元素
	土木消息中心	对可能影响设计过程的各种问题提供反馈，例如，违反设计标准的错误
	设置元素信息	在绘图的特定元素上添加用户自己的批注

对于"标准"工具，最主要的功能就是设置和分配"设计标准"及"特征定义"。

（1）创建设计标准

进行路线设计时，可以调用工作空间中的设计标准文件，以对元素进行规范化的设计。根据项目具体要求选择对应的标准文件并激活设计标准后，在设计过程中系统会进行标准校核，对于不符合标准的对象会有对应的提示和说明（一是在有问题的元素上，将鼠标悬停在该图标上方可显示错误的工具提示报告；二是在土木消息中心），但不会主动强制修改不符合要求的参数。

在该工具中，"设置元素设计标准"与"设计标准工具栏"两个功能结合使用，参考步骤如表3-11所示。

设置元素标准步骤及要点   表 3-11

序 号	步 骤 名 称	步 骤 要 点
1	打开工具栏	单击"设置元素设计标准"，将显示"设计标准"工具栏
2	分配设计标准	选择要分配的设计标准，以及要为其分配设计标准的元素
3	查看设计标准	可选择该元素以查看是否已应用设计标准

实际实用过程中，系统已有的设计标准不能满足项目要求，用户可自行"创建"新的设计标准，参考步骤如表3-12所示。

创建设计标准步骤及要点   表 3-12

序号	步骤名称	步骤要点
1	打开资源管理器	主页→基本→资源管理器,打开"资源管理器"对话框
2	创建新的设计标准	打开"Open Roads 标准"选项,在需要创建新标准的文件目录下,找到"设计标准",单击鼠标右键,选择"新建"(或者通过复制/粘贴现有标准),创建一个新的标准,如图 3-15 所示
3	参数设置	右键点击新创建的设计标准,选择"属性",打开"属性"对话框,根据项目要求对相关参数设置或更改,如图 3-16 所示
4	分配设计标准	创建完成后,在"设计标准工具栏"选择自定义的设计标准,分配给元素

图 3-15　创建新的设计标准

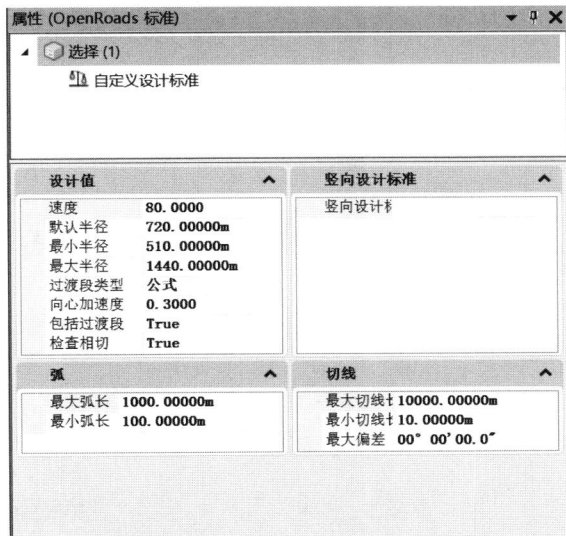

图 3-16　新建设计标准属性设置

（2）创建特征定义

元素的特征定义包括图层、线形、线宽、颜色、属性等,除此之外还会影响后期模型的批注和出图等信息,所以一般在形成正式的设计模型前,都要设置其特征定义。

在该工具中,一般"设置特征定义"和"特征定义工具栏"两个功能结合使用,参考步骤如下。

第一步:单击"设置特征定义",弹出"设置特征"对话框;

第二步:选择要分配的特征定义,并选择要分配的元素;

第三步:可根据需要,选择"特征定义工具栏",弹出"特征定义切换栏",通过将命令设置为使用激活特征来使用切换栏中显示的激活特征,各特征含义如表 3-13 所示。

"特征定义工具栏"功能 表 3-13

图 标	名 称	描 述
	替代特征定义	强制激活工具使用工具栏中选择的特征定义
	匹配特征定义	匹配用户所选元素的特征定义
	自动创建三维体	为创建的元素生成三维模型元素。该三维体通过默认数据模型的最佳拟合计算得出。但是，如果创建的元素与其他具有既定设计剖面的几何元素相邻，则系统将计算"插入过渡纵断面"来定义此三维元素
	实用特征定义模板	可自动将道路模板应用于创建的元素中。特征定义必须在其属性中指定模板
	打开/关闭链工具	如果打开工具链，则许多工具可以自动确定计算过程中要使用的基本元素。例如，"插入直-缓-圆-缓-直曲线"将选择最近的两个元素，并将其设置用于基准元素，以构造其圆角
	打开/关闭"保存捕捉"	如果打开，则将捕捉保存到几何图形中（默认下为打开捕捉）
	打开/关闭"规则取消激活"	如果打开，则工具将在禁用规则的情况下创建元素

与"创建设计标准"类似，若系统已有的特征定义不能满足设计需求，用户可自行"创建"新的特征定义，步骤与新建设计标准类似。

参考命令：主页→基本→资源管理器。

可根据需要，针对"特征定义""特征符号"的相关内容进行设置，如图 3-17 所示。

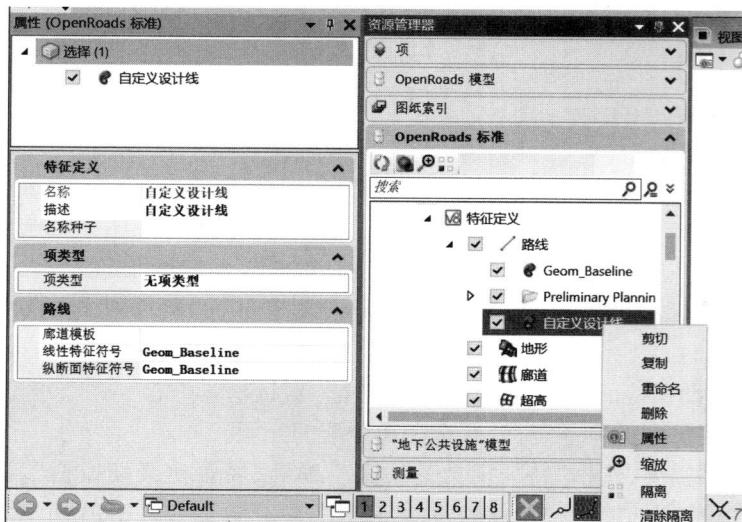

图 3-17 新建特征定义

4）土木切换

可打开"土木精确绘图 "工具，选择不同的方式以辅助绘图，实现路线设计的精确定位；除此之外，还包括对土木规则的激活、取消、删除等功能。

下面，主要介绍"土木精确绘图"的相关功能，其功能与模块二中介绍过的"精确绘图"工具类似，是一种制图辅助工具，但这里的"土木精确绘图"主要是辅助路线设计的精确定位，与前文的精确绘图功能又有所区别。

参考命令：几何图形→通用工具→土木切换→土木精确绘图，将打开土木精确绘图工具条，路线设计过程中，可根据绘图需求，选择适合的土木精确绘图工具。

5）报表

生成数据报表，包括平曲线数据表、水平点报表、纵断面报表、桩号数据报表、超高数据报表等。

三、平面工具

"平面"工具组包括平面几何线、平面几何弧、路线的偏移和渐变、平面几何缓和曲线等工具，利用该工具组主要进行道路的平面设计工作。需要注意的是，进行路线设计相关操作时需要创建 2D 的种子文件。

1）绘制平面几何线形

"直线""弧""缓和曲线"工具主要提供了基本的平面线形绘制功能，功能介绍如表 3-14 所示。

"直线""弧""缓和曲线"工具功能介绍   表 3-14

图　标	名　称	描　述
	直线	该工具包含创建直线、任意线连接、两弧切线连接、任意线延长、倒角等功能，可根据路线的不同情况绘制直线线形
	弧	该工具包含创建圆、两点弧、圆弧连接、两弧间弧、圆弧延长、插入"直-缓-圆-缓-直"曲线、任意元素与弧间的复杂过渡等功能，可根据路线的不同情况绘制弧的线形
	缓和曲线	该工具主要包含"缓和曲线延长"和"插入缓和曲线"两个功能，注意该工具仅提供回旋缓和曲线

2）平面线偏移和渐变

该工具主要用于将选定路段沿着参考元素进行偏移，具体功能如表 3-15 所示。

"偏移和渐变"工具功能介绍   表 3-15

图　标	功　能	描　述
	整路段等距偏移	将选定路段沿整个长度偏移一个常量值

图 标	功 能	描 述
	局部路段等距偏移	将选定路段沿用户选择的桩号范围偏移一个常量值
	局部路段渐变偏移	将选定路段沿用户选择的桩号范围偏移一个可变量
	比率定义的渐变	将选定路段沿用户选择的桩号范围偏移一个比率

平面线的偏移功能可用于设置匝道等类似情况,以"整路段等距偏移"为例,参考步骤如表 3-16 所示。

"整路段等距偏移"步骤及要点　　　　　　　　　表 3-16

序号	步 骤 名 称	步 骤 要 点
1	打开对话框	几何图形→平面→偏移和渐变→整路段等距偏移,打开设置对话框
2	设置参数	在对话框中设置"偏移值",以及勾选是否镜像等
3	选择偏移路线	根据提示"定位元素",选择需要偏移的路线元素,接受或修改偏移值,确定各参数后路段偏移即完成,如图 3-18 所示。

有时根据设计需要可能需要局部偏移,以"局部路段渐变偏移"为例,意味着偏移路线不是整路段,其次偏移距离不是固定的,而是渐变的,参考步骤如表 3-17 所示。

"局部路段渐变偏移"步骤及要点　　　　　　　　表 3-17

序号	步 骤 名 称	步 骤 要 点
1	打开对话框	几何图形→平面→偏移和渐变→局部路段渐变偏移,打开设置对话框
2	设置参数	在对话框中设置起点偏移值、终点偏移值、起点距离、终点距离等参数,以及勾选是否镜像等
3	选择偏移路线	根据提示"定位元素",选择需要偏移的路线元素,接受或修改各项参数,确定后路段偏移即完成,如图 3-18 所示

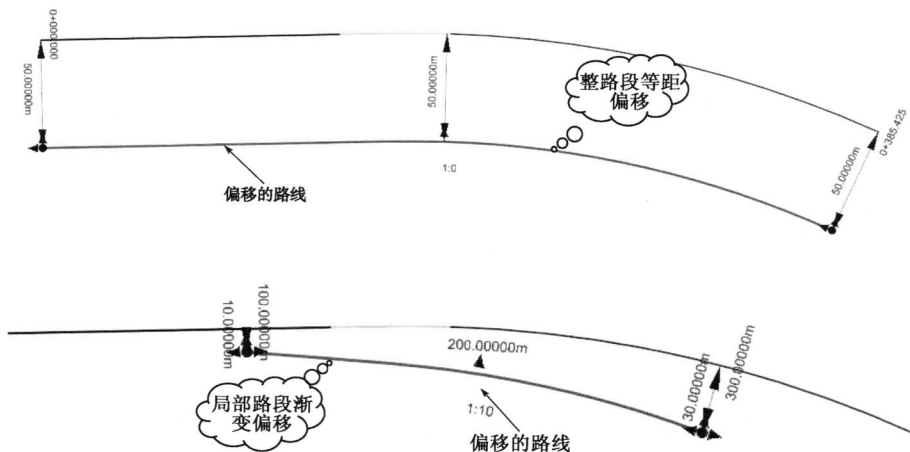

图 3-18　整路段等距偏移和局部路段渐变偏移

3）平面几何修改

该工具主要用于对平面几何元素进行桩号设置、添加断链、处理土木规则及复制土木元素等，具体功能如表 3-18 所示。

"修改"工具功能介绍 表 3-18

图 标	功 能	描 述
	起点桩号	将桩号设置分配给元素
	添加断链等	定义元素上指定位置处的桩号
	复制元素	创建可见几何图形的新实例
	转置元素	创建标识元素的副本，并反转标识元素的方向
	插入交点及复合曲线	通过在先前建立的复合元素中附加其他元素来构造复合元素
	附加元素	构造与选定线性对象定义的过程最佳拟合的元素
	几何图形构建编辑	允许在"几何图形构建器工具"对话框中加载和修改现有几何图形

其中，"断链"在路线设计过程中较为常见，它指的是因局部改线或分段测量等原因造成的桩号不相连接的现象，桩号重叠的称为"长链"（前里程 – 后里程 > 0），桩号间断的称为"短链"（前里程 – 后里程 < 0）。因各种因素条件限制，通常需要设置断链。断链设置完成后，对应的桩号统一自动调整，且后续纵断面和廊道设计中的桩号设置也会自动调整。设置断链的参考步骤如表 3-19 所示。

"添加断链"步骤及要点 表 3-19

序号	步骤名称	步骤要点
1	打开对话框	几何图形→平面→修改→添加断链，打开设置对话框
2	输入前、后桩号	以路线前进方向定义，小桩号为"后"，大桩号为"前"。这里需注意的是，当"设计文件"中使用"按名称"的等式类型时，输入格式应为"A 10 + 00"，其中 A 是每个等式的用户定义的唯一标识符，可以是任意字母；当使用"按索引"的等式类型时，区域将自动分配，因此用户仅需输入桩号值即可。 更改路径为文件→设置→文件→设计文件设置→土木格式设置→桩号设置→公式，如图 3-19 所示
3	定位路线元素	根据提示"定位元素"，核对各项参数，确定后即完成断链的添加，如图 3-20 所示

4）平面几何复合

该工具主要用于创建并重定义"复合"路线、"最佳拟合"，以及"按模板创建三维几何模型"等功能，具体功能如表 3-20 所示。

图 3-19　公式类型设置

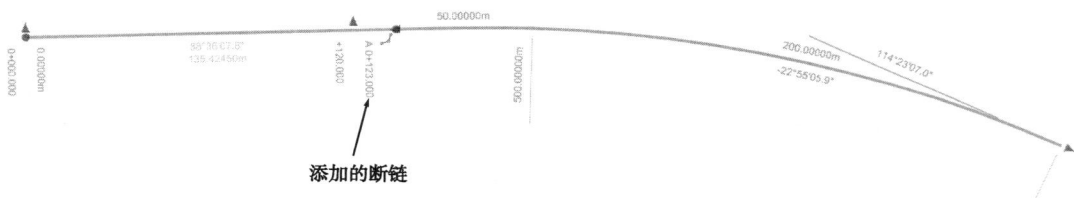

添加的断链

图 3-20　添加断链

"复杂几何图形"工具功能介绍　　　　　　　　　　　　　　　　　表 3-20

图　标	功　能	描　述
	按元素复合	通过将先前放置的元素按顺序连接来构造其复合元素
	交点法创建路线	基于用户的交点位置输入,使用曲线创建线性元素。对于交点处没有曲线的情况,曲线可以包括过渡段或将半径设置为零
	按最佳拟合定义	构造与选定线性对象定义的过程最佳拟合的元素

其中,"交点法"创建路线较为常用,所谓"交点法",其定线方法是先根据地形、地物等条件定出路线的起点和终点,以及弯道的交点位置,从而确定出路线的基本线位,然后在各个弯道处敷设曲线。

四、纵断面工具

"纵断面"工具组包括纵断面创建、纵断面直线、纵断面曲线、纵断面修改等工具,利用该工具组主要进行道路的纵断面设计工作。纵断面设计依照平面线与数字地形结合后的关系进行竖向设计,将平面线对应的地面线高程反映到竖向设计的模型中,能够辅助优化设计。

1)纵断面的打开与激活

(1)打开纵断面

"⊞ 打开纵断面"工具用于生成在纵断面中呈现所需特征的视图,从而使纵断面几何工具能够与所选特征进行交互,参考命令:几何图形→纵断面→打开纵断面模型,如图 3-21所示。

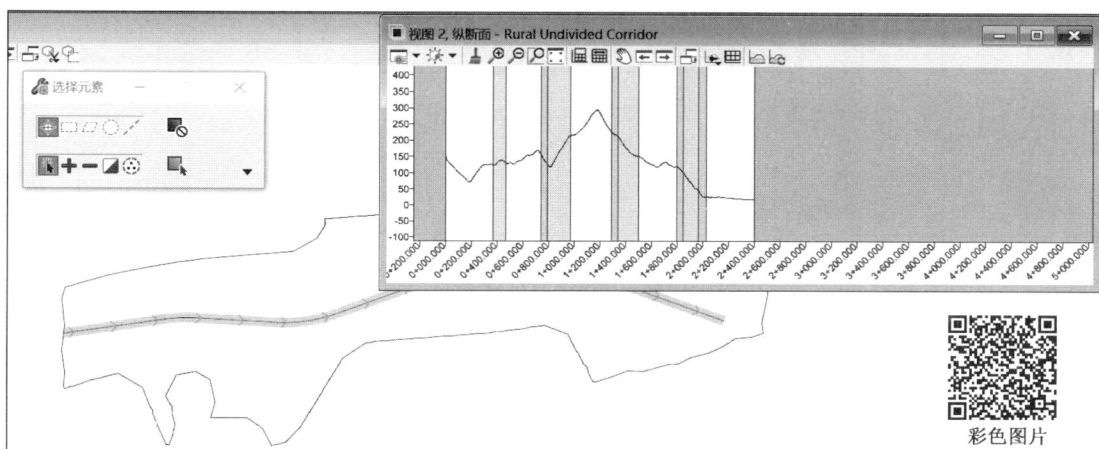

图 3-21　打开纵断面模型

"视图 2"中的线即为"原地面线",X 轴为"里程桩号",Y 轴为"高程值",背景中的不同颜色代表平面线的不同线形,白色代表"直线",绿色代表"圆曲线",粉紫色代表"缓和曲线"。滚动鼠标中键可以调增"X 方向的放大系数",按住"Shift"+滚动鼠标中键,可以调整"Y 方向的放大系数",也可以选择"视图属性→放大系数"来调整。

除此之外,还可以通过"选择"已有的"平面线",在右侧弹出的功能菜单中选择"⊞ 打开纵断面",以打开纵断面模型。

(2)激活纵断面

纵断面设计模型中,可以通过"激活"不同的纵断面与平面线结合得到不同的三维线形,进而影响后面章节中的"廊道",以及工程量等内容。在 ORD 软件中,有多种方式可以激活纵断面,具体如下。

方法一:几何图形→纵断面→设置激活纵断面。

方法二:几何图形→通用工具→设计元素→设置激活纵断面。

方法三:在纵断面模型视图中,选中纵断面元素,在弹出的常用功能中选择"⊡设置为激活纵断面"。

2）绘制纵断面几何线形

直线、曲线工具主要提供了基本的纵断面线形绘制功能，主要功能如表3-21所示。

直线、曲线工具功能介绍　　　　　　　　　表3-21

图　标	功　能	描　述
	直线	包含直线坡、任意坡连接、任意坡延长、插入切线坡等功能，可根据纵断面的不同情况绘制直线线形
	曲线	包含按点创建曲线、任意竖曲线连接、任意竖曲线延长、插入任意竖曲线等功能，可根据纵断面的不同情况绘制竖曲线线形

3）纵断面修改

该工具的功能介绍如表3-22所示。

"修改"工具功能介绍　　　　　　　　　表3-22

图　标	功　能	描　述
	插入变坡点及竖曲线	将纵面曲线插入纵断面元素中
	添加竖曲线单元至纵断面	将其他元素附加到先前建立的复杂元素

4）纵面几何复合

该工具主要包括按竖曲线单元创建纵断面、按竖交点（PI）的纵断面复合、最佳拟合纵断面、插入反向曲线坡、纵断面偏移，功能介绍如表3-23所示。

"复杂几何图形"工具功能介绍　　　　　　　　　表3-23

图　标	功　能	描　述
	按竖曲线单元创建纵断面	从先前放置的元素构造复杂纵断面元素。根据提示手动或自动定位需要复合的元素，以创建新的复合元素
	按竖交点（PI）的纵断面复合	构造由垂直交点定义的纵断面复合体
	按最佳拟合定义纵断面	通过选定的纵断面构造由最佳拟合定义的纵断面复合体。例如，拾取现有地面纵断面并对纵断面进行最佳拟合以匹配地面
	插入反向曲线坡	在先前绘制的元素之间构造反向曲线，两条曲线之间的切线长度可选
	纵断面偏移	按照与基本元素的偏移构造纵断面元素。基本元素可以是线、弧、缓和曲线或复合体。偏移得到的与之相关的纵断面元素保留与原纵断面之间的关系，当原始元素发生变化时，偏移得到的纵断面元素随之变化

其中，"按竖交点（PI）的纵断面复合"的原理与平面线"交点法"相似，在设计的过程中通过捕捉或输入精确"纵面信息"确定变坡点的信息，设置变坡点的竖曲线参数得到对应竖曲线，逐个变坡点进行定义，完成纵断面设计工作。

五、常用工具

在常用工具中,包含转换、简化几何图形、复合图形重新定义及表编辑器等功能,其功能介绍如表 3-24 所示。

"常用工具"功能介绍

表 3-24

图 标	功 能	描 述
	转换	能够转换、旋转和缩放元素
	简化几何图形	用于移除平面和纵面几何图形的间隔和外部参考规则
	复合图形重新定义	用于保留原始"路线"名称,从而使基于原始几何图形构建的所有规则均可根据新几何图形进行更新
	表编辑器	使用表格式修改几何图形

平面线或纵断面设计完成后,如果对象整体长度大、交点数量多,用户可以使用"表编辑器"功能进行数据的修改,会更为方便。该功能是将众多复杂的路线参数以交点进行划分,既可以通过表格的形式查询路线中的主要参数,又可以结合模型高亮显示快速定位到要修改的参数。"表编辑器"功能可以针对平面元素或纵断面元素进行使用,界面中显示的参数取决于用于用户选择的对象元素。

参考命令:几何图形→常用工具→表编辑器,根据提示选择要编辑的对象,打开对话框。

如图 3-22 所示,用户选中哪组数据,视图中将高亮显示相关线形,以提醒选中对象的影响范围等。用户可直接双击表编辑器中的表格内容,对数据进行修改。

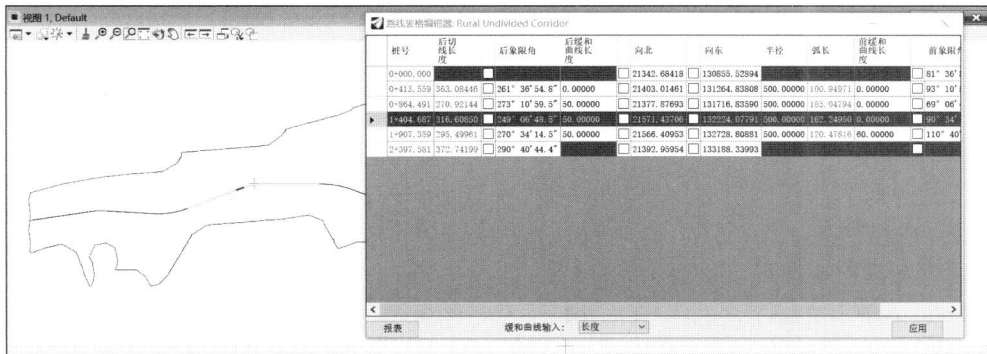

图 3-22　表编辑器

六、应用范例

现针对道路几何设计中的平面线设计、纵断面设计功能,举例讲解其设计步骤。

1)从文件导入平面几何元素

以"从 ASCII 文件导入平面几何"功能为例,其操作步骤如下:

（1）新建文件

新建"FL303.dgn"文件，设置工作空间为"Training and Examples—Training Metric"，注意需要选择2D的种子文件。

（2）选择待导入的平面几何文件

参考命令：几何图形→通用工具→导入/导出→从ASCII文件导入平面几何。

选择待导入的文件"平面线数据.txt"，打开"从ASCII导入平面几何"对话框。

（3）编辑文件数据

第一步：选择"编辑当前选定的文本导入设置文件"，打开"编辑文本导入设置文件"对话框。

第二步：针对文件格式、列、过滤器进行设置。如图3-23所示，根据案例中的原始数据，应将"要导入的第一行"（即数据开始的行数），填入"2"，其他保持默认设置不变。

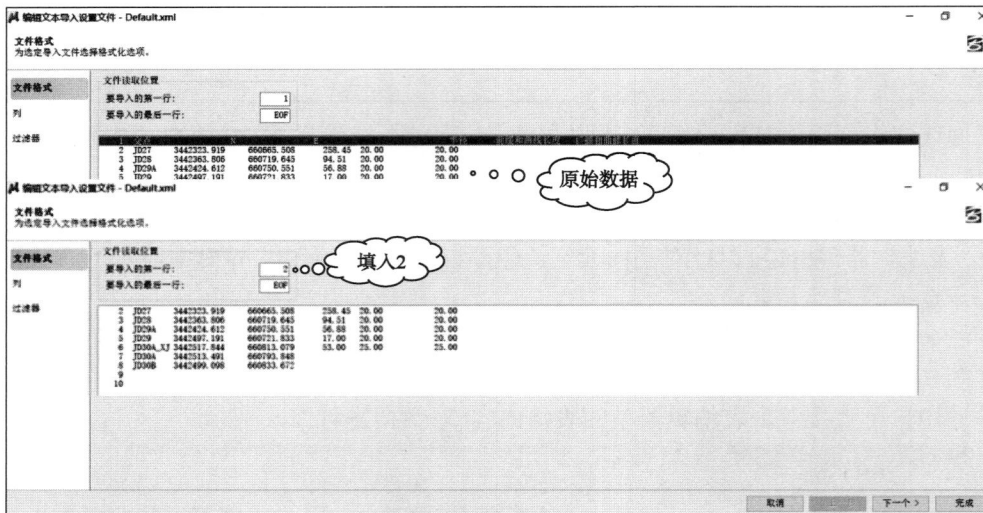

图3-23　编辑文本导入设置文件

第三步：对"列"进行设置。如图3-24所示，勾选"列分隔符"中的各项选项，更改数据显示窗口中各列的数据类型。设置完成后，点击"下一个"进行过滤器的设置。一般情况下，过滤器的设置保持默认即可。全部设置完成后点击"完成"。

第四步：在弹出的对话框中保存"文本导入向导设置文件"，保存后自动返回到"从ASCII文件导入平面几何"对话框，检查是否创建土木规则，是否选择特征定义等设置，点击"导入"，平面线即导入完成，如图3-25所示。

2）绘制平面几何元素

现举例介绍利用平面几何线形的绘制工具，对直线、圆曲线、缓和曲线进行绘制的操作步骤，假设设计速度为80km/h，需要绘制一段"直线+圆曲线+缓和曲线"的平面线形，基本参数如表3-25所示。

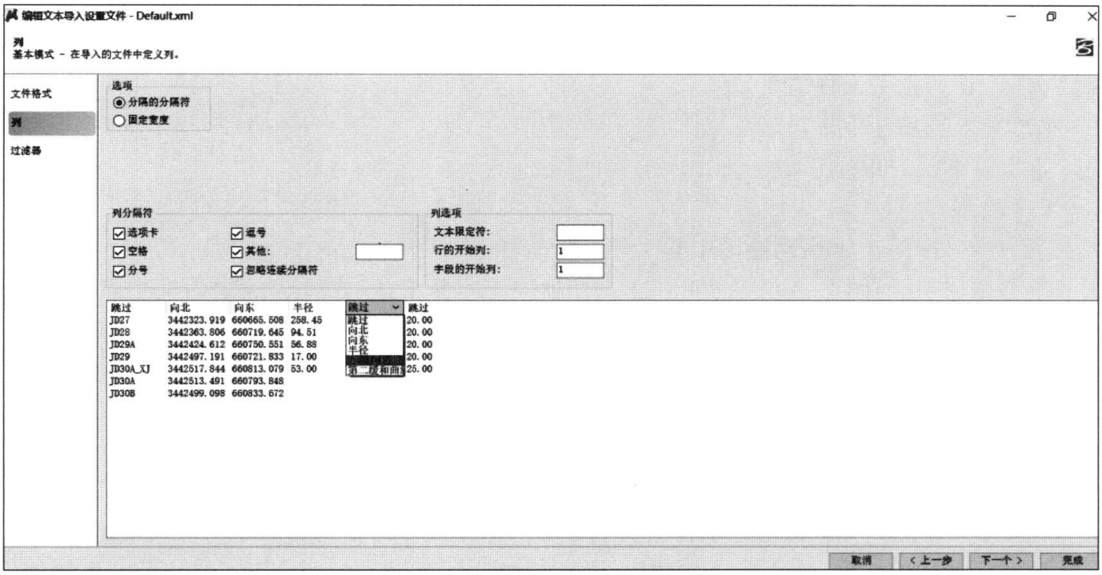

图 3-24　对导入文件进行设置

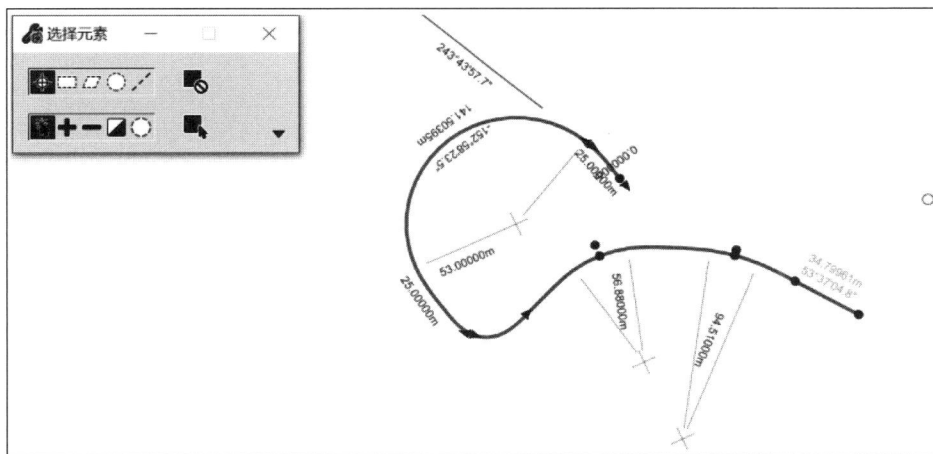

图 3-25　从 ASCII 文件导入的平面线

"平面线"参数汇总（单位：m）　　　　　　　　　　　　　表 3-25

序号	线　形	直线长度	圆曲线半径	圆曲线弧长	前缓和曲线长度	后缓和曲线长度
1	直线	200	—	—	—	—
2	圆曲线	—	500	200	—	—
3	缓和曲线	—	—	—	0	70

　　需要注意的是，进行平面设计时，各参数的选取应符合《公路路线设计规范》（JTG　D20—2017）等相关设计规范的要求，依据设计速度，确定圆曲线半径、缓和曲线长度等参数值。平面线形绘制的参考步骤如下：

（1）新建文件

新建"FL304.dgn"文件,设置工作空间为"Training and Examples—Training Metric",注意需要选择2D的种子文件。

（2）导入或创建地形模型

步骤见本模块单元三。

（3）绘制"直线"

第一步:打开"土木精确绘图工具"。

参考命令:几何图形→通用工具→土木切换→土木精确绘,在弹出的对话框中点击"切换土木精确绘图",通常交点位置通过坐标确定,即X、Y的值,故可选择"⊞XY"方式辅助绘图。

第二步:绘制直线。

参考命令:几何图形→平面→直线→直线,根据提示进行如下操作:

输入起点:可鼠标左键点选,也可输入坐标确定位置。

输入终点:一是可以通过输入"距离"和"线方向"两个参数确定终点位置,参数可以在弹出的"直线"对话框中输入,也可以在光标旁的提示框内输入,并且可以通过点击键盘的左右方向键进行参数的切换,输入一个参数后,可以通过按回车键进行"锁定";二是可以通过捕捉点的方式获得终点位置,随着光标的移动,提示框中"距离"和"线方向"的数值会动态变化,如图3-26所示。

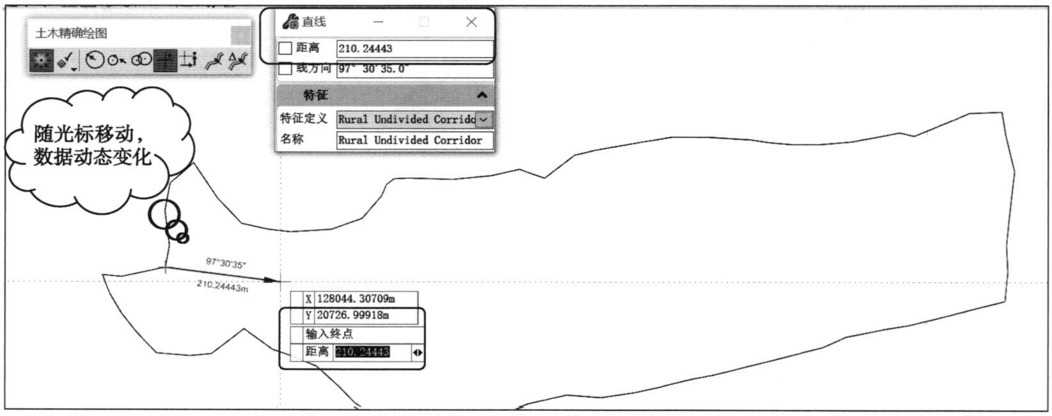

图3-26　参数设置

特征定义:设置线形的特征定义。

第三步:点击鼠标左键确认参数,直线即绘制完成,如图3-27所示。

（4）绘制"圆曲线＋缓和曲线"

在直线后进一步绘制圆曲线和缓和曲线。

第一步:几何图形→平面→弧→圆弧延长→圆＋缓和曲线延长。

第二步:在弹出的对话框中设置相关参数,其中的"后过渡段"指前一段路线与后接圆曲线之间的过渡段,图3-28所示。

修剪/延长:选择"向后"（向后的方向即前一段路线方向）。

半径:即后接圆的半径值,此处设为"500"。

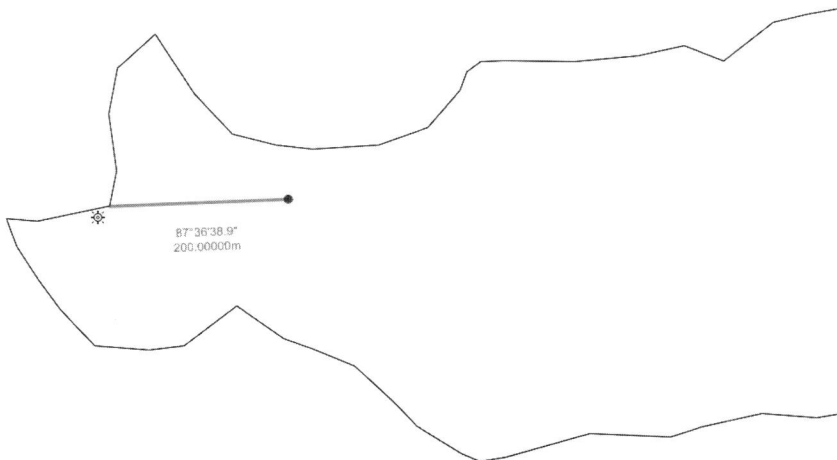

图 3-27 绘制直线线形

弧长：为后接圆的弧长，此处设为"200"。

类型：有多种选择，常用为"缓和曲线"。

方法：有多种选择，常用为"长度"，同时根据实际情况设置长度值，此处设为"70"，如图 3-28 所示。

特征定义：设置线形的特征定义，可根据设计需要选择。

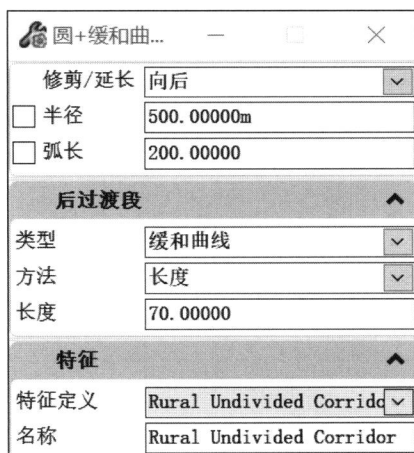

图 3-28 "圆+缓和曲线延长"相关设置

第三步：根据提示"定位元素"，选择需绘制的曲线是从哪个元素进行延长（此例中为已放置的直线），然后"输入起点"，此例的起点即为已有直线元素的终点。

第四步：核对各绘制参数（若第二步时在对话框中未进行设置，也可以此时设置），根据提示确定所有参数，完成绘制，如图 3-29 所示。

（5）复合元素

由于是单个元素独立绘制，所有的路线元素创建完成后，需要进一步将其连成整体。

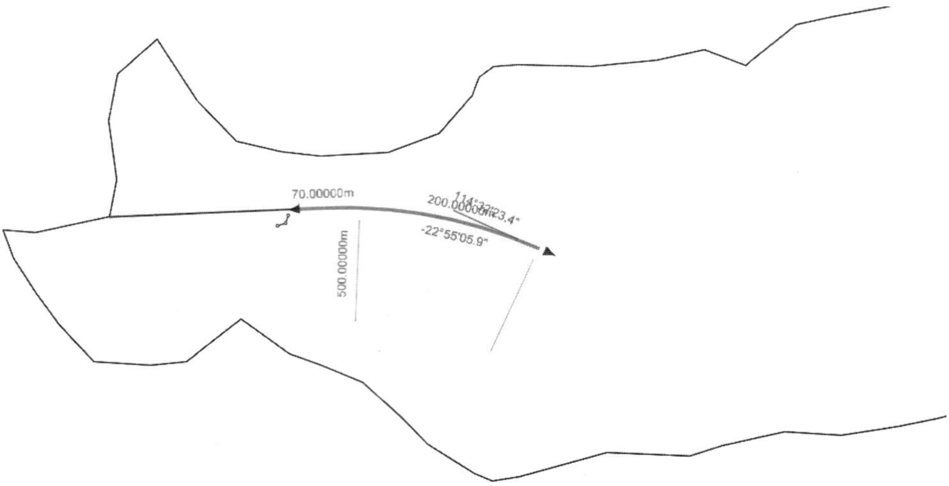

图 3-29　绘制缓和曲线过渡接圆曲线线形

参考命令：平面→复杂几何图形→按元素复合。

在弹出的对话框中，"方法"可选择手动或自动。"手动"将手动选择每一个元素；"自动"只需选择第一个元素，然后按照一定方向自动复合。根据提示复合完成后，路线元素将成为一个整体。

3）绘制纵断面元素

以常用的"按 PI 的纵断面复合"的绘制方法为例，介绍纵断面的一般绘制步骤。纵断面的主要线形为直线坡和竖曲线，假设设计速度为 80km/h，基本参数如表 3-26 所示。

"纵断面"参数汇总
表 3-26

"纵断面"参数	纵坡坡度	直线坡长度(m)	竖曲线参数 （竖曲线半径）(m)	竖曲线长度(m)
第一段直线坡	3%	200	—	—
第二段直线坡	−1%	270	—	—
变坡点竖曲线(凸)	—	—	4500	180

进行纵断面设计时，仍需符合《公路路线设计规范》(JTG D20—2017)等相关设计规范的要求。其中，纵坡设计标准主要有最大纵坡、坡长限制；竖曲线设计标准主要有竖曲线最小半径和竖曲线最小长度。

纵断面绘制的参考步骤如下（此例在"FL304.dgn"平面绘制范例的基础上进行）：

（1）激活地形模型

打开 FL304.dgn 文件，激活地形模型，参考命令：地形→编辑→激活→设置激活，根据提示选择要激活的地形。

（2）打开纵断面模型

选择已设计好的平面线形，在右侧弹出的快捷菜单中选择"⊞打开纵断面模型"，此例选择"视图 2"，并在视图 2 中单击鼠标左键接受。

（3）绘制纵断面

第一步：打开"土木精确绘图"，选择" Z"的方式辅助绘图。

第二步：选择几何图形→纵断面→复杂几何图形→按 PI 的纵断面复合，根据参数绘制各段纵断面元素。

根据提示，选取起点，此例中起点为桩号 0 + 000.000 处，输入坡度 3%，长度 200（m），或输入桩号 0 + 200.000，确定第二个点，如图 3-30 所示。

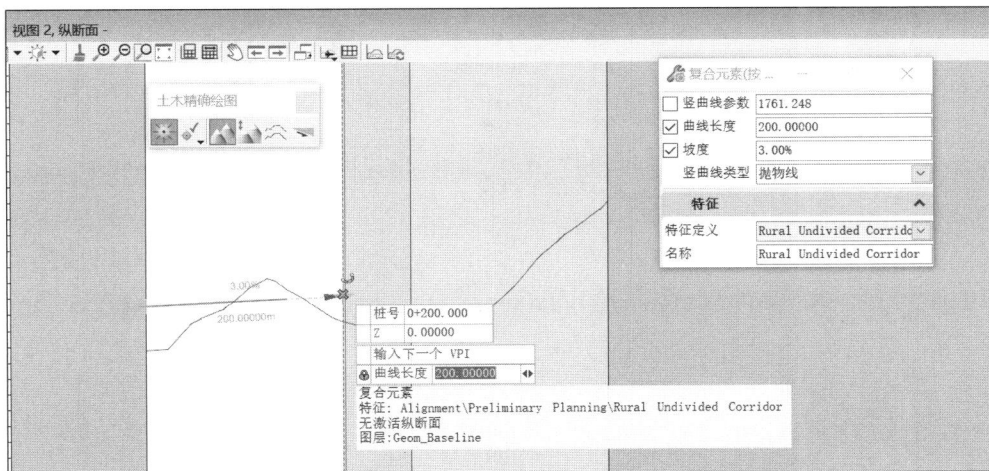

图 3-30　绘制第一段直线坡

根据提示，输入下一个 VPI 点，根据参数，第二段直线坡的坡度由 3% 变为 - 1%，存在变坡点，需设置竖曲线（凸形），此处输入竖曲线参数（半径）为 4500（m），第二段直线坡坡度 - 1%，竖曲线长度即为 180m，竖曲线类型设置为"抛物线"，如图 3-31 所示。

图 3-31　输入竖曲线参数

需要注意的是,竖曲线参数通常用 K 值或 R 值表示,设计时多采用 R 值,故若系统默认为 K 值,需要对其进行更改,路径为:文件选项卡→设置→文件→设计文件设置,在打开的对话框中,选择土木格式设置→纵断面设置→竖曲线参数格式→R 值即可,如图 3-32 所示。

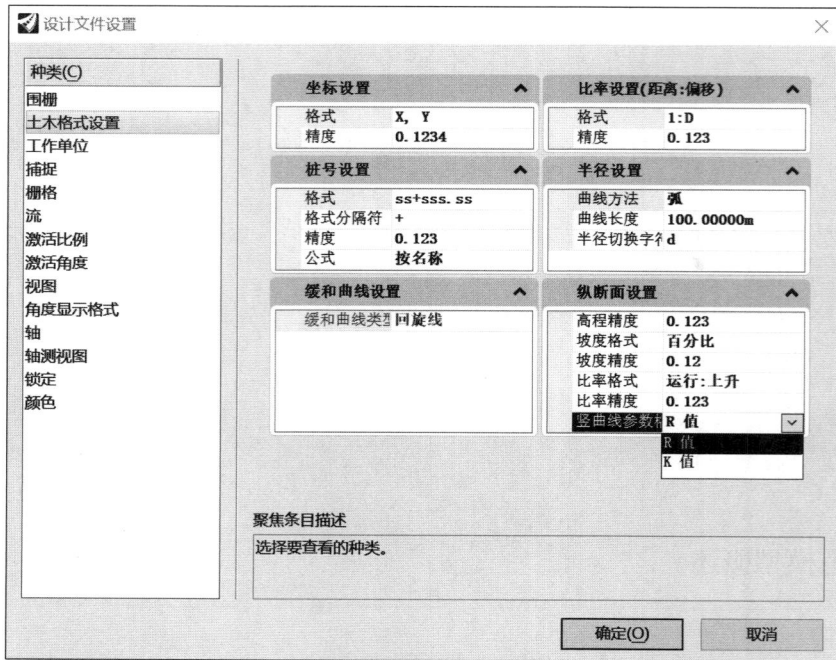

图 3-32 竖曲线参数格式修改

找到第二段直线坡的终点,即桩号为 0 + 470.000 处(第二段直线坡长度为 270m),鼠标左键确定,点击鼠标右键重置后,纵断面即创建完成。

激活纵断面,在同一平面线形中,可以绘制多条纵断面元素,需要使用哪条纵断面时,将其设置为激活纵断面即可。选择纵断面元素,在右侧弹出的对话框中选择"设置为激活纵断面",激活纵断面之前,如图 3-33 所示,在左侧 3D 视图中无路线。

图 3-33 激活纵断面之前

激活纵断面之后,在左侧视图中出现 3D 路线元素,如图 3-34 所示。

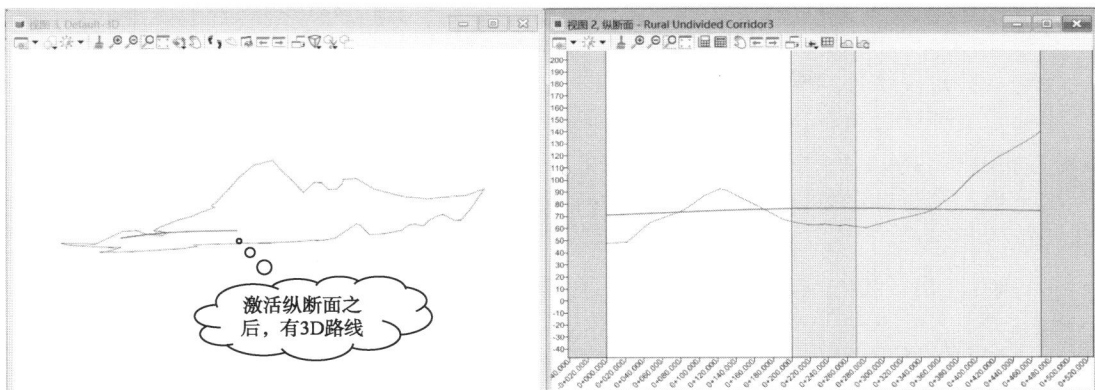

图 3-34 激活纵断面之后

单元五 廊道设计

一、廊道模型概述

廊道是用于路面建模的土木对象,由廊道模型工具自动管理。"廊道模型"工具集是一组高度交互的命令,用于创建表示新路面或其他类型曲面的新设计曲面。使用廊道模型时,可以使用二维或三维进行绘制,使用二维(例如,用于平面视图图形)时,系统将自动创建和维护三维视图。开始新建廊道时,可以使用基本信息,可以使用单个模板,以及初步几何和高级地形模型,随着设计的推进,可以添加更多细节。与单个三维路面相比,更多的模板可以更好地定义路面。可以添加过渡段,从一个模板平滑移动到另一个模板。简单项目可能不需要所有工具,有基本廊道模型已足够。但是,所有工具都可用于处理从基础到复杂、从小到大的各种规模的项目。

"廊道"选项卡主要包括创建、编辑、杂项、超高及检查等工具组,如图 3-35 所示。

图 3-35 "廊道"选项卡

廊道建模的常规工作流如下,其中任务(5)~(9)可以以不同的顺序完成,且所有任务并非均必须完成。

(1)创建土木平面和纵面几何元素,这是在廊道模型工具之外完成的,详见本模块单元三相关内容。

(2)如果模板绑定到地面,则设置激活地形(现有地面)。

（3）根据土木平面和纵面元素新建廊道。

（4）添加三维路面。

（5）为特定点添加水平和/或垂直控件（可选）。

（6）定义任何过渡和连接。

（7）关联超高信息。

（8）检查结果并调整（根据需要使用其他控件，例如末端条件异常、二级对齐、参数约束或目标别名）。

（9）继续进行/检查/修改，直到结果符合要求为止。

二、廊道的创建

1）廊道创建工具

廊道创建工具组包括用于新建廊道、三维路面、过渡的工具，以及可以使用模板库的各种工具，如表3-27所示。

廊道创建工具

表3-27

工具名称	图 标	主要功能及说明
新建廊道		通过定义廊道名称、标识基线参考和纵断面并指定设计阶段，可以新建廊道。新建廊道后，该软件会自动前进到"新建三维路面"工具
新建三维路面		根据桩号限制以及从当前模板库中选择的模板，为道路设计新建三维路面
创建过渡段		根据选择先前创建的两个三维路面，在两个三维路面之间创建过渡
编辑过渡段		修改先前在两个三维路面之间创建的过渡
复制三维路面		作为创建和修改三维路面的替代方法，此工具将现有的三维路面复制到根据相同基线参考新定义的桩号范围中
创建模板		打开当前模板库以添加新模板、删除或修改现有模板
显示模板		通过使用激活MicroStation线符，可在绘图文件中用户定义的数据点处绘制当前模板库中的选定模板。所有末端条件均会绘制，且没有标注。该绘图作为模板库文档的起点非常有用

2）新建廊道及三维路面

"创建廊道"工具是廊道设计的初始步骤，可以通过"功能区：OpenRoads Designer 建模→廊道→创建→新建廊道"打开"创建廊道"对话框，也可以通过先选择平面路线（作为廊道基线），在弹出工具条中选择"创建廊道"打开对话框，与该对话框对应的步骤及要点如表3-28所示。

"新建廊道"步骤及要点　　　　　　　　　　　　　表 3-28

序号	步骤名称	步骤要点
1	定位廊道基线	点选平面路线作为廊道基线;若通过弹出工具条打开"创建廊道"对话框,则会省略此步骤
2	定位纵断面	一般情况下,定位基线时需选择具有平面几何信息和激活的纵断面几何信息的基线。若所选平面路线元素具有激活纵断面,则仅需点击鼠标右键重置即可继续
3	特征定义 (非提示步骤)	根据当前项目的不同需求可选择不同的廊道特征,特征定义会影响廊道精度、廊道显示样式以及廊道显示内容等;创建廊道时对特征定义进行设置,后期也可在廊道属性中对特征定义进行修改
4	廊道名称	可给创建的廊道进行命名,比如"温江路",也可默认;点击鼠标左键接受后,廊道即创建完成

廊道创建完成后,下一步进行三维路面的创建。三维路面是沿廊道应用特定模板的区域,可根据桩号范围定义路面的横截面,一条路线可以由单个或多个三维路面组成。

廊道创建完成后,将自动弹出"创建三维路面"对话框,如图 3-36 所示,直接进入下一步设计。也可以在创建廊道结束后,通过"功能区:OpenRoads Designer 建模→廊道→创建→新建三维路面"打开"创建三维路面"对话框,与该对话框对应的步骤及要点如表 3-29 所示。

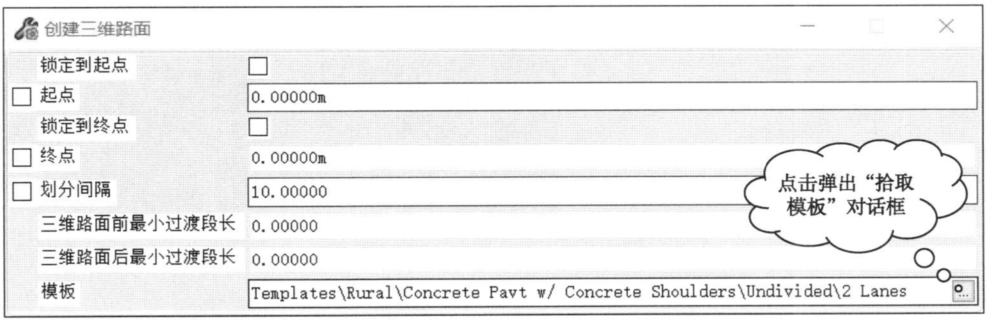

图 3-36　"创建三维路面"对话框

"新建三维路面"步骤及要点　　　　　　　　　　　表 3-29

序号	步骤名称	步骤要点
1	定位廊道	点选要创建路面的廊道;若是在廊道创建完成后,自动弹出"创建三维路面"对话框,则会省略此步骤
2	选择模板	根据提示,按住"Alt + ↓"打开浏览模板的对话框,或者点击"创建三维路面"对话框模板栏的"…"打开"拾取模板"对话框,如图 3-37 所示。 在弹出的"拾取模板"对话框左侧的结构树视图中,列出激活模板库(∗.itl)中的所有可用模板,用户可直接进行选择,也可根据设计需要对已有模板进行编辑,或是自己创建新的路面模板
3	起点	根据提示输入起点桩号或点选起点位置,若选取路线起点,则可以点击"Alt 键"或在"创建三维路面"对话框中勾选"锁定到起点"

序号	步 骤 名 称	步 骤 要 点
4	终点	根据提示输入终点桩号或点选终点位置,若选取路线终点,则可以点击"Alt键"或在"创建三维路面"对话框中勾选"锁定到终点"
5	划分间隔	划分间隔代表廊道横断面的划分间距,其值越小廊道模型越精细,但计算速度相应变慢,同时划分间隔也会影响后期道路相关数据的输出
6	三维路面前最小过渡段长	与相邻上段设定模板之间的过渡段长;若不考虑,则设置为0
7	三维路面后最小过渡段长	与相邻下段设定模板之间的过渡段长;若不考虑,则设置为0

注:重复2~7,即可在同一廊道中新建多个三维路面。

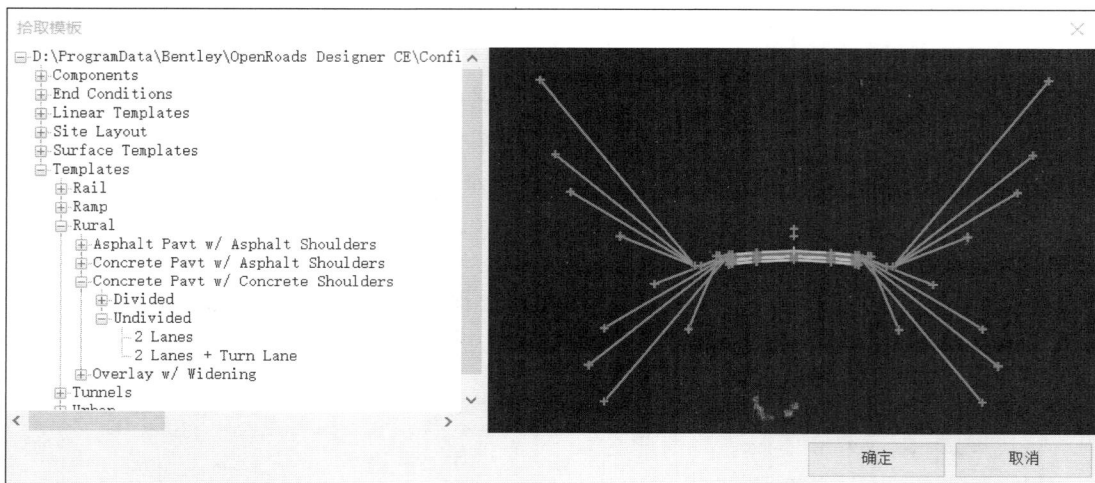

图3-37　"拾取模板"对话框

3)过渡段

通常在两个三维路面之间使用过渡段,而不是从一个模板突然切换到另一个模板,比如道路由宽变窄或由窄变宽,如图3-38和图3-39所示。

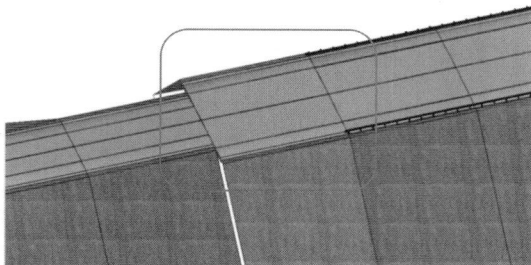

图3-38　三维路面之间无过渡段

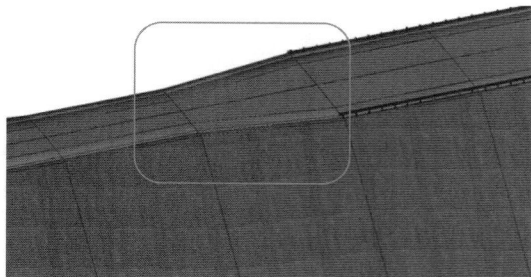

图3-39　三维路面之间有过渡段

在新建三维路面完成之后,可以通过"功能区:OpenRoads Designer 建模→廊道→创建→

创建过渡段"打开工具,然后根据提示在平面图中依次点击与过渡段相邻的两个三维路面,如图 3-40 所示。两个三维路面的选择顺序无关紧要,但必须属于同一廊道,否则不会创建连接。

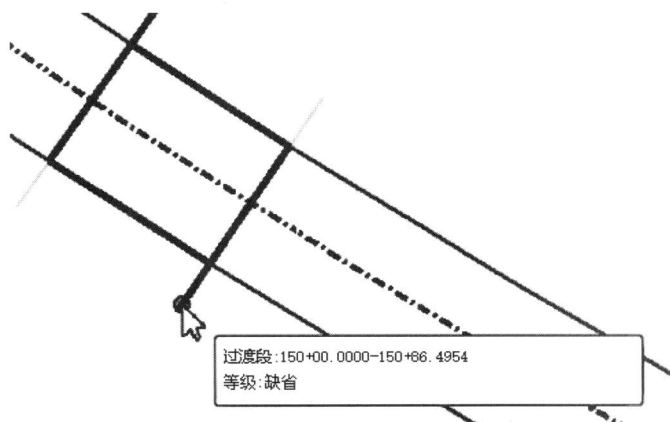

图 3-40 创建过渡段

注:悬停在过渡段限制上方时,弹出窗口将显示相关信息

若与过渡段相邻的两个三维路面所使用的横断面模板的控制点存在一定的约束关系,则可能导致自动创建的过渡段无法"平顺"过渡,此时便需要对过渡段进行编辑,解除某些点之间的约束关系。

在创建过渡段完成之后,可以通过"功能区:OpenRoads Designer 建模→廊道→创建→编辑过渡段"打开工具,然后根据提示在平面图中点击过渡段,或者通过选择需要编辑的过渡段,在弹出工具条中选择"编辑过渡段",弹出对话框,可以看到所有红色的点即为与其他点具有约束关系的点,选择"确定",会弹出提示"为使缓和段能够正常工作,必须删除针对要缓和段的点的相应约束",如图 3-41 所示。

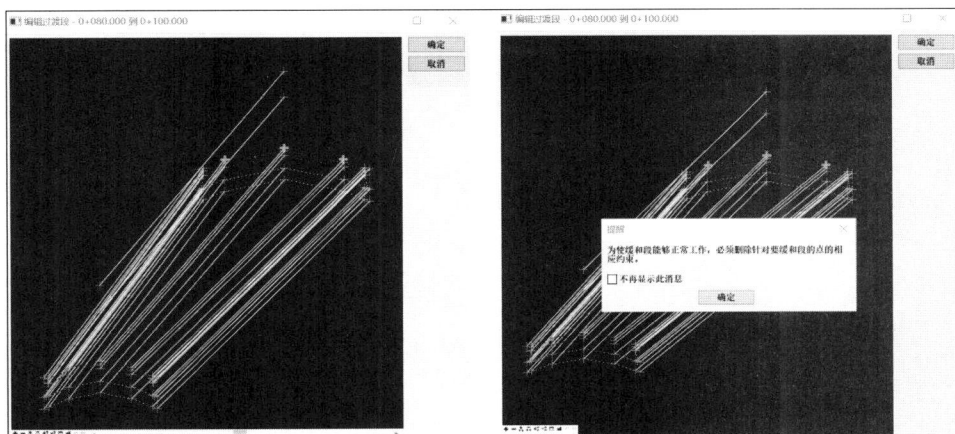

图 3-41 "编辑过渡段"对话框

在弹出的"编辑过渡段中点"对话框中确定实际需要过渡的点,如图 3-42 中圆圈所示,解除其约束;鼠标右键点击需要解除约束的点,在弹出的菜单中选择"同时删除两项约束",解除

约束后的点将由"红色"变为"绿色"。

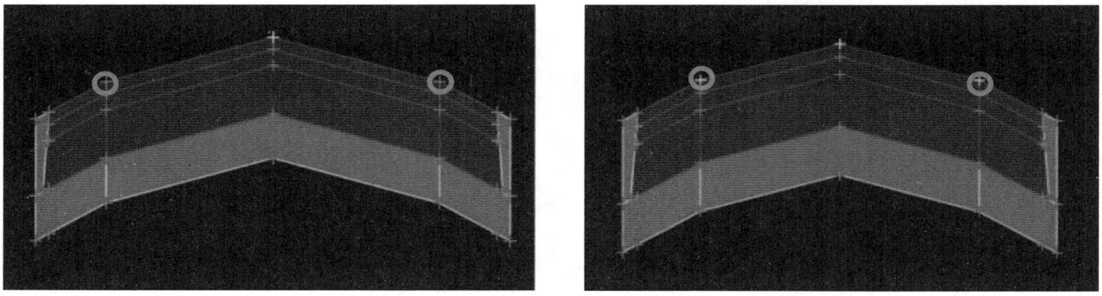

图 3-42 解除点约束

4）模板

当已有模板不能满足设计需要时，可以自行创建横断面模板。模板由一系列点和组件组成，代表路面的特征，已处理的路面特征将保存到设计曲面，模板存储在模板库（*.itl）中，可以被其他文件所调用。打开路径：廊道→创建→模板→创建模板，打开"创建模板"窗口，如图 3-43 所示。

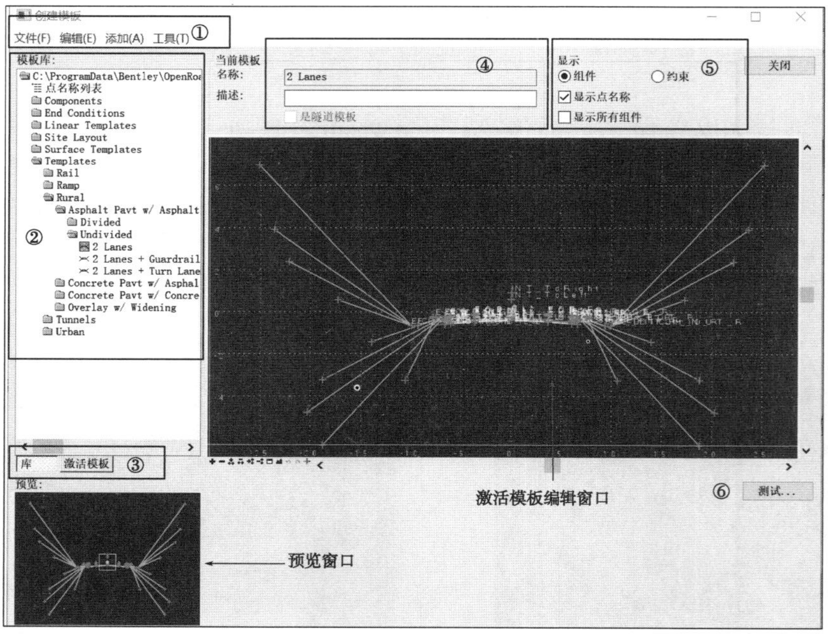

图 3-43 "创建模板"编辑窗口

"创建模板"编辑窗口各功能区解释如下：

（1）菜单栏：包括"文件"菜单中的新建、打开、关闭、保存以及导入模板等功能；"编辑"菜单中的复制/粘贴、撤销/恢复等功能；"添加"菜单中的对简单、受约束、无约束等组件的添加功能；"工具"菜单中的对模板库进行管理、对组件进行编辑等功能。

（2）模板库树视图：列出激活模板库（*.itl）中的所有可用模板，可直接选用或进行编辑，以及默认的"点名称列表",通过它可在模板中添加或修改"点"的名称和样式。

（3）库/激活模板："库"在预览窗口显示标准模板库树视图；"激活模板"显示激活模板的树视图,其中列出激活模板中所选择的组件、点或显示规则的属性,可对其进行编辑。

（4）当前模板:当前模板的名称以及对模板的描述。

（5）显示:选择模板显示方式。

（6）测试:打开"测试末端条件"对话框,用于测试末端条件解决方案,测试重叠/剥离组件等。

对于横断面模板的创建,涉及点、组件、约束等相关概念,其解释如表3-30所示。

模板工具相关概念释义

表3-30

名　　称	描　　述
模板点	模板的点表示处理模板时将创建的断线特征。点具有名称和特征样式；模板中的点数没有限制。在路线设计中作为特征处理之后,它们将保存到设计曲面中
模板组件	组件是一组定义开放或闭合形状的点。每个组件（无论是开放还是闭合）均可表示不同的材料或相关区域,组件已命名并具有分配的特征样式。模板创建之后,可以根据需要修改组件,模板中的点或组件数量没有限制。在 OpenRoads 中包括如下类型的组件： 简单:通常表示路面的剖面,它是一个由坡度和厚度定义的闭合平行四边形（4 个约束点）。 受约束:受约束的组件由全部限制于第一点移动的点组成,约束点通常用于管理模板中其他点的行为,移动点（父项）时,任何约束点（子项）也会移动,此限制仅影响约束点的偏移和高程,且这种关系是单向的（子点的移动不会移动父点）。 无约束:无约束的组件是开放或闭合形状,没有移动限制。 空点:是刻意与任何特定组件无关的模板点,它经常用作控制其他点的参考。 末端条件:是一个特殊的开放形状组件,它用于瞄准断面、曲面特征、高程或路线,可以在创建路面模板时定期测试末端条件的完整性,主要用于表示路面变坡的结构形式,通过设置末端条件可以使路面创建时自动生成填挖方断面。 重叠/剥离:该组件用于处理所有压碾/剥离类型操作,并且可用于处理调平（重叠）操作,主要用于清表、填土的体积创建工作等。 圆:用于创建圆、孔隙等。
点约束	用于管理模板中点的行为。使用点约束之后,如果在模板中移动点（无论是通过用户编辑模板移动点,还是通过在设计处理期间应用水平或垂直控制来移动点）,则与移动点相关的所有点均会采取合理且可预测的行为。 点约束是二维和单向的约束。二维意味着约束只能影响点"偏移"和"高程"（即横截面视图中的 x 和 y 坐标）；单向意味着点之间存在"子–父"关系。例如,如果点 B 受点 A 约束,则点 A 称为点 B 的父项,移动点 A 将影响点 B,但是移动点 B 无法影响点 A。如下图所示,淡蓝色箭头表示从点 A 到点 B 的父/子关系： "■完全约束点":红色加号表示,一个点最多可以有 2 个约束,在该点处,它称为"完全约束"。 "■部分约束":黄色加号表示,一个部分受约束的点,意味着它只有 1 个约束。 "■无约束":绿色加号表示,表示没有约束

名　　称	描　　述
约束类型	路面模板设计具有各种约束类型,包括: 平面:子点与父点保持给定的水平距离。 平面最大值:子点具有两个父点并与最右边的父点(具有平面最大值或 X 值)保持给定的水平距离。 平面最小值:子点具有两个父点,并且保持在距离最左侧的父点(具有平面最小值或 X 值)的给定水平距离处。 纵面:子点保持在距父点的给定垂直距离处。 纵面最大值:确保子点具有两个父点并与最高的父点保持给定的垂直距离。 纵面最小值:确保子点具有两个父点并与最低的父点保持给定的垂直距离。 斜率:子点与父点保持给定的坡度。此外,可以为坡度约束分配翻转值,翻转值用于根据高侧坡差和低侧坡差设置坡度约束,并设置用于定义父点控制坡度的参考点。坡度约束是绝对值,无论子点位于父点的左侧还是右侧,从左下角到右上角的斜率均为正。 矢量偏移:该子点具有两个父点并投影到由两个父点定义的矢量。如果偏移量不是零,则子点在指定的偏移值与父矢量保持垂直偏移,负值表示偏移到由父点定义的矢量左侧,正值表示偏移到右侧。 对表面进行投影:此约束必须与先前定义的约束之一结合使用。另一个约束将定义投影方向,在处理设计时,将使用给定的名称或参数标签将子点投影到表面,如果表面不存在,或者找不到解决方案,则该点将保留在模板中放置的位置。 角度距离:此约束具有两个父点,一个距离和角度。选定的点完全约束到由第一个父点定义的位置,以及与第一个父点所成的角度(相对于由两个父点定义的矢量)定义的位置,此约束产生刚体旋转,选中后,没有其他约束类型可用

ORD 软件的"模板库"中已创建 Components(组件)、End Conditions(边界条件)、Linear Templates(线模板)、Surface Templates(面模板)、Templates(模板)类型的模板:

"组件":提供了道路的一些基本构件的模板,如基层、面层、人行道等。

"边界条件":提供了一些末端条件的模板,如挖方、变坡、填方条件等。

"线模板":提供一些除机动车道以外的组成部分的模板。

"面模板":提供机动车道组成部分的模板。

"模板":包含组装的模板,例如双车道道路、四车道道路、隧道等。

在创建模板时,通常可以按照以上类别分别进行创建,然后进行组合。例如,某道路的横断面模板,由面层、基层、路基、边坡等构成,可以将基本结构层创建于"组件"文件夹中,边坡创建于"边界条件"文件夹中,最后在"模板"文件夹中进行组装。

"创建模板"的参考步骤如表 3-31 所示。

"创建模板"步骤及要点　　　　　　　　　　　　　　　　表 3-31

序号	步　骤　名　称	步　骤　要　点
1	打开模板创建窗口	参考命令:廊道→创建→模板→创建模板
2	新建文件夹和模板	层层搭建用于放置各模板组件的文件夹及模板,例:组件文件夹→路基、基层、面层模板;边界条件文件夹→边坡模板

序号	步骤名称	步骤要点
3	添加组件模板	（1）添加组件：于"编辑窗口"中点击鼠标右键，选择"添加新组件"，根据组件类型选择模板组件（例如添加一个"面层"，可选择"简单"），并设置相关参数以及特征定义。 （2）放置组件：可通过鼠标左键点选确定组件放置位置，也可通过输入坐标定位。例如，为了操作，一般可将构件放置于原点处，打开"工具→动态设置"，选择"xy"，输入"0,0"即可。 重复上述步骤可创建完成其他类似组件模板
4	组装模板	各模板组件创建完成后，可将所有模板组装成为一个完成的横断面模板。分别单击各模板组件，在"预览窗口"中左键选中模板预览图，拖曳至"编辑窗口"，即可完成组装。组装完成后，对创建的模板进行保存

表3-30中已经介绍到，模板创建完成后，需要对其中的点进行约束，用于管理模板中点的行为，使用点约束之后，如果在模板中移动点（无论是通过用户编辑模板移动点，还是通过在设计处理期间应用水平或垂直控制来移动点），则与移动点相关的所有点均会采取合理且可预测的行为。

"创建点约束"的参考步骤如表3-32所示。

"创建点约束"步骤及要点　　　　　　　　表3-32

序号	步骤名称	步骤要点
1	打开"点属性"对话框	在创建好的模板中双击需要创建约束的点，打开"点属性"对话框
2	创建约束	每个点最多可以创建0~2个约束类型，选择约束"类型"以及"父项"点，点击"应用"后，点约束即创建完成。移动"父项"点（即约束到的点），"子项"点（即创建约束的点）按照约束条件随之移动；移动"子项"点，"父项"点不会移动。 如图3-44所示，对A_R点创建了2个约束，即约束到A点的"坡度"值2%，约束到A点的距离"12"

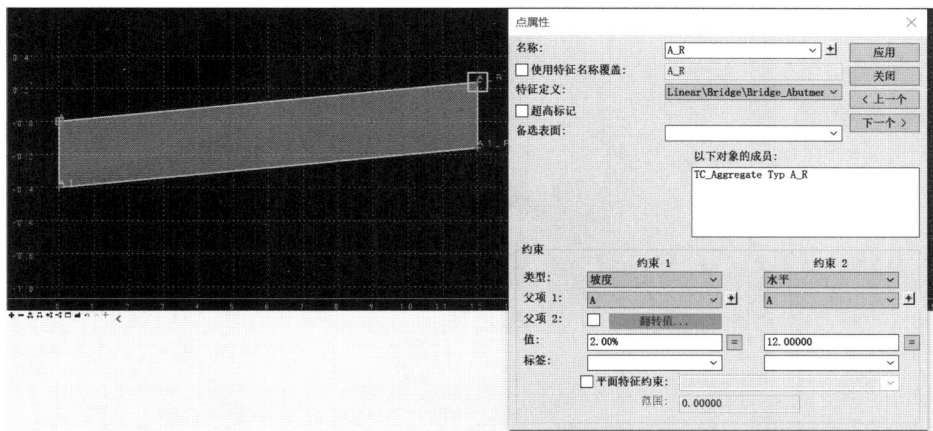

图3-44　创建点约束

在"点属性"对话框建立点的约束时,还可以添加"标签",后续若要对廊道进行"参数约束"时,将会涉及。

5)应用范例

下面通过创建一段三维公路模型,反映创建廊道的主要步骤及方法。该公路为二级公路,全长约1500m,二车道,根据规范要求设加宽段及过渡段。

(1)新建文件

新建文件FL305.dgn,为便于平面相关操作,本例选择2D种子。

(2)创建地形

已备地形文件FL305_DX.dtm,选择导入方式创建地形模型,如图3-45和图3-46所示。在平面视图窗口范围内右键,然后在弹出菜单中选择"View Control→2 Views Plan/3D",则可以打开3D视图窗口。

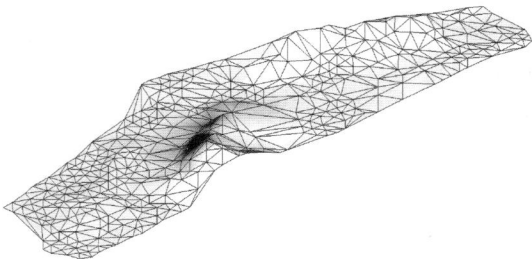

图3-45 三角网地形

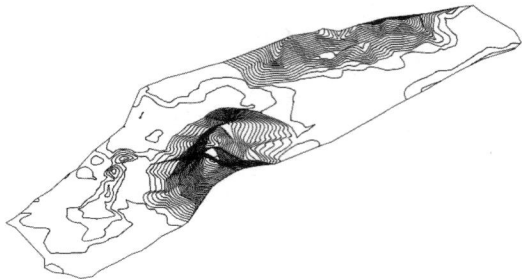

图3-46 等高线地形

参考命令:功能区,OpenRoads Designer 建模→地形→创建。

(3)设计路线

结合地形设计路线平面与纵断面,创建平面路线时应注意设置特征定义,本例选择"路线→Geom_Baseline",绘制路线的具体方法详见本模块单元四。路线起止里程范围 0 + 000.000 ~ 1 + 500.036,含两段平曲线,平曲线半径 R 分别为 250m 和 500m,如图3-47所示。

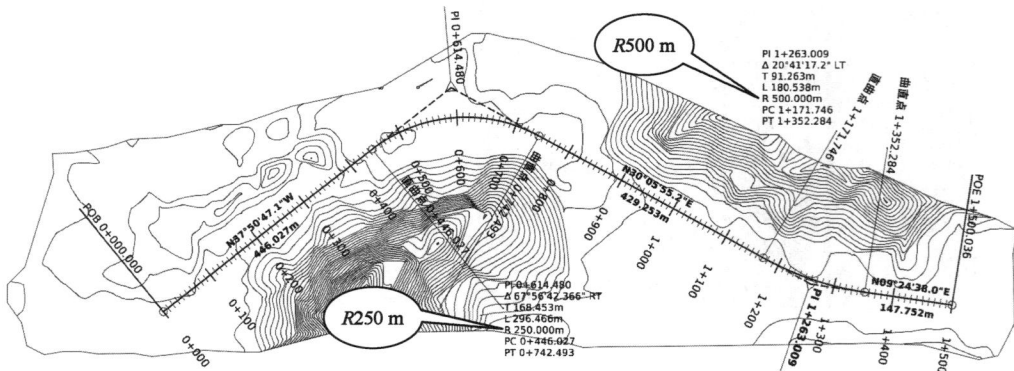

图3-47 路线平面

参考命令:功能区,OpenRoads Designer 建模→几何图形→平面→交点法创建路线;OpenRoads Designer 建模→几何图形→纵断面→直线坡;OpenRoads Designer 建模→制图→标注→

标注元素。

（4）新建廊道

基于路线平面创建廊道，根据提示定位廊道基线、定位纵断面和输入廊道名称后，即可创建廊道，如图3-48所示。

参考命令：功能区，OpenRoads Designer 建模→廊道→创建→新建廊道。

（5）新建三维路面

廊道创建完成后，将自动弹出"创建三维路面"对话框；然后根据提示，选择模板，输入起点、终点、划分间隔、三维路面前最小过渡段长、三维路面后最小过渡段长等，即可创建三维路面，如图3-49所示。

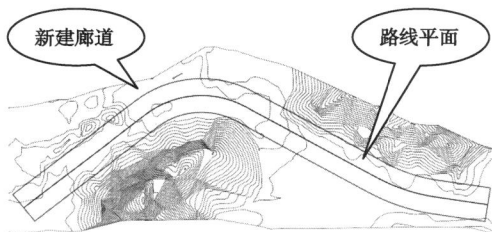

图 3-48　新建廊道　　　　　　　　　　　　　　　图 3-49　三维路面

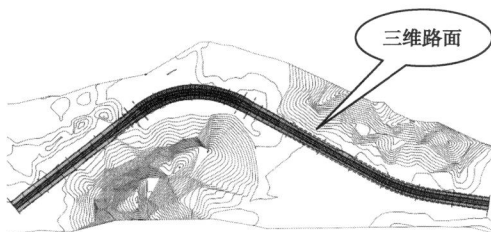

参考命令：功能区，OpenRoads Designer 建模→廊道→创建→新建三维路面。

根据《公路路线设计规范》（JTG D20—2017），二级公路、三级公路、四级公路的圆曲线半径小于或等于250m时，应设置加宽。因此，本例在创建三维路面时选择宽窄两种双车道模板，路基宽度分别为16.8m 和13.2m，对应于平曲线半径250m 范围和余下范围。另外根据《公路路线设计规范》（JTG D20—2017）规定，加宽过渡段长度应按渐变率为1:15 且长度不小于10m 的要求设置，因此本例应设置过渡段，过渡段长度为：

$$L \geqslant \frac{16.8 - 13.2}{2} \times 15 = 27(\text{m})$$

取过渡长度值为30m，其范围应设在直圆点（ZY）之前或圆直点（YZ）之后。各段三维路面设置参数如表3-33所示。若发现某一小段完成的三维路面与设计不符，根据需要可通过"功能区，OpenRoads Designer 建模→廊道→编辑→廊道对象"修改参数，也可在对应桩号范围内"新建三维路面"以覆盖原路面，而不需要删除整个廊道重来。

"新建三维路面"参数汇总　　　　　　　　　　　表 3-33

序号	模板名称	起　　点	终　　点	划分间隔（m）	三维路面前最小过渡段长（m）	三维路面后最小过渡段长（m）
1	2 Lanes	0 + 000.000	0 + 446.027（ZY）	10	0	0
2	2 Lanes	0 + 742.493（YZ）	1 + 500.036	10	0	0
3	2 Lanes + Turn lane	0 + 446.027（ZY）	0 + 742.493（YZ）	2	30	30

（6）创建过渡段

若按表3-33所示的顺序和参数建模,则会自动生成过渡段,如图3-50所示。也可以尝试其他顺序和参数,可能需要另行创建过渡段。

参考命令:功能区,OpenRoads Designer 建模→廊道→创建→创建过渡段。

图3-50　三维道路模型

三、廊道的编辑

"编辑"工具组包含用于编辑之前创建的廊道以及关联三维路面的工具。借助这些工具,可以添加更详细的信息来响应项目特定的要求和约束,从而优化模型。

1）编辑三维路面

当需要对板的三维路面进行调整和修改时,可以使用"编辑三维路面"功能,参考步骤如表3-34所示。

"编辑三维路面"步骤及要点 　　　　　　　　　　　　表3-34

序号	步骤名称	步骤要点
1	打开编辑窗口	廊道→编辑→编辑三维路面,根据提示定位要编辑的三维路面(或者选中想要编辑的路面段,在右侧弹出的常用工具中选择"编辑三维路面")。打开"模板编辑"对话框,选择需要编辑的模板。 　需要注意的是,通过该路径编辑后的三维路面,仅仅是针对"选定的三维路面"定义的模板,并不会改变模板库里的原模板设置,同时,也只能对选中路段对应的模板进行编辑,其他模板并不能编辑,选中后也不能在编辑窗口显示预览。可编辑的模板呈红色显示,其他模板呈灰色显示状态
2	选择需编辑的点	双击需编辑的控制点,打开"点属性"对话框。 如图3-51所示,例如,要进行路面的"加宽",需针对边缘控制点"EPO_L"进行编辑,改变其与父项"CL"的水平约束值即可
3	应用修改	编辑完成后,点击"应用"即可

2）其他编辑功能

在"廊道→编辑→编辑"工具组中,还有创建末端条件异常、创建关键桩号、创建参数约束等其他功能,其作用如表3-35所示。

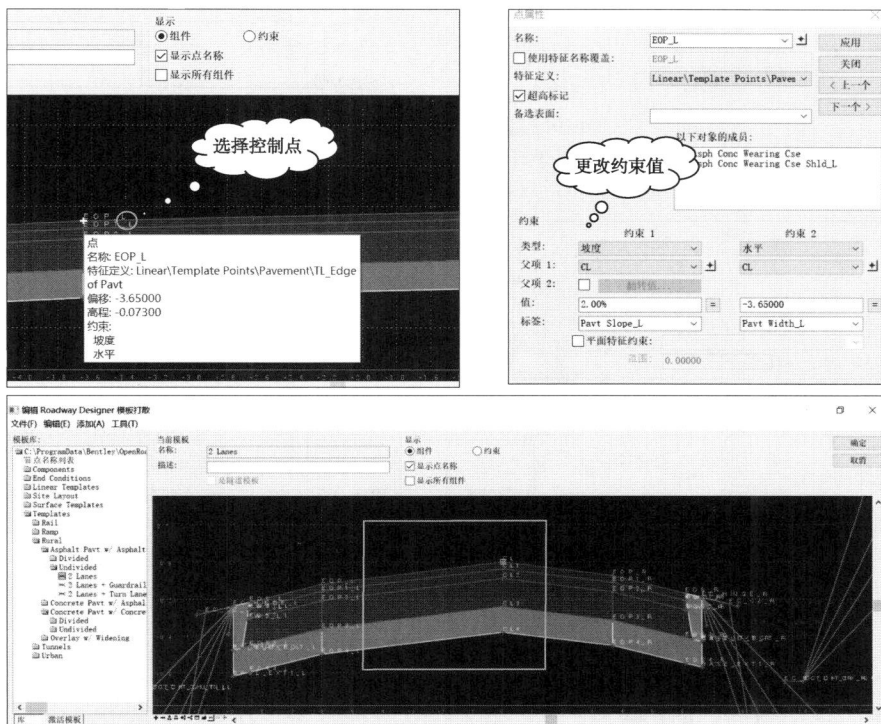

图 3-51 改变道路宽度

其他编辑工具 表 3-35

图 标	名 称	功 能
	创建末端条件异常	用于修改末端条件解的行为,当一段横断面模板中,局部路段需要单独调整末端条件时,可使用该工具,既不用修改整体横断面模板,又可以根据桩号范围实现特殊路段的调整。注意,该功能只能修改"末端条件",而"非末端条件"的修改仍需要到模板中进行调整
	创建关键桩号	用于当项目发生特殊情况且需要在处理中加入不与模板间隔重合的桩号时添加相应桩号。例如某填挖的临界点,其桩号与线形没有直接关系,系统未在该临界点创建断面,此时就需要"创建关键桩号",以实现更精细的模型展示
	创建次要路线	用于修改横截面处理的方向。默认情况下,在任何给定桩号,创建的横截面与主线线正交,如果存在次要路线,则位于次要路线之外的那部分横截面将与次要路线(而非主路线)正交(前提是需将某条廊道添加为次要路线),如下图所示,左图的坡道边缘(绿色线)不用作次要路线,横截面仅与主路线正交;右图的坡道边缘(绿色)添加为了次要路线,横截面与其正交 彩色图片

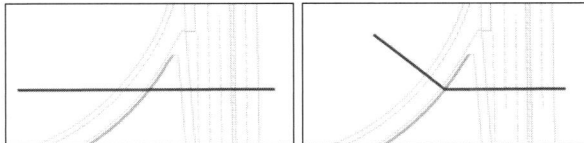

图　标	名　　称	功　　能
	创建参数约束	用于处理模板时更改模板的一个或多个标记约束值,这样只需使用一个模板即可处理许多不同的条件。例如指定范围内道路的加宽、指定范围内更改路面厚度等均可通过创建参数约束来实现
	创建曲线加宽	用于自动创建和应用水平控件以拓宽曲线附近的车道和/或铺装线边缘,其在控制路线的每条曲线进一步远离中心线。此工具与包含加宽参数的 ASCII 文件(*.wid)结合使用。当项目需要设置曲线加宽时,选择该功能,读取对应的加宽文件(ASCII 文件),系统自动根据相关路线参数进行匹配,并将曲线加宽数据应用到廊道模型中,得到符合要求的曲线加宽模型。 该功能主要用于根据规范要求对全路线进行快速的路面加宽操作
	创建点控制	用于替代一个或多个点和/或组件在横截面中的正常位置,例如用于车道加宽、保持沟渠的特定坡度及超高等。这些局部的变化既可以通过创建参数约束实现,也可以通过"创建点控制"实现。 创建点控制与参数约束的区别主要在于:参数约束是通过参数的变化来调整模型,其变化过程是线性的,起始桩号与终点桩号之间是线性内插的;点控制是通过已知的元素对模板点进行控制,其元素形式更为灵活,可以是直线、曲线及其他特征线。用户可以根据项目需求不同而选择适合的功能

其中,较为常用的是"创建参数约束"和"创建点控制"两个功能。

(1)创建参数约束

主要用于路线设计中的参数化需求,当横断面模板中点与点之间的关系是固定的类型,但数值不一定相同,可以用参数约束进行模型参数化调整。需要注意的是,参数约束的定义是针对廊道进行的,结果也是保存在廊道的属性中,当廊道中使用的横断面模板发生改变时,不需要对修改后的模型重新定义(前提是新模板中的参数已经定义),系统会自动对应参数约束设置值与横断面模板中的参数进行匹配。"创建参数约束"参考步骤如表3-36所示。

"创建参数约束"步骤及要点　　　　　　　　　　　　　　　　　　表3-36

序号	步骤名称	步骤要点
1	定位廊道	廊道→编辑→编辑→创建参数约束,根据提示定位廊道,选择廊道后,系统会自动读取廊道中应用的所有横断面模板的参数,以提供后续"约束标签"的选择
2	选择参数约束区间	选择起、终点桩号,确定创建参数约束的区间,并选择"约束标签",即设置参数约束的对象
3	确定约束的起始值、结束值	系统默认的是自动读取选择参数在模板中的定义值,可根据实际情况分别赋值

需要注意的是,参数约束定义的变化多为"线性变化"(即起点到终点是线性内插的),若需要非线性的变化,可以使用"创建点控制"功能。

(2)创建点控制

道路设计中的局部变化,除了使用参数约束功能外,还可以通过创建点控制实现,即对模板中个别的点进行控制和调整。"点控制"的形式是灵活的,可以是直线,也可以是曲线或其他特征线形,包括平面、纵面。"创建点控制"的步骤及要点如表3-37所示。

"创建点控制"步骤及要点 表3-37

序号	步 骤 名 称	步 骤 要 点
1	定位廊道	廊道→编辑→编辑→创建点控制,根据提示定位廊道,并选择起点、终点桩号,确定创建点控制的区间范围
2	选择点对象	选择需要调整的"点"。例如需要在道路右侧设置紧急停车道(即道路部分加宽),可选择右侧行车道的边缘点作为控制点
3	设置相关参数	设置控制模式、控制类型及平面图元素(即点控制的参考线)等参数。确定相关设置后,即完成点控制的创建

3)廊道对象

该工具主要用于管理数据,它是所有廊道建模对象的摘要。

参考命令:廊道→编辑→廊道对象，定位廊道后,打开如图3-52所示窗口。

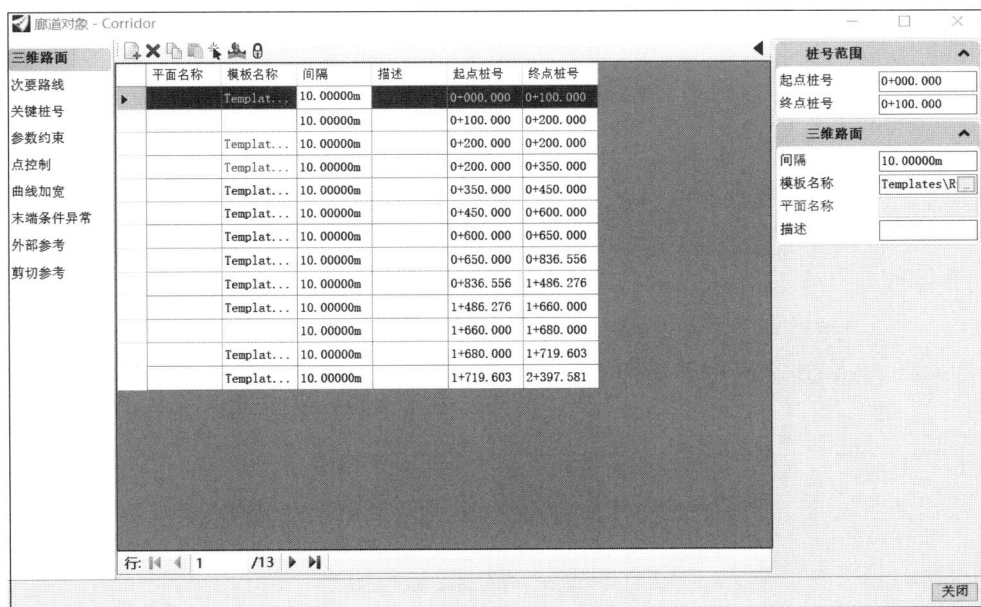

图3-52 廊道对象编辑窗口

单击位于对话框左侧的各种类别将显示中心剖面中的相应数据,可快速便捷对数据进行编辑。

4)应用范例

下面通过创建一段三维公路模型,反映廊道编辑的主要步骤及方法。该公路全长360m,根据需要设置紧急停车带,紧急停车带宽度3.5m,有效长度40m,两端各设70m过渡段。

（1）新建文件

新建文件 FL306.dgn，为便于平面相关操作，本例选择 2D 种子。

（2）创建地形和路线

已备地形文件 FL306_DX.dgn 和路线文件 FL306_XL.dgn，其中 FL306_XL.dgn 内含路线平面和路线纵断面信息；选择参考方式创建地形和路线，"参考"对话框如图 3-53 所示。

图 3-53　"参考"对话框及参考文件

参考命令：功能区，OpenRoads Designer 建模→主页→基本→参考。

（3）道路宽度控制线

以路线平面（道路中线）为基线，绘制紧急停车带道路两侧的宽度控制线，如图 3-54 所示。

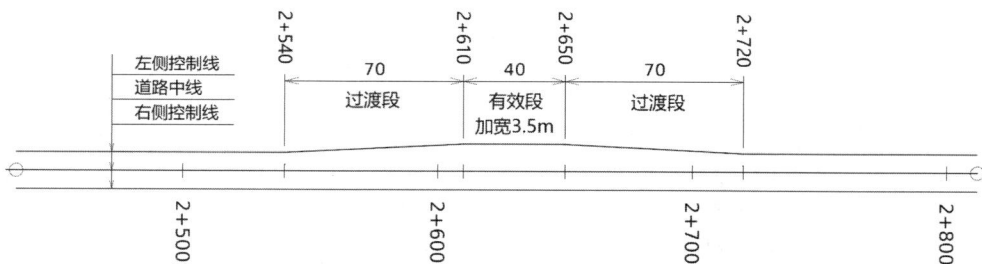

图 3-54　紧急停车带道路宽度控制线

参考命令：功能区，OpenRoads Designer 建模→几何图形→平面→局部路段等距偏移；OpenRoads Designer 建模→几何图形→平面→局部路段渐变偏移；OpenRoads Designer 建模→几何图形→平面→按元素复合。

道路左侧控制线分三段绘制，采用等距偏移和渐变偏移命令，然后按元素复合在一起；道路右侧控制线只需采用等距偏移命令绘制。偏移和复合元素均应注意设置特征定义，可选"路线→Geom_Baseline"，如图 3-55 所示。

图 3-55　偏移及复合元素对话框

（4）创建廊道及三维路面

基于路线平面创建廊道，根据提示定位廊道基线、输入廊道名称后，即可创建廊道。因参考的路线文件 FL306_XL. dgn 含纵断面信息，故无须定位纵断面，右键重置激活纵断面即可。在廊道创建完成后，将自动弹出"创建三维路面"对话框；然后根据提示，选择模板，输入起点、终点、划分间隔等，即可创建三维路面。

参考命令：功能区，OpenRoads Designer 建模→廊道→创建→新建廊道；OpenRoads Designer 建模→廊道→创建→新建三维路面。

（5）创建点控制

利用上述道路宽度控制线对三维路面创建点控制，根据提示依次点选或输入起点（2 + 450）、终点（2 +810）、定位点（EOS_L 或 EOS_R）、定位平面图元素（左侧控制线或右侧控制线）等，结果如图 3-56 和图 3-57 所示。

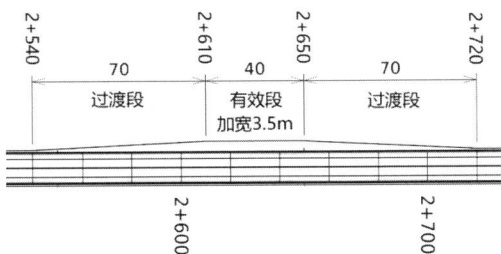

图 3-56　未设点控制的三维路面（尺寸单位：m）

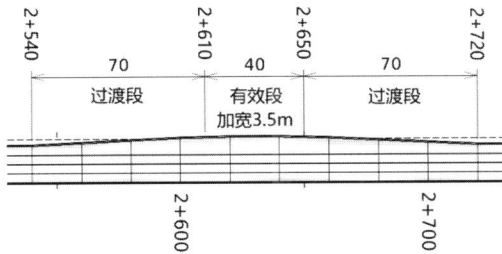

图 3-57　已设点控制的三维路面（尺寸单位：m）

参考命令：功能区，OpenRoads Designer 建模→廊道→编辑→创建点控制。

创建点控制需要先确定模板的控制点，通过"功能区，OpenRoads Designer 建模→廊道→创建→创建模板"打开对话框，选中对应模板进行测试点控制，本例确定控制点为模板 2 Lanes 的 EOS_L 和 EOS_R。紧急停车带道路模型如图 3-58 所示。

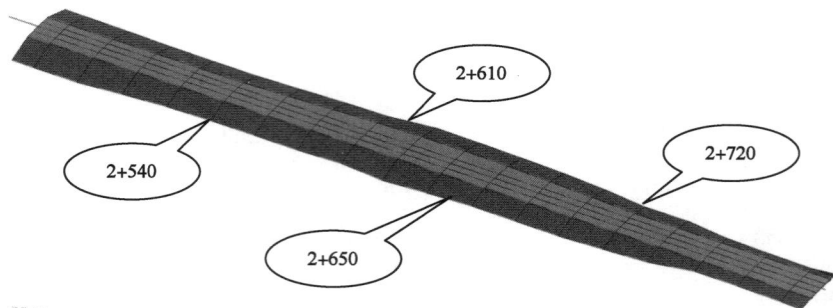

图 3-58　紧急停车带道路模型

四、廊道杂项

1)定义目标别名

该工具主要用于瞄准其他廊道表面或特征,或者为表面、特征和路线的末端条件解决方案设置已区分优先级的目标列表。通俗来讲,就是在路线设计过程中,不同廊道间的末端条件可能会发生相交或重叠的情况,需要进一步处理。例如两段填方路基,在某范围内的边坡出现相交,这时如果不进行处理,将影响后续工程量的计算等工作,故可通过"定义目标别名",设置廊道放坡时搜索对象的顺序,当发现相交情况后即停止放坡,以创建准确的廊道模型。此功能多用于互通项目中的放坡操作。

如图 3-59 所示,A 匝道与 B 匝道在某区间内存在边坡相交,可对 A 匝道"定义目标别名",然后设置寻找顺序,先选择 B 匝道,再选择地形模型,这时 A 廊道在创建边坡时会先创建到 B,超出的部分再创建到地面。

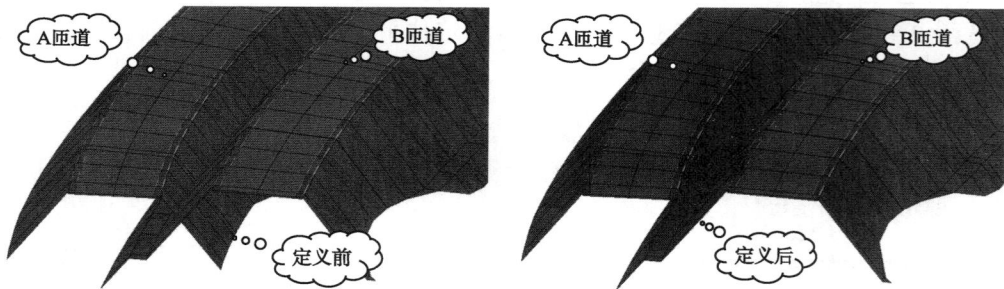

图 3-59　定义目标别名

2)廊道参考

该工具主要用于将图形元素添加到廊道处理中,参考命令:廊道→杂项→廊道参考→添加廊道参考,定位廊道,选择需要添加参考的图形元素。多与"廊道剪切"配合使用。

3)廊道剪切

用于在单个表面中使用多个廊道的情况下移除重叠区域。例如,在与交叉路面可能存在相交的廊道,通过剪切将移除交集内的所有重叠特征。"廊道剪切"参考步骤如图 3-38 所示。

"廊道剪切"步骤及要点　　　　　　　　　　　　　　　　　　　表 3-38

序号	步骤名称	步骤要点
1	添加廊道参考	廊道→杂项→廊道参考→添加廊道参考,定位廊道,选择需要添加参考的图形元素
2	廊道剪切	廊道→杂项→廊道参考→添加廊道剪切,根据提示依次定位要处理的廊道,以及进行廊道剪切的廊道参考,确定后即完成剪切

若想将剪切区域恢复到剪切之前的状态,选择"删除剪切参考"工具即可。

4)同步模板

该工具用于工具从库中重新加载模板,之前对廊道模型中的模板所做的任何编辑都将丢失。通常在对模板库中的模板样式进行修改后使用。

参考命令:廊道→杂项→同步模板 ⟲。

五、超高设计

超高工具主要用于计算在平面路线中应用于曲线与缓和曲线的倾斜程度。为抵消车辆在曲线路段上行驶时所产生的离心力,需在该路段横断面上设置的外侧高于内侧的单向横坡。

"超高"工具组包含"创建"超高区间和创建超高车道工具,以及"计算"超高工具等,很多工具之间是联动配合使用的,主要功能如表 3-39 所示。

"超高"工具功能描述　　　　　　　　　　　　　　　　　　　表 3-39

图标	功能	描述
	创建超高区间	为基线参考中指定的桩号范围创建超高区间,以标出一段路面进行超高计算
	创建超高车道	创建可以应用超级计算的超高车道
	使用道路模板创建超高车道	备选方法用于创建可以应用超级计算的超高车道。主要超高车道可以通过读取道路模板自动进行定义,这是一种创建超高车道的备选方法,它将使用指定模板的宽度和横坡以及超高规则文件中指定的参数
	计算超高	计算过渡的桩号和横坡
	编辑超高规范文件	编辑现有超高规则文件
	导入超高	从"csv"格式的文件导入超高数据,即在软件之外完成计算且仅导入结果,而不是使用基于规则的超高过渡段。在这种情况下,规则不适用,因此不需要或未指定规则文件,平面几何图形中的更改不会更新超高应用
	指定给廊道	将在超高车道上定义的横坡应用到廊道,以便在廊道模型中反映超高路面

图　标	功　能	描　　述
	插入横坡桩号	现有超高车道添加其他桩号和横坡过渡段
	超高编辑器	以表格格式编辑数据的另一种方式。在编辑器中进行的任何更改都会自动与图形车道同步，反之亦然。由于计算期间使用的约束，无法编辑任何灰色数据
	超高报告	创建桩号、过渡段、横坡以及其他超高数据的报告
	打开超高视图	在 MSTN 视图中直接打开可编辑的超高图

现将创建"超高设计"的主要步骤介绍如表 3-40 所示。

"超高设计"步骤及要点　　　　　　　　　　表 3-40

序号	步骤名称	步骤要点
1	创建超高区间	廊道→创建→创建超高区间，在弹出的对话框中根据提示定位廊道或路线，通常选择"路线"，并进一步确定起、终点桩号
2	创建超高车道	自动跳转到"创建超高车道"窗口，分别设置需要创建的左、右超高车道，创建完成后，鼠标右键重置完成设置
3	计算超高	自动跳转到"计算超高"，选择创建超高规范文件，填写设计速度、旋转方式等相关设计参数，如图 3-60 所示。勾选"打开编辑器"，可在编辑器中对超高数据进行查看和编辑
4	将超高应用到廊道	廊道→超高→计算→指定给廊道，根据提示，以及定位"超高断面""廊道"，在弹出的"关联超高"窗口中，核对和编辑超高点、枢纽点等基本参数信息（根据横断面模板点的信息），确认后超高即创建完成

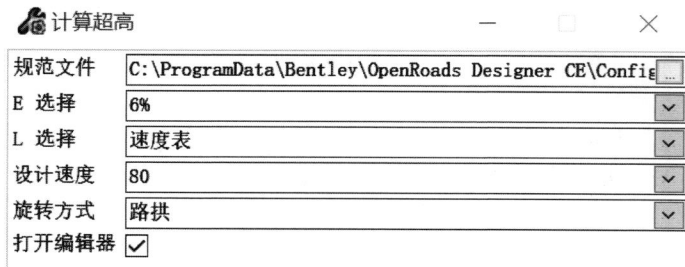

图 3-60　计算超高

通过查看横断面视图(廊道→检查→动态截面→打开横断面视图),可以看到曲线段的超高变化,如图 3-61 所示。

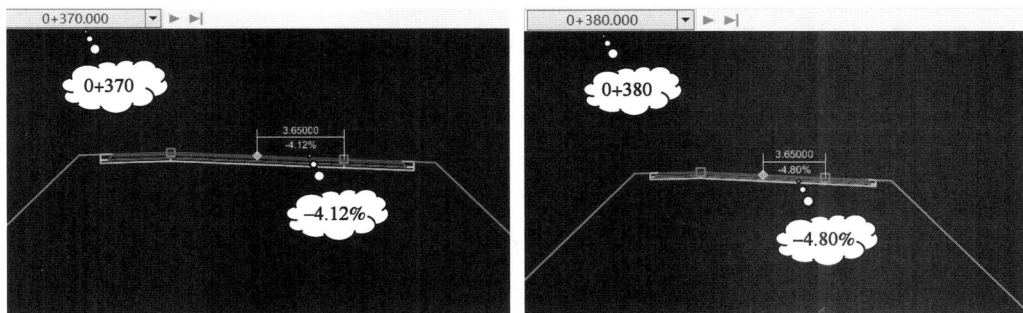

图 3-61　横断面视图

六、项目检查

"检查"工具组包含了"动态截面""三维视图""廊道报表"等工具,现将其功能作一介绍。

1)动态截面

该工具主要是对道路横断面进行显示或标注,功能如表 3-41 所示。

"动态截面"工具功能介绍　　　　　　　　　　　　　　　　　　表 3-41

图　　标	功　　能	描　　述
	打开横断面视图	使用对廊道或任何土木平面几何的指定基线参考,可在用户选择的视图中创建动态横截面视图。廊道间隔用于横截面间隔,专用视图具有放大、横截面滚动以及放置临时尺寸标注线的功能,这些截面不用作绘制横截面或图纸的基础
	通过桩号定位横断面	使用此工具放置数据点(在平面视图中),以查看列表中未包括的桩号的动态横截面
	编辑桩号	编辑桩号的横截面
	放置水平(垂直)临时尺寸标注	根据两个数据点将显示文本(宽度、斜率)放入动态横截面视图中。多个显示横断面元素尺寸标注可以放置在单个横截面视图中
	移除所有临时尺寸标注	移除使用"显示横断面标注"工具放置的动态横截面视图中的尺寸标注

2)三维漫游

该工具主要用于以更加真实的可视化方式查看三维模型。使用"三维漫游"工具,通过一个基本对话框,用户便可以第一视角在模型中移动,每次停顿都可从一侧平移至另一侧。此外,还可以将可视化发布至 MicroStation 相机脚本文件,在"动画制作器"工具中使用。

该工具跟随三维元素而不是三维模型作为路径。使用时需要打开两个视图：一个二维视图，另一个三维视图。三维视图可用于漫游，而二维视图可用于为中心线或横坡旋转选择元素。二维元素必须具有激活纵断面，该命令才能跟随三维路径。如果不慎将二维元素或高程为 0 的三维元素选作中心线，由于中心线与模型之间的高程差，可能不会显示三维模型。使用该工具后，三维视图不会恢复。因此，建议打开另一个三维视图，以防丢失当前视图中的设置。参考命令：廊道→检查→三维漫游，根据提示选择"三维视图"，选择"道路中线"，继而视角将自动转化为第一视角，且弹出"三维漫游"编辑对话框，如图 3-62 所示。

图 3-62　三维漫游

在该对话框中，涉及常规控制、高级控制、相机/目标控制三个选项卡的设置，其功能如下。

"常规控制"选项卡包含用于运行、平移、前后移动等的导航控件，功能介绍如表 3-42 所示。

"常规控制"功能介绍　　　　　　　　　　　　　表 3-42

图　标	功　能	描　述
 ▶	播放	开始漫游过程，该过程可以随时停止或暂停。为了提供平滑的动画，软件确定播放时的步长间隔，因此，单击"暂停"按钮最有可能在不是"常规设置"中步长值（仅用于阶跃函数）的倍增系数的位置暂停
 ⏸	暂停	在当前桩号停止漫游
■	停止	停止漫游，并将视图返回到开始桩号
 ⏮	转至开头	将视图返回到开始桩号
 ⏪	后退	每单击一次，漫游后退一步（降低桩号设置），并显示更新后的桩号。步长值在"常规设置"选项卡（与导航按钮相同的选项卡）中指定

续上表

图　标	功　能	描　述
	前进	每单击一次,漫游前进一步(提高桩号设置),并显示更新后的桩号。步长值在"常规设置"选项卡(与导航按钮相同的选项卡)中指定
	转至末尾	将视图移动到终点桩号
	反转	单击"反转",然后单击"播放"。沿中心线漫游,会降低桩号设置
	平移控件	单击顶部箭头将在目标点处提升视图,单击底部箭头将在目标点处降低视图。单击左右箭头可向右或向左平移。为返回到原始视图(在平移之前),需单击中间的眼睛。"平移"功能可在漫游运行或暂停时使用
	其他	速度:定义车辆的速度。此值用于计算帧间距离(单位:ft/s 或 m/s)和帧数。漫游将以 mile/h 或 km/h 为单位运行,具体取决于设计文件的设置。 桩号:选择中心线后,软件确定桩号范围(如果使用土木元素),并在"桩号"键入命令字段中显示"开始桩号"。用户可以通过键入所需的桩号来更改开始桩号,但该桩号必须在中心线的范围内。如果选择了元素,则为该元素的原点分配桩号 0 + 00。注意,软件不是从三维元素的起点开始,而是以中心线作为起点。 步长:定义使用"后退"和"前进"按钮(而非"运行"选项)时在各个相机视图之间移动的距离

　　三维漫游的"高级控制"选项卡包含横坡旋转调整(以模拟超高)和可选剪切面切换/设置,"高级控制"功能介绍如表 3-43 所示。

"高级控制"功能介绍　　　　　　　　　　　　　　　　　　　　　　表 3-43

功　能	描　述
应用横坡旋转	由于漫游过程遵循三维中心线,因此不会对任何三维模型的斜率做出反应。当路面倾斜(超高)时,相机不会反映斜率。这可以用"应用横坡旋转"功能来解决
添加剪切面	切换为关闭状态后,将显示所有元素。切换为打开状态后,将建立(垂直)剪切面
距离	当"添加剪切面"切换为打开状态时使用,这是到建立垂直剪切面的相机位置的水平距离。超出此距离的任何元素都不会显示。沿中心线行驶时,该剪切面会动态更新
发布	单击"发布"将创建一个相机脚本文件,该文件可在 MicroStation 动画制作器工具中打开。在动画制作器中,可以使用工具动画制作器以各种格式保存该文件

　　"相机/目标控制"选项卡主要用于设置相机的位置(即驾驶员的位置)和目标点、驾驶员正在看的投影位置。相机和目标位置均支持可选的水平偏移和竖向偏移。

　　点击播放按钮后,系统将按设置的路径、速度等进行三维漫游。

　　3)廊道报表

　　该工具组包含多个廊道报表,所有报表都需要选择一个廊道才能在报表浏览器中生成报表。缺省的报表类型如表 3-44 所示。

“廊道报表”功能介绍 表 3-44

图　标	名　称	描　述
	组件数量	报表包括组件(即混凝土、表层土、紧急停车带、挖方和填方)表面积、体积、测量单位、单位成本,以及要素成本和总成本。预览窗口将显示相关信息,单击报表按钮可将报表在 Civil 报表浏览器中打开
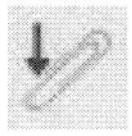	设计输入报表	在 Civil 报表浏览器中打开缺省路面设置报表,其中包括廊道桩号范围、关键桩号、三维路面信息、约束、点控制、过渡、末端条件异常以超高区间信息
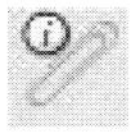	结果报表	打开与设计输入报表相同的报表
	清表报表	打开带有压碾/剥离组件报告的 Civil 报表浏览器
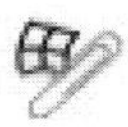	超高报表	为单个或多个区间生成超高报告。这些报告显示在 Civil 报表浏览器中

以选择“组件数量”为例,指定需要查看的廊道即可打开组件工程量表格,其中包含填、挖方体积,还可以进行相应的成本计算,如图 3-63 所示。

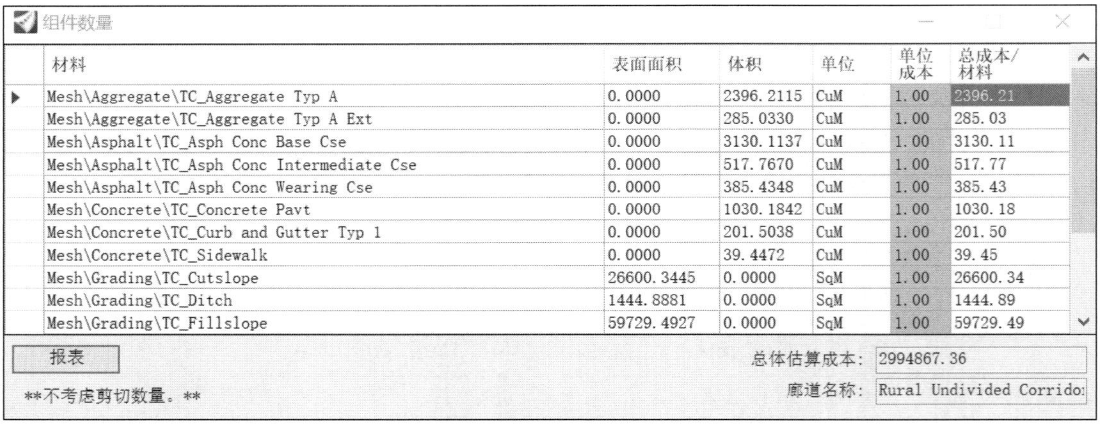

组件数量

材料	表面面积	体积	单位	单位成本	总成本/材料
Mesh\Aggregate\TC_Aggregate Typ A	0.0000	2396.2115	CuM	1.00	2396.21
Mesh\Aggregate\TC_Aggregate Typ A Ext	0.0000	285.0330	CuM	1.00	285.03
Mesh\Asphalt\TC_Asph Conc Base Cse	0.0000	3130.1137	CuM	1.00	3130.11
Mesh\Asphalt\TC_Asph Conc Intermediate Cse	0.0000	517.7670	CuM	1.00	517.77
Mesh\Asphalt\TC_Asph Conc Wearing Cse	0.0000	385.4348	CuM	1.00	385.43
Mesh\Concrete\TC_Concrete Pavt	0.0000	1030.1842	CuM	1.00	1030.18
Mesh\Concrete\TC_Curb and Gutter Typ 1	0.0000	201.5038	CuM	1.00	201.50
Mesh\Concrete\TC_Sidewalk	0.0000	39.4472	CuM	1.00	39.45
Mesh\Grading\TC_Cutslope	26600.3445	0.0000	SqM	1.00	26600.34
Mesh\Grading\TC_Ditch	1444.8881	0.0000	SqM	1.00	1444.89
Mesh\Grading\TC_Fillslope	59729.4927	0.0000	SqM	1.00	59729.49

报表

总体估算成本: 2994867.36

不考虑剪切数量。

廊道名称: Rural Undivided Corrido:

图 3-63　组件数量报表

本模块参考文献

[1] 陈晨,戈普塔. 道路公路 BIM 设计指南-CNCCBIM OpenRoads 入门与实践[M]. 北京:机械工业出版社,2020.

[2] 黑龙江省建设科创投资集团. OpenRoads Designer CONNECT Edition 应用教程[M]. 北京:人民交通出版社股份有限公司,2020.

模块四
MODULE FOUR

OpenBridge Modeler 与三维桥梁设计

学习目标

（1）了解桥梁总体设计的基础知识。

（2）熟悉 OpenBridge Modeler 软件的操作界面及应用。

（3）掌握三维桥梁设计及建模的方法，能结合地形及路线创建预应力混凝土/钢筋混凝土梁桥（装配式）、钢混组合梁、钢筋混凝土板（整体式）、现浇混凝土箱梁和节段施工梁桥的三维模型。

单元一　OpenBridge Modeler 软件简介

OpenBridge Modeler 是 Bentley 公司针对桥梁模型创建而开发的一款参数化三维设计软件，该软件具有强大的设计建模功能，包括渲染和可视化、碰撞检测、动态视图、出钢筋表和施工模拟。

OpenBridge Modeler 是基于 OpenRoads 技术构建的综合性桥梁信息建模应用程序，用于为任何类型和规模的桥梁项目执行几何布局、分析与设计连接、可视化和文档记录。基于 MicroStation CONNECT Edition PowerPlatform 和 Civil Framework 技术构建，可提高跨领域的协作效率，并有助于在桥梁整个生命周期中重用数据，从概念、设计与分析、建造一直到维护与运营。

OpenBridge Modeler 主要定位于为桥梁的全生命周期建立详细的工程信息模型。该软件主要用于桥梁下部、上部以及附属结构相关模型的处理，能让设计师最大化发挥创造力，实现创新解决方案，避免数据流转过程中的错误和重复，实现优化桥梁设计、安全、可持续性。设计建造使用 OpenBridge Modeler 可以降低项目成本,使用碰撞检测功能可以减少图纸设计变更,避免不必要的返工。OpenBridge Modeler 具有多个自定义建模工具,可对桥梁上部结构、下部结构、护栏和附属设施,以及横向支撑和加劲肋自定义建模,可用于快速构建准确的参数化物理桥梁模型,从而根据道路几何图形实时更改,对桥梁进行即时更新。

现阶段 OpenBridge Modeler 支持的桥梁类型包括:预应力混凝土/钢筋混凝土梁桥(装配式)、钢混组合梁、钢筋混凝土板(整体式)、现浇混凝土箱梁和节段施工梁桥等。

单元二　OpenBridge Modeler 基础入门

一、启动与退出

启动 OpenBridge Modeler 的方式有多种:可在桌面双击 OpenBridge Modeler 快捷方式进入程序;或在开始菜单中,找到 OpenBridge Modeler 文件夹,点击文件夹进入找到 OpenBridge Modeler 程序图标。

当工作时,OpenBridge Modeler 软件会将所有更改自动保存到磁盘,除非更改相关的缺省设置。因此务必在退出前撤消对 DGN 文件所做的任何不需要的更改,即便没有点击"保存"命令。退出 OpenBridge Modeler 可单击应用程序窗口的关闭图标,或从"文件"选项卡中选择退出,或从应用程序窗口菜单中选择关闭。

二、文件管理

OpenBridge Modeler 文档文件为 DGN 文件,DGN 文件由一个或多个模型组成,"文件"菜单提供打开、保存和另存 DGN 文件的选项。另外,也可以在工作页面或"打开的文件"对话框中执行这些文件管理操作中的许多操作和其他操作。

工作页面用于查看和管理工作空间和工作集,以及浏览和打开文件。启动 OpenBridge Modeler 时,如果不指定要自动打开的 DGN 文件,首先看到的窗口将是工作页面,如图 4-1 所示。

图 4-1　工作页面

三、软件界面

进入软件后,应用程序窗口从上至下依次为功能区界面、视图组窗口和状态栏;应用程序窗口布局如图 4-2 所示。

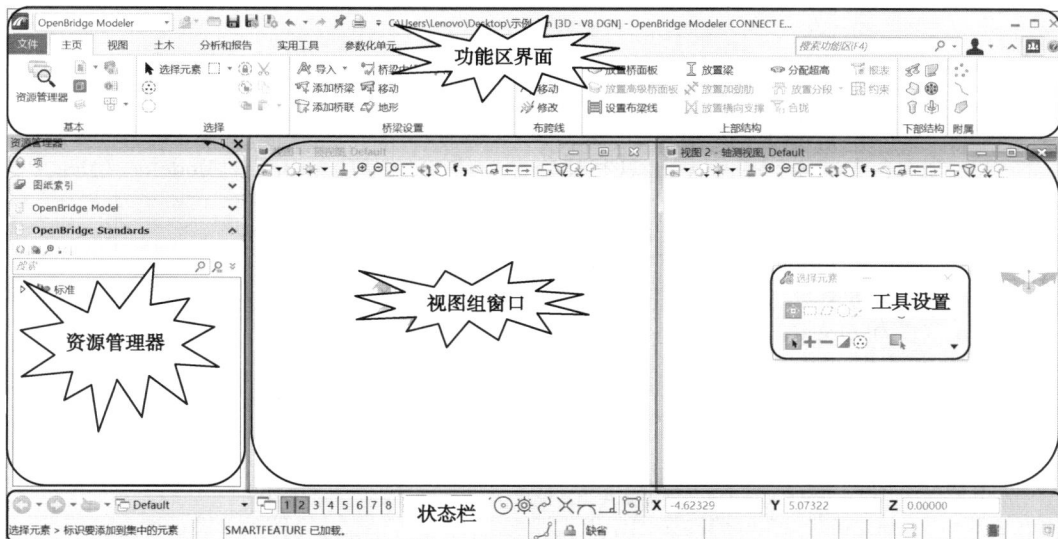

图 4-2　应用程序窗口布局

功能区界面如图 4-3 所示,包含以下部分:

图 4-3　功能区界面

1-"文件"选项卡;2-快速访问工具栏;3-其他选项卡;4-组;5-搜索功能区;6-"登录"标志符号;7-最小化功能区;
8-CONNECT Advisor;9-帮助

(1)"文件"选项卡:用于打开后台视图,可在其中执行不同的操作,例如管理文件及其设置、导入和导出文件、访问帮助等。

(2)快速访问工具栏:包含用于选择工作流的选项和其他常用命令。

(3)其他选项卡:包含一个或多个组。

(4)组:一组密切关联且带标签的命令或工具。

(5)搜索功能区:输入要在功能区中搜索的单词或短语。

(6)"登录"标志符号:以 CONNECTED 用户身份登录时显示。

(7)最小化功能区:通过单击最小化功能区。

(8)CONNECT Advisor:从 Bentley 社区、Bentley LEARN server、YouTube 频道等各种来源

中扫描内容。

(9)帮助：通过单击帮助图标从功能区访问帮助。

(10)键盘快捷键(上图中未显示)：利用键盘快捷键可方便地访问各种工具和功能区组，本软件支持多级键盘快捷键，根据所指定的键入命令显示工具、功能区组弹出项或弹出菜单，可在键盘快捷方式对话框(文件→设置→用户→键盘快捷方式)中创建、修改或删除键盘快捷方式。

四、命令体系

在 OpenBridge Modeler 中，各种工具和操作命令主要分为 OpenBridge Modeler、绘图、建模、可视化和任务导航等工作流；从快速访问工具栏中选择工作流时，将打开工作流选项卡；每个工作流选项卡均包含多个工作组，其中包含用于完成工作流相关任务的工具。OpenBridge Modeler 命令体系如表 4-1 所示，其中绘图、建模、可视化和任务导航等工作流的功能与 MicroStation 软件和 OpenRoads Designer 软件一致，OpenBridge Modeler 工作流为该软件的特有工作流，包含桥梁和路面建模的工具。

OpenBridge Modeler 命令体系　　　　　　　　　　　　表 4-1

工 作 流	选 项 卡	工 具 组
OpenBridge Modeler	文件 *	管理文件及其设置；导入和导出文件；访问帮助
	主页	基本；选择；桥梁设置；布跨线；上部结构；下部结构；附属
	视图 *	演示；工具；相机；命名边界；剪切；保存视图；窗口；视图组
	土木	通用工具；平面；纵断面；超高；横截面；地形模型；三维元素
	分析和报告	桥梁报告；绘图；绘图比例；测量；放置
	实用工具	互操作性；ICM；导入／导出；库；精确绘图；ACS；碰撞检测
	参数化单元	标记；变量
	帮助 *	帮助；社交媒体
绘图	主页	属性；基本；选择；放置；操作；修改；组
	批注	文本；注释；尺寸标注；表；细节设计；单元；图案；地形模型
	连接	参考；光栅；点云；实景网格；项类型；数据库
	分析	测量；碰撞检测；红线；标准检查器；问题解决；设计文件清理；报表
	曲线	创建曲线；修改曲线；曲线实用工具
	约束	二维；尺寸；三维
	实用工具	实用工具；图像；宏；设计历史；安全性；地理；绘图比例
	绘图辅助	精确绘图；捕捉；ACS；锁定
	内容	项类型；单元
建模	主页	属性；基本；选择；放置；操作；修改；组
	曲线	创建曲线；修改曲线；曲线实用工具
	实体	基元；创建实体；特征；修改特征；实体实用工具
	表面	创建表面；修改表面；表面实用工具

续上表

工 作 流	选 项 卡	工 具 组
建模	网格	创建;修改网格;网格实用工具
	内容	项类型;单元
	分析	测量;碰撞检测;红线;标准检查器;问题解决;涉及文件清理;报表
	约束	二维;尺寸;三维
	实用工具	实用工具;图像;宏;设计历史;安全性;地理;绘图比例
	绘图辅助	精确绘图;捕捉;ACS;锁定
可视化	主页	特性;基本;选择;相机;光照;材质;渲染;实用工具;LumenRT
	动画	创建;修改角色;脚本;控件;交通
	绘图辅助	精确绘图;捕捉;ACS;锁定
任务导航	桥梁工具	属性;基本;主土木

注:带"＊"的选项卡表示"OpenBridge Modeler"工作流、"绘图"工作流、"建模"工作流、"可视化"工作流通用的选项卡。

五、功能简介

OpenBridge Modeler 的用户界面采用了按功能区的设计方式,功能区按工作流组织,有 OpenBridge Modeler、绘图、建模、可视化、任务导航等工作流,每个工作流包含多个按任务组织的选项卡。OpenBridge Modeler 工作流包含桥梁和路面建模的工具;绘图工作流包含绘图和注释的工具,并用于所有常见功能,如放置线、连接参考以及放置注释等功能,这些往往被视为制图操作;建模工作流包含曲面和实体建模的工具,用于放置和构造曲面、实体、网格和参数化特征;可视化工作流包含可视化的工具,用于生成渲染、应用材质以及设置相机视图和光照;任务导航工作流包含可选择的任务选项工具,通过此工作流,可以在此版本中使用于先前版本中创建的任务和工作流。桥梁建模主要使用 OpenBridge Modeler 工作流,下面将简介其功能。

1）主页

OpenBridge Modeler 主页界面包括基本、选择、桥梁设置、上部结构、下部结构、附属等组命令;"主页"功能区选项卡包含用于创建和操作桥梁对象的常用工具,命令如表4-2 所示。

"主页"工具 表4-2

组	图　　　标	工　　　具
基本		资源管理器,连接工具,层管理器 模型,属性 层显示,详细
选择	选择元素	选择元素,围栅工具,锁定,剪切 全选,解除锁定,复制 取消选择,前置,粘贴
桥梁设置	导入　桥梁中线　添加多个桥联 添加桥梁　移动 添加桥联　地形	导入、桥梁中线、添加多个桥联 添加桥梁、移动 添加桥联、地形

组	图　标	工　具
布跨线	⋏ 放置 ▼ ⋎ 移动 ⋙ 修改	放置 移动 修改
上部结构	◇ 放置桥面板　Ⅰ 放置梁　◎ 分配超高　▤ 报表 ▨ 放置高级桥面板　✕ 放置加劲肋　▥ 放置分段 ▼　⊨ 约束 ▥ 设置布梁线　▨ 放置横向支撑　▨ 合拢	放置桥面板、放置梁、分配超高、报表 放置高级桥面板、放置加劲肋、放置分段 设置布梁线、放置横向支撑、合拢、约束
下部结构	◪ 放置桥墩　▨ 放置翼墙 ⟳ 放置桥台　◉ 放置支座 ▯ 放置自定义元素　◪ 放置挖方	放置桥墩、放置翼墙 放置桥台、放置支座 放置自定义元素、放置挖方
附属	⋰⋱　　　⌇　　　◈	按点放置 按路径放置 放置护栏

2）视图

OpenBridge Modeler 视图界面有演示、工具、相机、命名边界、剪切、保存视图、窗口、视图组等组命令；在"视图"功能区选项卡中，选择应用显示样式命令，以打开显示样式对话框，用于定义和管理激活文件中的显示样式并查看 DGN 库中提供的显示样式。

3）土木

"土木"功能区选项卡有通用工具、平面、纵断面、超高、横截面、地形模型、三维元素等组命令，与 OpenRoads Designer 软件中的命令相同。本选项卡的功能主要为路线方面，路线组一般是在 ORD 软件中操作，若没有路线数据也可通过本选项卡来操作。

4）分析与报告

OpenBridge Modeler 分析与报告界面有桥梁报告、绘图、绘图比例、测量、放置等组命令，其中桥梁报告、绘图组命令为 OpenBridge Modeler 软件特有。"桥梁报告"组命令有可加载数量报告用于编辑和输出创建、可生成列出模型所有输入的报告的参数、可为节段拼装桥中所有桥段的每个前后模板点生成笛卡尔坐标报告等功能；"绘图"组命令中的"桥梁下部构造图"命令用于选择要生成自动绘图的桥墩或桥台；其余组命令与 MicroStation 软件相同。桥梁报告、绘图组命令如表4-3所示。

分析与报告工具　　　　　　　　　　　　　　　　　　　　　　　表4-3

组	图　标	工　具
桥梁报告	▦ 工程量　◁ 桥面板　⋏ 预拱度 ▦ 输入报告　Ⅰ 梁　✕ 桥墩　⚘ 动态视图(按桩号) ▦ XYZ　◁ 支座	工程量、桥面板、预拱度 输入报告、梁、桥墩、动态视图(按桩号) XYZ、支座
绘图	▦ 设置　✎ 放置命名边界 ▦ 桥梁下部构造图　A 组件标注 ▼ ▦ 创建　✕ 注释设置 ▼	设置、放置命名边界 桥梁下部构造图、组件标注 创建、注释设置

5）实用工具

OpenBridge Modeler 实用工具界面有互操作性、ICM、导入/导出、库、精确绘图、ACS、碰撞检测等组命令。"互操作性"组命令可将桥联数据发送到其他相关软件进行分析和设计，也可在 ProStructures 软件中重新打开模型；"ICM"组命令可实现从连接的土木模型创建 ICM、选择集成土木 i-Model 存储库以导入横断面或纵断面几何图形数据、将对横断面或纵断面几何图形所做的任何更改发送至土木公认存储库等功能；"导入/导出"组命令中导入用于从 XML 传输文件导入桥梁上部结构或下部结构模板，导出是将用户选择的上部结构模板从梁、桥面板、护栏和柱截面模板库导出为 XML 传输文件格式，或导出用户指定的下部结构元素（桥墩、桥台、翼墙）到 XML 传输文件，或将地形模型导出为指定文件格式，即 LandXML 或本地产品（GEOPAK TIN、InRoads DTM、MX FIL）；"库"组命令可用于创建和编辑桥面板、桥墩、桥台等模板；"碰撞检测"组命令用于识别检测元素和元素间的间隙问题。实用工具如表 4-4 所示。

实 用 工 具 表4-4

组	图　　标	工　　具
互操作性	LEAP Bridge Concrete ▾　LEAP Bridge Steel ▾　RM Bridge ▾　ProStructures	LEAP Bridge Concrete（发送到、更新）、LEAP Bridge Steel（发送到、更新）、RM Bridge（发送到、更新）、ProStructures
ICM	创建　读　更新　修订	创建、读、更新、修订
导入/导出	模板　导出地形	导入/导出模板、导出地形
库	桥面板　柱　翼墙　横向支撑　护栏　桥墩　材料　连接　梁结构　桥台　加劲肋	桥面板、柱、翼墙、横向支撑护栏、桥墩、材料、连接梁结构、桥台、加劲肋
碰撞检测	碰撞检测　上一个碰撞　下一个碰撞	碰撞检测上一个碰撞下一个碰撞

6）参数化单元

OpenBridge Modeler 参数化单元界面有标签和变量组命令，当前支持 OpenBridge Modeler 发布的"盖梁长度""盖梁坡度"（以角度表示）和"承台参考距离"变量。"分配标签"命令是用 OpenBridge Modeler 特定对象标记来标记单元实体，以便能够根据需要对其进行识别和报告；"变量映射"命令是将用户定义的变量映射为 OpenBridge Modeler 的特定变量，从而使功能组件对 OpenBridge Modeler 中的参数化更改做出反应。参数化单元工具如表 4-5 所示。

参数化单元工具　　　　　　　　　　　　　　　　　　　　　　　表 4-5

组	图　标	工　具
标签		分配标签
变量		变量映射

7）帮助

OpenBridge Modeler 帮助界面有帮助和社交媒体组命令,在帮助界面里可查看软件操作的相关文档,能够链接到 Bentley 学院学习相关知识,链接到 OpenBridge Modeler 社区,检查 OpenBridge Modeler 软件更新等。

单元三　创建项目

一、设置环境

1）工作空间

OpenBridge Modeler 提供了两个工作空间:"英制标准"和"公制标准",如图 4-4 所示,这两个工作空间具有所有必要的模板文件、库文件、dgnlib 文件等,用于支持在 OpenBridge Modeler 中从建模到出图的所有功能。

在工作页面中,从下拉菜单中选择"创建工作空间",打开"创建工作空间"对话框,如图 4-5 所示,输入名称(可根据需要在描述文本框中输入工作空间的说明,设置文件夹位置),确定后将创建工作空间目录,并在工作页面中自动选中工作空间。

图 4-4　工作空间选项

图 4-5　"创建工作空间"对话框

2）工作集

工作集中的许多项目信息在多个项目之间通用，例如文件夹结构、自定义属性、标准文件（DgnLib、单元等），有时还包括数据文件（DGN、DWG 等），工作集模板功能可以将所有这些信息从现有工作集克隆到新的工作集，工作集选项如图 4-6 所示。

打开"创建工作集"对话框，如图 4-7 所示，输入名称（可根据需要输入描述，设置文件夹位置，选择 CONNECTED 项目字段旁边的浏览按钮，打开将项目分配给工作集对话框，将项目分配给工作集），确定后将创建工作集目录，并在工作页面中自动选中工作集。

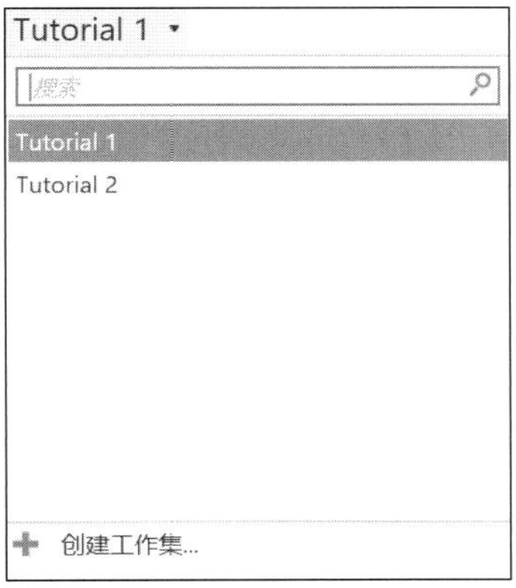

图 4-6　工作集选项 　　　　　　　　图 4-7　"创建工作集"对话框

3）种子文件

在桥梁建模时，需要选择相应的种子文件来作为新的 DGN 文件的模板，OpenBridge Modeler 软件中的种子文件选项如图 4-8 所示，通常国内是选择"OBM-seed3d-Metric.dgn"种子文件。

图 4-8　种子文件选项

二、创建新项目

如果已在 OpenBridge Modeler 软件中打开文件，务必在创建新项目之前保存这些文件，一次只能打开一个项目，如果当前已打开一个 OpenBridge Modeler 文件，在功能区中选择"文件→新建"工具，或者按"Ctrl + N"，打开新建对话框；如果未打开任何文件，在工作页面中选择"新建文件"工具，打开新建对话框，选择要将项目保存到的文件夹，键入文件名，选择相应的种子文件，浏览"C：\ProgramData\Bentley\OpenBridgeModeler CONNECT Edition\WorkSpace\System\seed\中已有的种子文件"，如果要为组织创建自定义种子文件，可以基于这些种子文件进行创建，保存后将创建新的项目文件并在 OpenBridge Modeler 软件中打开。

三、添加桥梁

1）添加桥梁

在主页功能区选项卡上,选择"桥梁设置→添加桥梁"工具,新建桥梁第一联,键入桥梁的名称和描述,选择要使用的桥梁类型;在视图窗口中,选择一个线形添加新的桥梁,在项目浏览器对话框中的桥梁数据选项卡上可查看桥梁信息。

2）添加桥联

当前模型中必须存在至少一座桥梁才能添加桥联,一个 OpenBridge Modeler 项目可以包含多座桥梁,并且每座桥梁可以包含多个桥联。在主页功能区选项卡上,选择"桥梁设置→添加桥联"工具,键入桥梁的名称和描述,选择要使用的桥梁类型,从位置下拉列表中选择起点或终点(相对于上一桥联);在视图窗口中,选择一个线形,接受后桥联将添加到激活桥梁中。若要添加更多桥联,可重复上述操作。

3）添加具有多个桥联的桥梁

当前模型中至少有一个桥梁时,可使用单个命令快速放置具有多个桥联的桥梁。在主页功能区选项卡上,选择"桥梁设置→添加多个桥联"工具,选择桥梁中线,键入起点桩号,键入桥梁前缀且单击以接受设置,将打开"创建桥联"对话框,如图 4-9 所示;选择"添加桥联"工具,系统将向桥联表中添加一行,键入区域名称,从下拉列表中选择单位类型,键入 SL 长度、斜交角、跨度,以添加桥联(可使用逗号分隔列表或 N@ 以包括多个具有相同长度的后续跨度);根据需要重复选择"添加桥联"工具步骤,以添加更多桥联。可以使用该对话框底部的"删除桥梁单位"工具删除已添加的桥联,确定后桥联将添加到激活桥梁中。

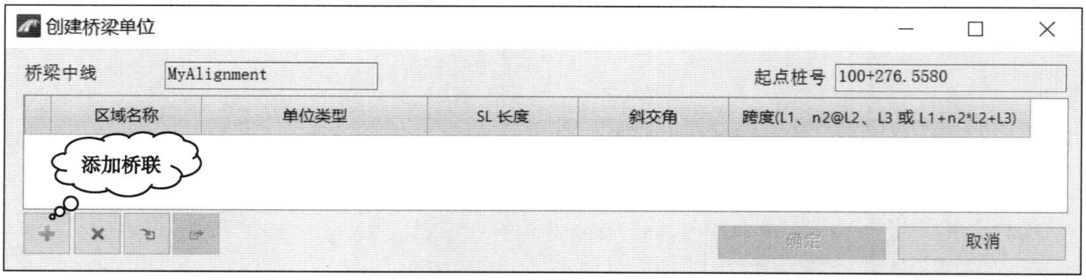

图 4-9 "创建桥联"对话框

四、导入与参考数据

导入与参考数据主要是将桥的基本数据资料放入模型中,即地形、路线、道路超高等数据。地形模型放置下部结构对象时可根据地形模型自动计算相对于地面的位置,从而放置地面上和地面下的结构,可在 OpenBridge Modeler 中使用地形模型工具导入或创建地形数据,或使用参考工具连接参考地形文件数据;道路线形是桥梁模型的基础,必须在 OpenBridge Modeler 中为所有桥梁模型选择线形,可以在 OpenBridge Modeler 中使用土木工具导入或创建土木几何图形数据,或使用参考工具连接参考线形文件数据。

参考是将路线与地模文件参考到软件中,可以实现实时协同工作,例如已参考的文件数据发生变更,可直接在参考对话框中刷新参考文件,则参考的路线和地形文件将更新为变更后的文件,但在 OpenBridge Modeler 软件中不能对参考的文件进行修改;导入即直接将路线与地模文件导入到模型中,可以在 OpenBridge Modeler 软件中对导入的文件进行修改,但该方法不能实现实时协同工作,例如已经导入的原文件数据发生变更,就需要重新导入修改后的文件。

1)导入数据

(1)导入道路中线和其他土木工程几何数据

可以导入部分或全部来自 Bentley GEOPAK(文件扩展名为.gpk)、Bentley InRoads(文件扩展名为.alg)或 LandXML(文件扩展名为.xml)的外部土木几何文件,以形成桥梁模型的线形。在主页功能区选项卡上,选择"桥梁设置→导入→几何图形"工具,或在土木功能区选项卡中,选择"通用工具→导入/导出→导入几何"工具,打开工具对话框,导航到并选择要导入的土木几何文件,导入数据。

(2)导入地形模型数据

可以将有来自 Bentley GEOPAK(文件扩展名为.tin)的外部地形模型数据导入到项目中。在主页功能区选项卡上,选择"桥梁设置→导入→地形"工具,打开选择要导入的文件对话框,导航到并选择要导入的地形模型文件,单击"完成",将打开导入地形模型对话框,指定地形模型导入的详细信息后导入数据。

2)参考包含土木数据的外部文件

参考文件时,无法修改或更改这些文件,也无法更改其显示,例如将无法禁用地形中的三角形和等高线。在主页功能区选项卡上,选择"基本→参考"工具,打开参考对话框,选择"连接参考"工具,选择参考文件并确定,注意如果已参考线形或地形,则必须将这些项设置为激活。

五、自定义创建库模板

自定义创建库模板有多种方法,可在"实用工具→库"工具模板中自定义创建需要的桥面板、柱、桥墩、桥台、翼墙、护栏等模板;或在进入"实用工具→库"中的任一工具后,在模板创建对话框中点击"导入",如图4-10所示;从已有的 XML 模板文件中导入需要的相应模板,或使用库模板中的已有模板建模,按照设计要求来修改相关参数,在建模时选择该模板即可,或使用"实用工具→导入/导出→模板→导入"工具,如图4-11所示,从 XML 传输文件导入桥梁上部结构或下部结构模板。

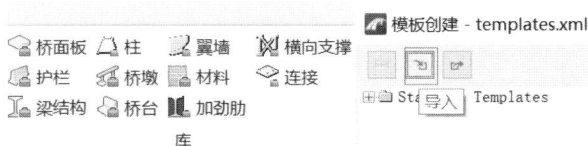

图4-10 库组中的"导入"模板工具　　　　图4-11 导入/导出组中的"模板"导入工具

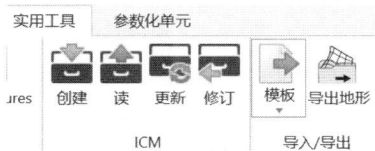

1)二维模板

二维模板包括桥面板、梁、柱和护栏,这些模板类型绘制为二维形状,以供建模时沿桥梁或墩柱长度方向使用,模板中使用的单位与启动模型时选择的种子文件的单位相同。

(1)模板绘图规则

①假设桥面板、梁和护栏模板垂直(即平面平行于模型全局 Z 轴);

②所有线都应接近以形成完整的几何形状;

③应使用工作点(WP)作为参考点,工作点一般位于形状的顶部中心;

④无须绘制任何倒角或圆角,通常在模板属性中通过参数化进行控制。

如图 4-12 所示,在桥面板模板中,4 个角点(P_0、P_1、P_2、P_3)均为直角,若要将 P_3 角点设置为圆角或倒角,可在"模板创建"对话框的"角点属性"中设置,在模式中选择"圆角"或"倒角",再输入参数保存后完成参数化控制,如图 4-13、图 4-14 所示。

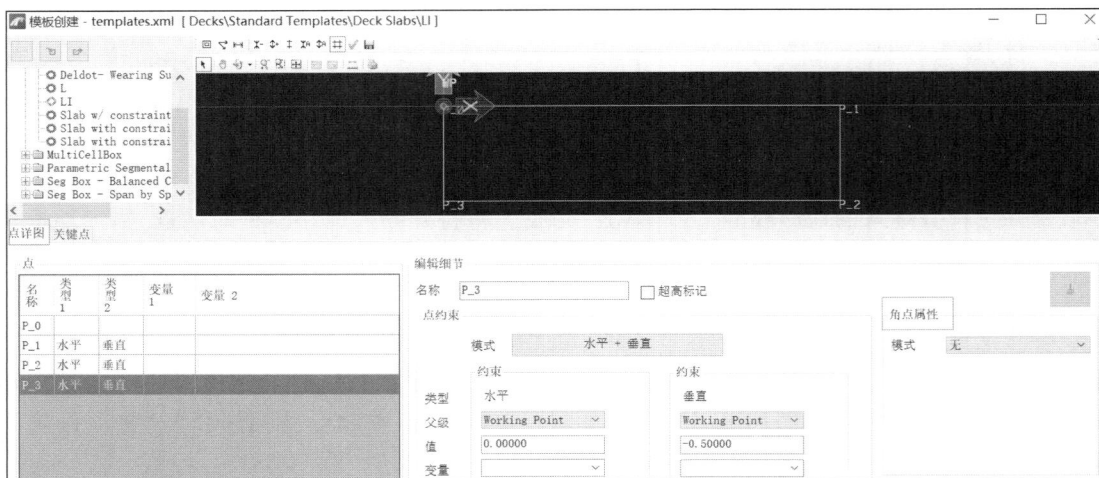

图 4-12　"模板创建"对话框

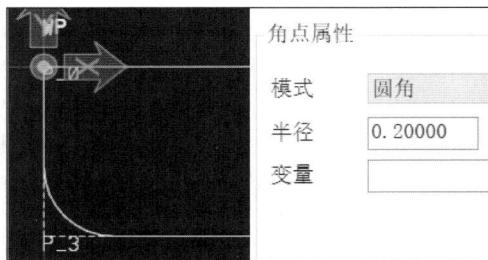

图 4-13　"圆角"参数化控制

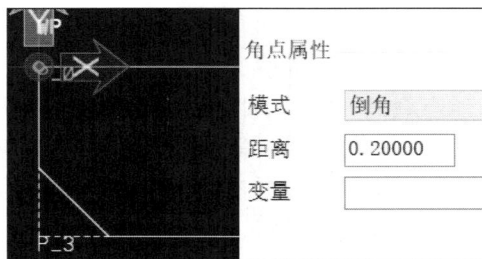

图 4-14　"倒角"参数化控制

(2)创建二维模板

要创建桥面板、梁或护栏模板,在实用工具功能区选项卡的库组中,选择桥面板工具、护栏工具或梁工具中的任一项,或右键单击项目浏览器桥梁功能选项卡上的桥面板、护栏或梁条目,然后从弹出菜单中选择管理模板,打开创建模板对话框,模板类型列表仅显示已选择的工具,选择添加模板,键入名称;选择现有视图窗口,或者打开新视图窗口并单击以绘制模板形状,使用绘图合成任务工具来绘制模板轮廓;绘制模板形状之后,选择视图窗口工具栏中的从模型导入模板工具,保存设置完成二维模板的创建,稍后必须应用点细节来描述形状在沿线形拉伸时的行为以及关键点。

为了便于轻松定义模板和传输(RM 桥梁)钢筋束点节段施工梁桥横截面的分析,OpenBridge Modeler 支持放置圆,使用模板编辑器中的"标记"工具对它们进行标记。可以键入组名称,并将钢筋束点分配给不同的组,这些钢筋束点将出现在模板的变量表中,可以像模板中的所有其他元素一样加以约束。

(3)应用点详细信息

绘制完二维模板横截面形状后,须提供模板数据,以说明横截面上一个点与另一个点的关系;在"模板创建"对话框中,选择点详图选项卡,如图 4-15 所示,再选择某个点(形状上的顶点)对应的表行,如图 4-15 选中 P_0,可应用点约束(选择模式按钮,此按钮标注了任一方向的当前约束,选择要应用于顶点的一个或一对约束。每个约束须选择父代并基于所选约束的类型提供约束详细信息),可设置超高标记选项,可应用角特性,选择是否旋转,保存设置。根据需要对每个点重复此过程。

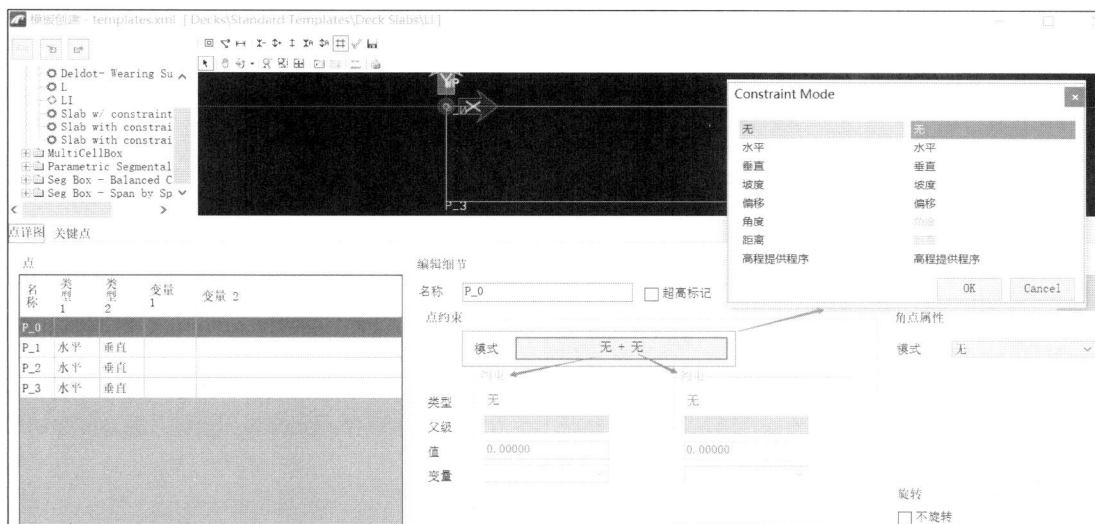

图 4-15 "模板创建"对话框中的点详图选项卡

(4)设置超高标记

要在桥面板模板上分配点以匹配超高轮廓,必须在"模板创建"对话框中打开桥面板模板(或将来自土木工程师的超高数据用于自动将桥面板设置为超高),须先标识道路轮廓将使用的模板上的点,在"模板创建"对话框中,选择点详细信息选项卡,如图 4-16 所示,选择模板形状中表示路面曲面边的角,通常是桥面板的左上角或右上角,在"编辑详细信息"组中设置"超高标记"选项,表示此点应与道路轮廓相匹配,使用此模板对桥进行建模时,可以分配超高数据。

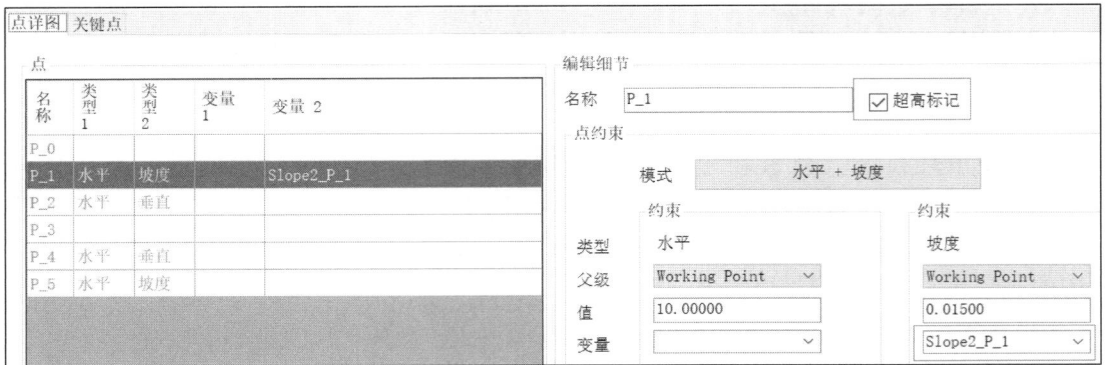

图 4-16 在"模板创建"对话框中的点详图选项卡上设置"超高标记"

（5）定义关键点

关键点说明形状的最外角，导入模板形状后，OpenBridge Modeler 将尝试自动检测这些角，但在某些情况下，可能需要选择不同的角。梁除了整个横断面边界的关键点以外，还可以指定湿接头关键点，湿接头只能用于法兰或作为横隔板的全深度，它们必须在选中"湿接头关键点"选项之后指定，OpenBridge Modeler 将连接相邻梁之间的关键点来构造湿接头。对于构造湿接头的边缘，系统均会自动考虑每侧顶部和底部之间的所有关键点，关键点之间的非线性变化均会被忽略。

要定义关键点，在"模板创建"对话框中，选择关键点选项卡，如图 4-17 所示，检查 4 个关键点，并根据需要为每个点选择不同的顶点，保存设置。

图 4-17 T梁"模板创建"对话框中的关键点选项卡

（6）验证模板变量

验证模板变量是验证在所使用的变量值范围内是否使用给定模板（某些变量名称的后缀为星号，这些变量是通过 OpenBridge Modeler 自动创建的，它们在任何模板中均可用，即使该模板没有变量，只会以刚体旋转的方式旋转模板，但已选中不旋转选项的点除外）；在"模板创建"对话框中,右键单击某个模板名称,从弹出菜单中选择验证,将打开带有模板名称的对话框,包含变量约束列表的表将显示在右侧,模板的图形视图将显示在左侧,每个变量的值是在创建模板时使用的缺省值;为其中一个变量约束键入其他值并按"选项卡"或者"Enter",图形将更新为使用新值显示的模板形状,使用视图控件检查无边重叠或未出现其他问题的模板。

2)三维模板

三维模板包括桥墩、桥台和翼墙。

(1)创建新的桥台模板

要为前墙或桩帽创建新的桥台模板,在实用工具功能区选项卡上,选择"库→桥台"工具,打开"桥台模板"对话框,选择"添加"按钮(或使用复制按钮和编辑按钮,以将现有桥台类型用作模板),打开编辑桥台对话框,并显示已建模的所选桥台类型的部分基本桥台详细信息,键入桥台名称,键入或选择盖梁类型(前墙或桩帽)的参数值(可指定挡块、引道板槽口),键入承台尺寸(仅限前墙),设置桩选项卡。

(2)创建新的桥墩模板

要为多柱桥墩、墙墩或桩排架创建新的桥墩模板,在实用工具功能区选项卡上,选择"库→桥墩"工具,打开"桥墩模板"对话框,选择"添加"按钮(或使用复制按钮和编辑按钮,以将现有桥墩类型用作模板),打开编辑桥墩对话框,并显示已建模的所选桥墩类型的部分基本桥墩详细信息,键入桥墩名称,按要求设置盖梁选项卡(可指定挡块),设置柱选项卡、系梁选项卡(仅对于多柱桥墩),设置承台选项卡(仅对于多柱桥墩和墙墩)、桩选项卡(仅对于多柱桥墩和桩帽桥墩)。

(3)新建翼墙模板

要创建新的翼墙模板,在实用工具功能区选项卡上,选择"库→翼墙"工具,打开"翼墙模板"对话框,选择"添加"按钮(或使用复制按钮和编辑按钮,以将现有翼墙类型用作模板),打开编辑翼墙对话框,并显示已建模的所选翼墙类型的部分基本翼墙详细信息,键入翼墙名称,按要求设置翼墙尺寸选项卡,为翼墙指定承台,按要求设置桩选项卡。

3)参数模板

(1)创建加劲肋模板

要创建横向加劲肋模板以用于对钢梁桥梁进行建模,在实用工具功能区选项卡上,选择"库→加劲肋"工具,打开"加劲肋库"对话框,如图4-18所示。选择"添加"按钮,新模板的名称将添加到列表的末尾,键入所需的模板参数(模板名称、宽度和厚度),指定其他分析数据(加劲肋类型和材质),根据需要指定每个角的转角剪切尺寸。根据需要重复以上步骤,以添加其他加劲肋模板。

(2)创建横向支撑模板

要创建横向支撑模板以用于对钢梁桥梁进行建模,在实用工具功能区选项卡上,选择"库→横向支撑"工具,打开"横向支撑库"对话框,如图4-19所示。选择"添加"按钮,新条目将添加到列表的末尾,可在显示窗口中更改横向支撑隔间尺寸,键入横向支撑模板的名称,选择框架类型,框架类型决定横向支撑中的构件数,在成员选项卡中指定横向支撑中的每个构件参数(配置、剖面、材料等),在节点板选项卡中指定横向支撑配置中使用的每个连接板参数

（板类型按照实体横向支撑中的排列方式以常规形式进行排列）。根据需要重复以上步骤，以添加其他横向支撑模板。

图4-18 "加劲肋库"对话框

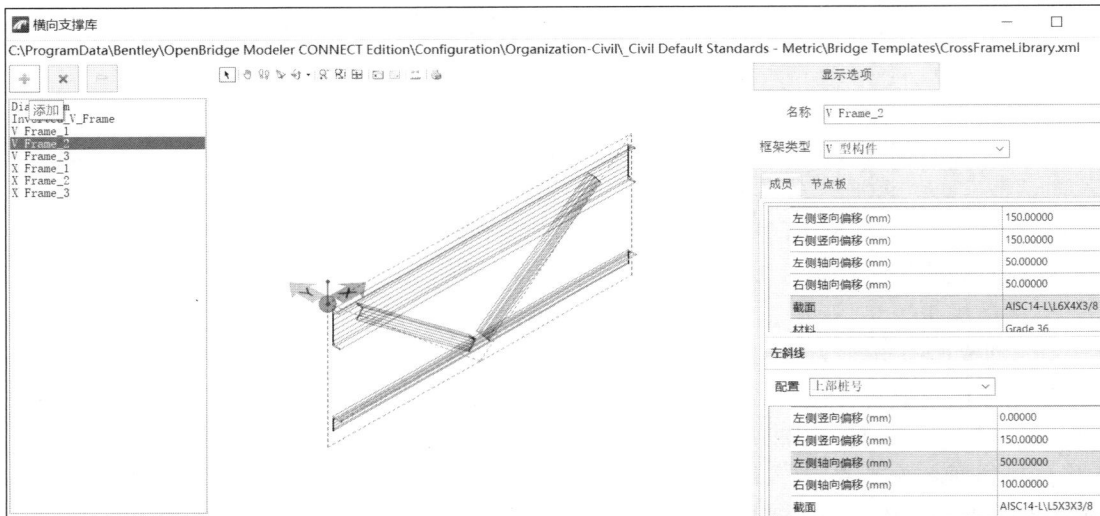

图4-19 "横向支撑库"对话框

（3）创建连接板模板

要创建连接板模板以用于对钢梁桥梁进行建模，在实用工具功能区选项卡上，选择"库→连接"工具，打开"梁连接板库"对话框，如图4-20所示，选择"添加"按钮，新的连接板模板将添加到列表中，键入所需的模板参数（模板名称、宽度和厚度），指定材料，根据需要指定每个角的转角剪切尺寸。根据需要重复以上步骤，以添加其他连接板模板。

图 4-20 "梁连接板库"对话框

六、将桥梁移动到新桩号

要将当前激活的桥梁移动到同一个线形上的新桩号,此过程是将第一条布跨线的位置移动到新桩号,并保持后续布跨线与关联桥梁元素之间的所有其他关系;在主页功能区选项卡上,选择"桥梁设置→移动"工具,在工具设置对话框中,键入第一条布跨线的新桩号;在视图窗口中单击以接受设置,桥梁已沿当前线形移动,并且第一条布跨线位于指定的桩号。

单元四 三维建模

一、布跨线

1)设计要求

建模时需要确定桥梁的总跨径和跨数,从而设置布跨线,布跨线用于对桥梁的跨度进行布局。首先确定总跨径,桥梁的总跨径一般应根据水文计算来确定;必须保证桥下有足够的泄洪面积,使河床不产生过大的冲刷;桥梁的总跨径可以根据墩台埋置深度、河床水流流速、冲刷深度等因素确定;根据河床地质条件,确定允许冲刷深度,以便适当压缩总跨径长度,节省费用。

确定总长后,还需进行孔径布置。对于较大规模的桥梁,其孔径布置既与经济、技术、结构体系和桥式等有关,也与通航要求、地形地质以及水文情况有关;对跨越河流的桥梁,考虑地质水文条件,以不妨碍通航或桥下交通为前提,制定出合理跨度;在采用某种结构体系(如连续梁、连续刚构)时,为了结构受力合理和用材经济,分跨时要考虑合理地边跨与中跨(主跨)的比例;不同桥跨结构形式均有其适用跨径、结构的力学特性和对地基基础的不同要求,按照桥位处河床的具体情况和拟定的桥梁结构跨径进行组合配置,选出适当的桥跨结构,拟出结构的主要尺寸。总之,桥梁的孔径布置应从经济合理和技术可行等方面综合考虑,合理选择满足通航、泄洪、地质、环境等要求的孔径布置,从而确定桥梁建模时布跨线的位置。

2)创建布跨线

创建布跨线有以下方式:

(1)按中点放置布跨线

按中点放置布跨线必须有激活桥联和桥梁中线,此工具假定桥墩位于桥梁中线中心,用于按布跨线的中点将布跨线放置在指定桩号处,须指定布跨线的长度、位置(桩号)和方向(倾斜)。在主页功能区选项卡上,选择"布跨线→放置→中点"工具,在按中点放置布跨线工具设置对话框中,如果不垂直于桥梁中线,则键入斜交角值,键入布跨线长度;如果未指定长度,则将选中的桥梁中线的距离视为布跨线长度的一半,键入桩号,选择方向模式和特征定义(特征是土木模型中的一个物理对象或共用一组属性的物理对象分组,特征定义用于定义所有查看方案中特征的线符和显示、元素命名、模板自动选择和工程量计算的属性)。

(2)放置平行布跨线

放置平行布跨线工具是按指定的偏移距离创建平行于现有布跨线的布跨线,将复制现有布跨线的倾斜和长度,注意使用倾斜布跨线将导致新布跨线不位于线形中心,如果布跨线不穿过激活线形,则不能用于大部分需要选择布跨线的工具。在主页功能区选项卡上,选择"布跨线→放置→平行"工具,在平行放置布跨线工具设置对话框中,键入偏移距离;在视图窗口中,选择要用作参考的现有布跨线,选择参考布跨线的另一侧,以确定要复制的方向;如果未指定偏移距离,则偏移也由第二个数据决定。

(3)放置多条布跨线

放置多条布跨线工具用于放置多条具有相似值或单独编辑值的布跨线,在主页功能区选项卡上,选择"布跨线→放置→多个"工具,必须指定三个数据点:起点桩号、方向模式、终点桩号,输入这些点后,将打开放置多条布跨线对话框,根据需要为各条布跨线指定不同的(斜交)角、桩号或跨度距离,输入其他值时,将计算桩号或跨度距离。

(4)移动布跨线

移动布跨线工具用于将现有布跨线移动或旋转到先前放置的目标线位置或方向,首先必须为目标线绘制 MicroStation 或土木线,目标线的桩号或倾斜用于根据工具设置更新布跨线,还用于平移或旋转现有布跨线,通过从弹出式上下文菜单或项目浏览器中选择属性,可以更改布跨线的其他属性(如长度)。在主页功能区选项卡上,选择"布跨线→移动"工具,工具设置对话框中移动工具选项如表4-6所示,选择要移动的现有布跨线,再选择现有目标线,布跨线将移动或旋转,以与所选目标线匹配。

移动工具选项及说明 表4-6

移 动 选 项	说　　明
桩号和倾斜	将布跨线移动到与目标线相同的桩号且匹配其斜度
仅桩号	将布跨线移动到与目标线相同的桩号,但斜度保持不变
仅倾斜	匹配目标行的斜度,但布跨线保持在相同的位置

(5)修改布跨线

修改多条布跨线对话框包含一个表,其中列出激活单位中的所有布跨线,允许快速进行多次编辑,此对话框还支持从电子表格程序复制和粘贴,可根据需要执行更高效的输入。如果已定义桥梁,则对布跨线所做的任何更改均会相应自动更新桥梁模型。在主页功能区选项卡上,选择"布跨线→修改"工具,打开修改多个布跨线对话框,根据需要修改表中的布跨线,注意无法在此界面内添加新布跨线或删除现有布跨线。

二、上部结构

桥梁上部结构是桥梁支座以上跨越障碍的结构物,是桥梁的主要承重结构。跨越幅度越大,上部结构的构造就越复杂。本节主要介绍建模中常用的桥面板、梁等部分。

1)设计要求

上部结构建模时,桥面板、梁等结构可选用软件库文件中的模板,也可自定义创建模板,在自定义创建模板时,应根据实际情况以及相关设计要求来创建,本节主要介绍桥面板相关的设计要求,根据要求确定桥面板的宽度、横坡等。

桥面板宽度需在行车道宽度的基础上根据实际情况考虑分隔带宽度、非机动车道宽度等,铁路桥梁的桥面宽度主要依据建筑限界的要求和线数(单线、双线或多线)决定。在弯道上的公路桥,应按照线路要求加宽弯道内侧并在弯道外侧设置超高;对公铁两用桥,可结合结构选型,把公路、铁路行车道分别布置在上、下两平面内或同一平面内。

桥梁横断面设计要求:

(1)桥梁横断面的设计取决于桥上交通需求,主要内容是决定桥面的宽度和桥跨结构横截面的布置,桥面宽度取决于行车和行人的交通需要。

桥梁的横断面宽度应与所衔接道路的宽度尽可能保持一致,桥梁横断面宽度包括车行道宽度、非机动车道宽度和人行道(或检修道),并应设置栏杆。

①车行道:桥上每一机动车道的宽度,一般取3.75m(车速<40km/h,可取3.5m)。

②非机动车专用道:一般为3.0m,规范上规定一个自行车道的宽度宜为1.0m,当单独设置自行车道时,不宜小于两个自行车道的宽度。

③人行道:一般取1.5～3.0m,规范上规定人行道宽度宜为1.0m,大于1.0m时,按照0.5m的级差增加。

(2)横坡设置。

设置横坡能迅速排除雨水、防止和减少雨水对铺装层的渗透,从而保护行车道板,延长桥梁使用寿命,公路桥面的横坡一般为1.5%～3%。

2)桥面板

桥面板也叫作行车道板,是直接承受车辆轮压的承重结构。在构造上它通常与主梁的梁肋和横隔板整体相连,这样既能将车辆荷载传给主梁,又能构成主梁截面的组成部分,并保证主梁的整体作用。放置桥面板工具用于将桥面板模板放在布跨线上,必须使用现有桥面板模板,模型至少包含两条布跨线。对于典型板,在主页功能区选项卡上,选择"上部结构→放置桥面板"工具;对于现浇箱梁桥,在主页功能区选项卡上,选择"上部结构→放置高级桥面板"工具,在设置对话框中,选择要使用的桥面板模板,可选指定其他设置(如偏移和方向),如果不需要任何其他放置约束,则取消选中添加约束复选框;在视图窗口中,选择布跨线放置桥面板。

3）分配超高

分配超高工具用于为桥面板分配超高剖面，桥面板或分段桥面板必须为倾斜点打开超高标记，分配超高之前，先放置桥面板。使用土木功能区选项卡中的"计算→导入超高"工具，超高剖面可以添加作为参考或添加到 OpenBridge Modeler 文件中；在主页功能区选项卡上，选择"上部结构→分配超高"工具，选择一个超高剖面（这可以在当前桥梁项目文件中定义，也可以从引用的文件中定义），再选择要分配超高的桥面板，将打开超高分配对话框，确定后超高将应用于所选桥面板，可显示沿选定桥面板的横坡变化。

4）放置布梁线

布梁线用于指定板和梁桥的常规梁几何图形，此过程适用于钢筋混凝土梁桥。放置布梁线工具用于为布跨线之间的跨度布置梁线，必须至少有两个布跨线，在主页功能区选项卡上，选择"上部结构→设置布梁线"工具，选择起点和终点布跨线，以定义公共布梁线的限制，然后输入数据点以接受设置，将打开布梁线对话框以指定布局参数，可选择其他线形或辅助线形，

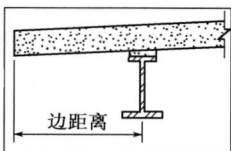

图4-21 边距离示意图

选择放置方法、跨度，在跨度横断面中键入梁数、边距离，边距离如图4-21所示，可指定用于跨度中的所有梁的缺省参数，选择验证（如果检测到指定布局中的任何梁无效，则它们将用红色文本进行高亮显示并用红色标记进行标记，须重复上述设置步骤修改参数以修正），保存后将关闭布梁线对话框，并且布梁线将添加到桥模型中，布梁线以图形方式显示为高程0处的投影。

5）放置梁组

梁是梁桥的主体结构。放置梁组工具用于为布梁线选择梁定义，模型中必须已添加至少一个梁布局，在主页功能区选项卡上，选择"上部结构→放置梁"工具，根据需要指定工具设置；在视图窗口中，选择现有梁布局，打开梁定义对话框，须使用以下方法之一基于已建模的梁桥梁类型定义梁。

（1）定义组合钢梁

组合钢梁是在钢结构和混凝土结构基础上发展起来的一种新型结构形式。要为板添加具有使用组合剖面的钢梁桥梁的梁定义，此前必须已创建梁布局并放置梁组。为钢梁桥梁上的板打开梁定义对话框后，便可定义组合钢梁，在梁结构列表中选择一个梁，从梁剖面下拉列表中选择"组合"，组合剖面组件（腹板、翼缘和盖板）的下拉列表将显示在右侧，可键入梁最小加腋高度，定义腹板尺寸（可选择在其后的插入行工具以添加行，创建腹板厚度变化，或者沿跨度距离创建接头，对于每个行，需要定义腹板尺寸以及与变化点的距离）；定义翼缘尺寸（上翼缘和下翼缘）；根据需要定义盖板尺寸（上盖板和下盖板）；然后在"梁结构"列表中选择其他梁（或将梁定义复制到其他梁），确定后梁将添加到模型中。

（2）定义轧制型钢梁

轧制型钢梁是由辊轧型钢制作的梁。要为板添加具有使用轧制型的钢梁桥梁的梁定义，此前必须已创建梁布局并放置梁组。为钢梁桥梁上的板打开梁定义对话框后，便可定义轧制型钢梁，在梁结构列表中选择一个梁，从梁剖面下拉列表中选择"轧制型钢"，可键入梁最小加腋高度，根据需要在跨度内创建梁接头，以改变轧制型钢或材料；对于梁或梁段，从相应的单元下拉列表中选择模板和材料，然后在"梁结构"列表中选择其他梁（或将梁定义复制到其他

梁),确定后梁将添加到模型中。

（3）定义预制梁

预制梁是采用工厂预制,再运至施工现场按设计要求位置进行安装固定的梁。要为板添加具有预应力混凝土梁桥梁或钢筋混凝土梁桥梁的梁定义,此前必须已创建梁布局并放置梁组。为预应力混凝土梁桥梁或钢筋混凝土梁桥梁上的板打开梁定义对话框后,便可定义预制梁,在梁结构列表中选择一个梁,选择要使用的梁剖面:"LEAP Concrete"（标准预制桥梁轮廓的列表,其中包括 LEAP Bridge Concrete,这些定型钢无法拼接）,或自定义（这是来自 OpenBridge Modeler 的标准预制桥梁轮廓的列表）;可键入梁最小加腋高度,根据需要对自定义梁剖面在跨度内创建梁接头;对于梁或梁段,从相应的单元下拉列表中选择模板和材料;然后在"梁结构"列表中选择其他梁（或将梁定义复制到其他梁）,确定后梁将添加到模型中。

（4）复制梁定义

要将梁定义复制到所选梁组中的一个或多个其他梁,在梁定义对话框中,完成梁定义后,便可将该定义复制到多个梁,右键单击源梁（具有要在其他位置使用的梁定义的梁）,从弹出式菜单中选择"复制到"选项,将打开梁复制对话框,选择目标梁,选择复制方式方法可指定定义截止点（可单击距离使用固定长度,或单击比率使用距离与跨度距离的比率）,源梁定义将复制到目标梁。除了以上操作以外,也可直接选中梁定义对话框中的"应用于所有梁"选项,将源梁定义复制到所有目标梁。

6）放置横向加劲肋

加劲肋是在支座或有集中荷载处,为保证构件局部稳定并传递集中力所设置的条状加强件,可以提高梁的稳定性和抗扭性能。横向加劲肋主要防止由剪应力和局部压应力可能产生的腹板失稳。放置横向加劲肋工具用于向钢梁上部结构添加横向加劲肋,必须有钢梁上部结构,必须使用现有加劲肋定义,一个梁布局只能添加一个加劲肋组,但是通过编辑加劲肋组,可以根据需要添加尽可能多的加劲肋。在主页功能区选项卡上,选择"上部结构→放置加劲肋"工具,选择梁组,放置加劲肋,可放置一系列加劲肋或添加单个加劲肋,验证通过后,关闭加劲肋放置对话框后加劲肋将放置到模型中。

7）放置横向支撑

放置横向支撑工具用于向钢梁上部结构添加横撑钢架,必须已放置具有梁组的钢梁上部结构,必须使用现有横向支撑模板和现有加劲肋模板,一个梁布局只能添加一个横向支撑组。在主页功能区选项卡上,选择"上部结构→放置横向支撑"工具,选择梁组,放置横向支撑,可在两个梁之间放置一系列横向支撑或添加单个横向支撑,验证通过后,关闭横向支撑放置对话框后,横向支撑将放置到模型中。

三、悬浇施工

悬臂浇筑法指的是在桥墩两侧设置工作平台,平衡逐段向跨中悬臂浇筑水泥混凝土梁体,并逐段施加预应力的施工方法。当激活桥联为悬浇类型时,才能对悬浇混凝土桥梁上部结构进行建模,放置方法包括按跨度放置分段桥梁和放置分段平衡悬臂。

1）按跨度放置分段桥梁

放置分段跨度工具用于逐跨放置节段拼装桥联,须选择混凝土分段桥梁作为激活桥梁。

在主页功能区选项卡上,选择"上部结构→放置分段→逐跨放置"工具,在设置对话框中,选择要使用的分段模板,指定分段长度;在视图窗口中,选择桥联,输入数据点以接受选择集,完成分段桥梁的放置。

2)放置分段平衡悬臂

放置分段平衡悬臂工具用于根据模板放置分段平衡悬臂,必须使用现有分段模板,模型中至少有一条布跨线。在主页功能区选项卡上,选择"上部结构→放置分段→放置悬臂"工具,在设置对话框中,选择要使用的分段模板,指定可放置的不同分段类型的长度;在视图窗口中,选择布跨线,指定沿桥面板的任何必要点或变量约束,平衡悬臂将添加到所选布跨线上,可以继续在布跨线上放置平衡悬臂。完成后,需要在悬臂的两端之间添加浇注封闭材料。

3)放置浇注封闭材料(合龙)

合龙工具用于自动在平衡悬臂桥联上的所有自由悬臂端之间放置现浇桥封,必须已在桥联上放置了至少两个平衡悬臂构造,现浇封闭材料用于通过平衡悬臂施工方法,将自由悬臂的两端连接到一起。在主页功能区选项卡上,选择"上部结构→合龙"工具,在设置对话框中,在最大 CIP 分段长度(最大 CIP 分段长度指键入允许的最大现浇封浇长度,沿桥梁长度在悬臂端之间检测到的不超过此长度的任何间隙将添加封浇)字段中键入相应值;在视图窗口中,选择道路中线,浇注封闭材料将添加到平衡悬臂分段构造中。

4)约束

可以对模板添加或编辑变量约束,修改为需要的模板。在主页功能区选项卡上,选择"上部结构→约束"工具(约束工具包含节段拼装桥中使用的所有模板的列表和用于编辑每个模板约束的链接),打开"编辑约束"对话框,在要编辑的模板名称旁边的行中,选择"编辑",打开"变量约束"对话框,可约束的变量有:slope(坡度)、top_thickness(顶厚)、total_depth(总深)、wall_thickness(壁厚)、bottom_thickness(底厚)、Rotation By Angle(按角度旋转)、Rotation By Slope(按坡度旋转)。

要定义沿桥梁长度的模板值变化,可以在"变量约束"对话框中添加和定义变量约束,如图 4-22 所示,表中的每个行表示桥梁的一个分段,定义"total_depth"变量,可以定义分段的起点,该分段将在下一个分段的起点处结束,然后可以定义该分段长度上的变量的起始值和结束值,以及该变量在两个点之间的变化。

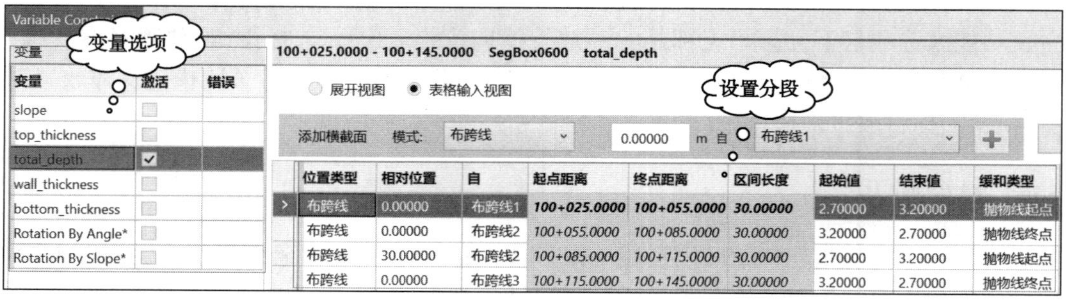

图 4-22 "变量约束"对话框

定义分段时需选择"添加行"工具 ,添加一个表行,并在其中填充部分基本参数,再选择位置类型,位置类型选项如表 4-7 所示,然后在相对位置单元中键入与该类型的距离。

位置类型选项及说明 表 4-7

位 置 类 型	说　　　明
里程	在相对位置单元中键入桩号值。对于此选项,"自"单元未激活
布跨线	在相对位置单元中键入与布跨线的距离,然后在自单元下拉列表中选择布跨线名称
比率	在"相对位置"单元中键入比率值,然后在自单元下拉列表中选择相应的分段。注意该分段可以是整个桥梁,也可以是桥梁的一个跨度

分别键入要用于变量以及分段的起点和终点的起始值和结束值,从下拉列表中选择过渡类型;若还需定义其他变量,则从变量选项中选中其中一个相应变量类型,将添加用于该变量类型的新选项卡,再设置相应参数。所有变量约束设置完成后点击确定,模型将使用添加的变量约束重新绘制桥梁。

例如,沿着节段施工梁桥的长度方向添加深度约束变量(total_depth)前,模型如图 4-23 所示。

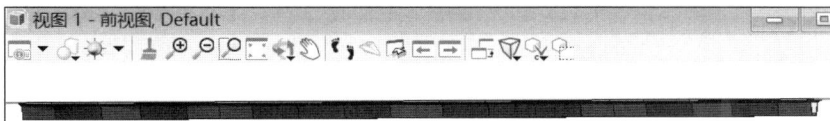

图 4-23　添加深度约束变量前的桥梁模型

按如图 4-22 所示设置分段参数,沿着节段施工梁桥的长度方向添加深度变量,确定后将重新生成具有不同深度约束的段,重新绘制桥梁,如图 4-24 所示。

图 4-24　添加深度约束后的桥梁模型

四、下部结构

桥梁的下部结构包括桥墩、桥台和基础。

1)设计要求

下部结构建模时,桥墩、桥台等结构可选用软件库文件中的模板,也可自定义创建模板。在自定义创建模板时,应根据实际情况以及相关设计要求来创建。桥墩的常见形式有重力式墩、空心式墩、柔性墩、桩(柱)式墩、薄壁墩等。桥台的常见形式有重力式桥台、轻型桥台、框架式桥台、组合式桥台等。

桥梁下部结构的选型应遵循安全耐久,满足交通要求,造价低,养护维修量少,预制施工方便,工期短,与周围环境相协调,造型美观等原则。桥梁墩台的设计与结构受力有关,与水文、流速及河床性质有关,也与地质条件有关。桥梁墩台要置于稳定可靠的地基上,并通过设计和计算确定基础形式和埋置深度。

基础是埋入地层的隐蔽工程,涉及复杂的水文、地质等条件,是桥梁工程中最为复杂和关键的部分。通过桥涵水力计算,明确桥墩的冲刷线(或地面线)高程。基础的埋置深度在无冲刷处,应在地面或河床下至少1.0m;在有冲刷处,应在局部冲刷线以下至少1.0~4.0m以下;在冻结线以下(冻胀土)0.25m。按照选择不同桥跨结构形式,估算桥墩的设计荷载(竖向、水平荷载),确定基础可能的持力层,确定采用深基础还是浅基础。

总之,按照上下部结构相协调的原则选择桥墩形式,综合考虑桥跨结构、墩台与基础的相互作用,选择桥梁基础,并估算它们的尺寸,创建适合的下部结构模板。

2)下部结构建模

(1)在布跨线上放置桥墩

桥墩支承相邻的两孔桥跨,居于桥梁的中间部位,桥墩的主要作用是支承上部桥跨,承受上部结构传来的荷载,并将它及本身自重传给地基。要将桥墩模板库对象放置到布跨线上,模型中必须存在一条或多条现有布跨线。在主页功能区选项卡上,选择"下部结构→放置桥墩"工具,在设置对话框中,选择要使用的桥墩模板,可根据需要指定其他设置(如平面偏移);在视图窗口中,选择布跨线并接受选择集,为桥墩指定任何所需的盖梁高程约束或承台高程约束,应用后桥墩将放置到项目中。

(2)向桥墩添加变截面柱

要向桥墩添加具有沿柱高度变化的截面柱,可以在编辑桥墩对话框的"柱"对话框中添加变截面柱,在柱类型下拉列表中选择"变量",更新柱属性,在列参数中选择变化字段中的"[…]",打开"编辑可变柱"对话框(在对话框中根据需要可单击添加横截面,将新的剖面添加到表中,表中的每行表示沿柱长度的一个分段,它表示所选横截面在两端之间的变化;表中的分段按照柱高度从上到下排序,使用上移按钮和下移按钮在柱高度中向上或向下移动当前行),如图4-25所示,定义柱分段的变化,根据需要可选择用户定义的模板或其他模板,如图4-26、图4-27所示为编辑变截面柱前后的对比。如果有多个可变分段,则选择其中一个分段作为可调高度分段,注意在桥墩高度根据地形和横坡等进行更新时,该分段的长度将相应增加或减少。

编辑可变柱						
添加横截面　移除		向上　向下				
截面高度(m)	多边形	起点尺寸标注(mm)(W, L, X, Y)	终点尺寸标注(mm)(W, L, X, Y)	变化	模板	可调高度
▶ 3.50000	圆形	1500.00000	1500.00000	线性		☐
2.50000	斜角矩形	1200.00000, 1200.000...	1500.00000, 1500.00000...	线性		☐
1.00000	模板			带斜率线性	Florida\Base	☑

图4-25　"编辑可变柱"对话框

(3)放置桥台

桥台居于全桥的两端,它的前端支承桥跨,后端与路基衔接,起着支挡台后路基填土并把桥跨与路基连接起来的作用。放置桥台工具用于将桥台模板放置在布跨线上,必须使用现有桥台模板,模型必须至少包含一条布跨线。注意由于需要在桥梁上指定起点方向或终点方向,因此一次只能添加一个桥台。在主页功能区选项卡上,选择"下部结构→放置桥台"工具,在设置对话框中,选择要使用的桥台模板,在方向设置下拉列表中选择"起点"或"终点";在视图窗口中,选择现有布跨线,输入数据点以接受选择,为桥台指定任何所需的盖梁高程约束,应用后桥台将放置到项目中。

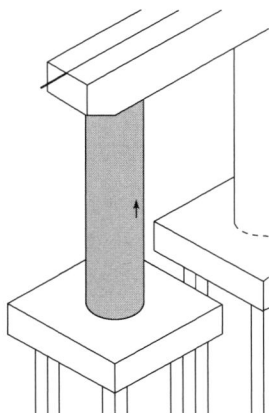

图4-26　编辑变截面柱前　　　　　　　图4-27　编辑变截面柱后

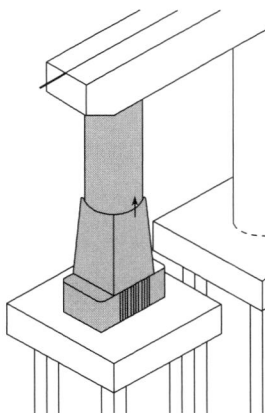

（4）将翼墙放置在桥台上

翼墙是为保证涵洞或重力式桥台两侧路基边坡稳定并起引导河流的作用而设置的一种挡土结构物。放置翼墙工具用于将翼墙模板放置在桥台上,需要现有翼墙模板,模型必须至少包含一个桥台,翼墙与桥台关联,如果桥台或其关联的桥墩线移动,则翼墙也会移动。在主页功能区选项卡上,选择下部结构→放置翼墙工具,在设置对话框中,根据需要选中放置左翼墙和放置右翼墙选项,设置对话框将显示放置选定侧的选项,选择要使用的桥台模板,再指定其他设置(如斜交角);在视图窗口中,选择桥台,输入数据点以接受选择,翼墙将放置在选定端的选定桥台上。

（5）放置支座

桥梁支座设在墩(台)顶,支座的主要作用为传递上部结构的各种荷载,适应温度、收缩徐变等因素产生的位移,保证结构满足设计所要求的变形。

放置支座工具用于将支座放置在现有墩线上的梁或桥面板下方。要沿梁下放置根据需要可选的支座垫石和调平块的支座,在主页功能区选项卡上,选择下部结构→放置支座工具,在设置对话框中,选择支座类型,如表4-8所示,然后指定支座参数。

支座类型选项及说明　　　　　　　　　　　　　　　　　　　表4-8

支 座 类 型	说　　　明
立方体	矩形支座;指定长度、宽度和高度
圆柱体	圆柱体支座;指定半径和高度
单元	从MicroStation单元库中复制,使用三个尺寸指定角度和比例

在梁下放置支座工具设置对话框中(根据需要选中调平块选项和支座垫石选项,然后设置参数),键入路径偏移值;在视图窗口中选择要放置支座的现有墩线,设置并接受选择集,含支座垫石和调平块(若都已选择)的梁支座将添加至模型中。

（6）放置挖方

在主页功能区选项卡上，选择"下部结构→放置挖方"工具，在设置对话框中，选择要使用的地形模型，设置为挖方限制的上表面，按要求设置其他参数；在视图窗口中，设置并接受选择集，放置挖方。

放置挖方工具对话框名词说明如表4-9所示。

放置挖方工具对话框名词说明　　　　　　　　　　　　　　表4-9

设　置	说　明
地形模型	选择地形模型以设置为挖方限制的上表面
水平偏移	从承台面到挖方坡度起点的水平距离偏移
纵向压片	如果使用桩图纸且需要使用垂直边坡，请选中此框
边坡	从参考几何元素中绘制。输入"rise：run"。该字段使用百分比，但可以输入备选值（即1：4），且此值将会自动转换
底部竖向偏移	挖方延伸的承台底面以下的垂直距离
底部水平偏移	在承台下测量的挖方延伸垂直距离的水平偏移量。提示：为底部竖向偏移输入非零值时，将显示此设置
角扫角	指定一个角能逐级环绕的角度

（7）放置自定义下部结构

放置自定义下部结构工具用于将单元库中的自定义桥墩元素放置到现有布跨线上，模型中必须已有一个或多个布跨线，功能组件可提供传统三维工具无法实现的灵活性。使用参数化建模，编辑复杂元素的工作将会非常轻松，不需要手动重建，通过启用 MicroStation 中的功能组件，可以体验高级设计建模的真正三维参数设计，充分利用二维和三维约束来准确捕获模型设计意图。CONNECT Edition 引入了一种全新智能的综合工作流，该工作流由参数单元和项类型组成，用于创建智能和可重用的内容，最终将重新建模需求降至最低。

用户现在可以创建智能参数模型，这些模型可以由变量驱动并作为参数单元放置，其变化可以在放置时选择或放置后更改。

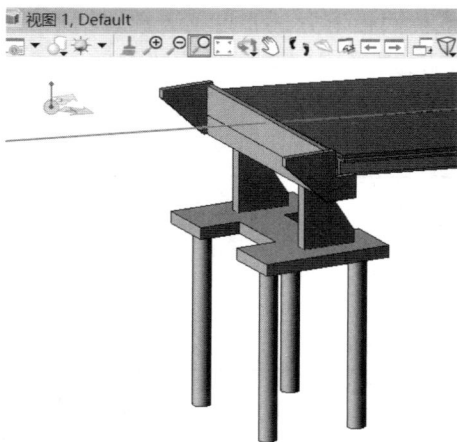

图4-28　放置自定义桥台

在主页功能区选项卡上，选择下部结构→放置自定义元素工具，在设置对话框中，选择使用的桥墩或桥台模板，可指定其他设置（如垂直或水平偏移）；在视图窗口中，选择布跨线并添加到选择集，然后指定任何桥墩或桥台需要的承台或承台高程，应用后自定义桥墩或桥台将放置在项目中，如图4-28所示。之后可以查看属性窗口并调整之前定义的任何变量，如图4-29所示，以生成所需的参数化桥墩或桥台；可根据需要调整自定义桥墩的水平和竖向偏移量，以将其定位到所需位置。功能组件将与布跨线绑定，且在布跨线移动时将会自动移动。使用此工作流，可以根据项目需求更有效控制下部结构元素的创建和放置。

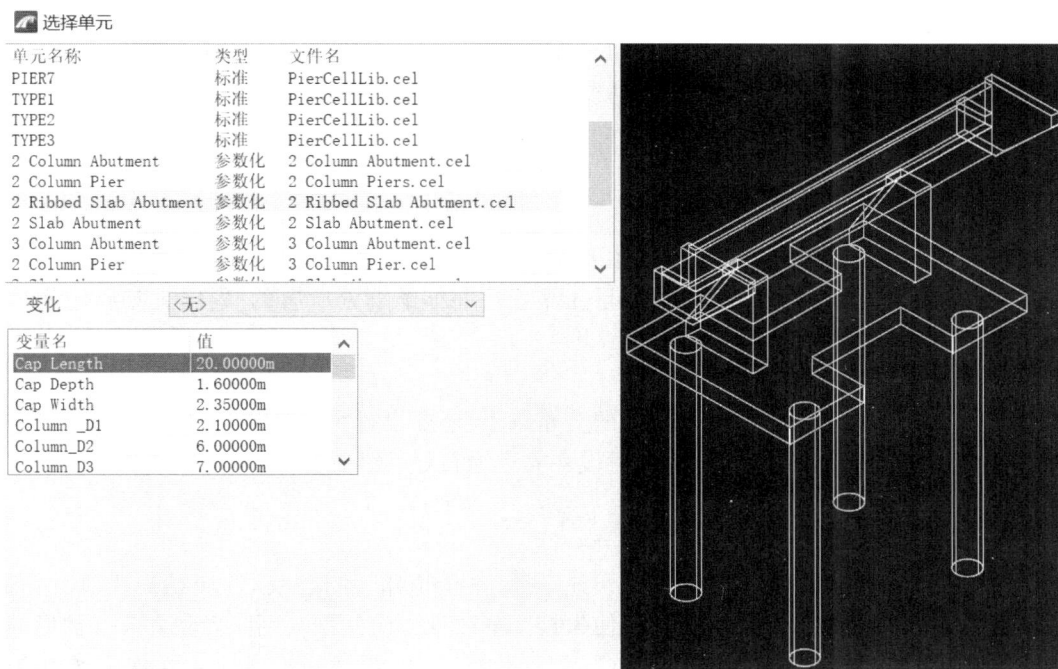

图4-29　编辑参数化单元

放置自定义元素工具对话框名词说明如表4-10所示。

放置自定义元素工具对话框名词说明　　　　　　　　　表4-10

设　　置	说　　明
单元	单击 […] 按钮以打开选择单元对话框。该对话框可用于从 MicroStation 单元库 …\WorkSpace\ Standards\templates\PierCellLib.cel 中选择单元
激活	键入角度以旋转平面图中的单元对象
X、Y、Z 轴比例	在三个轴中的每个轴上键入比例因子,以向该方向拉伸单元
墩梁固结	设置此选项,使桥墩浇筑与梁集成。对于单元这会将桥墩顶部置于梁顶的高程
水平偏移	键入沿布跨线方向的偏移长度,注意查找桩号时,向右为正
竖向偏移	竖向偏移通过连接桥面板左下和右下关键点的假想线测量得出。如果存在梁和支座,OpenBridge Modeler 将自动寻找支座垫石底部的最低点并测量与该点的偏移
布跨线偏移	键入偏移值,将桥墩放置在布跨线外。此方向与布跨线正交
分析属性	设置此选项以指定分析数据要包括的分析值,然后启用以下分析值的其他选项。 盖梁:盖梁长度、高度和宽度。 柱:柱号、高度和直径。 承台:承台长度、高度和宽度。 桩:桩号、高度和直径

五、添加附属设施

桥梁的基本附属设施包括桥面系、伸缩缝、桥梁与路堤衔接处的桥头搭板和锥形护坡。本节主要介绍建模中常用的桥面系中的栏杆、灯柱和护栏。

1）设计要求

（1）栏杆

桥梁栏杆设置在人行道上，其功能主要在于防止人和机动车辆掉入桥下，设计应符合受力要求，并应注意美观，高度不小于1.1m，且在靠近桥面伸缩缝处所有的栏杆均应断开，使扶手与柱之间能自由变形。

（2）灯柱

城市桥梁以及城郊行人和车辆较多的公路桥上，还要设置照明设备，照明灯柱可以设在栏杆扶手的位置上，在较宽的人行道上也可设在靠近缘石处，照明用灯一般高出车道8~12m，用发光建筑材料涂层标记。

（3）护栏

高速公路、一级汽车专用公路、城市快速干道、主干道路、立交工程等应设护栏，护栏有封闭沿线两侧的作用，能吸收碰撞能量，迫使失控车辆改变方向并恢复到原行驶方向。护栏的种类有刚性护栏（混凝土护栏）、半刚性护栏（波形梁护栏：波纹状钢护栏板＋立柱）、柔性护栏（缆索护栏：张紧缆索＋立柱）。

公路桥梁栏杆作为一种安全防护设备，栏杆高度通常为80~120cm。栏杆柱的间距一般为1.6~2.7m。

2）放置附属设施

（1）放置护栏

放置护栏工具用于放置护栏模板。在主页功能区选项卡上，选择"附属→放置护栏"工具，在设置对话框中，选择要使用的护栏模板，可指定其他设置（如偏移和方向）；在视图窗口中，选择现有桥面板，以将其添加到选择集，并设置接受选择集；在路径选择对话框中，选择如表4-11所示方法之一对齐护栏。

放置护栏方法及说明　　　　　　　　　　　　　　　　　　　表4-11

方　　法	说　　明
按道路中线	单击选择线形，然后在视图窗口中单击线形，将沿此路径放置护栏WP
按桥面板或剖面点	单击从列表中选择引出线以打开路径选择对话框，其中显示横截面。选择剖面点之一，以将护栏WP与该点对齐

确定后将根据选择的护栏侧沿桥面板侧放置护栏。

（2）按点放置附属对象

按点放置附属元素工具用于按点放置辅助单元对象，例如路灯。在主页功能区选项卡上，选择附属→按点放置工具，可指定激活角度并根据需要指定平面偏移值和纵面偏移值，以从插入点处正确放置单元，选择与要使用的单元关联的特征定义；在视图窗口中，选择插入点以放置单元,该单元的预览将附加到鼠标指针,可选的方向、比例和偏移工具设置将应用于预览,确定后该单元将作为附属对象放置到模型中。

（3）按路径放置辅助对象

按路径放置辅助对象工具用于沿指定路径按一定间隔放置一系列相同的单元对象,在主页功能区选项卡上,选择附属→按路径放置工具,在设置对话框中,如表4-12所示选择沿路径确定对象频率的方法。

沿路径确定对象频率的方法及说明　　　　　　　　　　　　　　表4-12

模 式 选 择	说　　明
个数	键入要按路径等距放置的对象个数
距离	键入对象之间要使用的距离

根据需要指定激活角度和 X、Y 和 Z 轴比例值,以在正确的方向上放置单元。根据桥梁中线、道路中线（如果已为桥梁指定）或选定路径（取决于在"路径选择模式"中选择的选项）指定角度计算。指定路径细节,如表4-13所示选择路径选择模式。

路径选择模式及说明　　　　　　　　　　　　　　表4-13

路径选择模式	说　　明
选择引出线提供程序	选择稍后可以选择二维模板点,以充当路径引出线的板或类似对象
选择带轮廓线形	选择线形并使用相关联的配置来建立路径
选择无轮廓线形	选择线形并使用相关联的配置来建立路径

可设置起点桩号和终点桩号值来定义路径限制,根据需要键入水平和竖向偏移值;选择与要使用的单元关联的特征定义;选择视图窗口中的路径,以选择基于路径选择模式的路径。该程序将根据路径选择模式高亮显示可用的路径对象,对于选择引出线提供程序,重置（即右键单击）以确认选择之后,将打开路径选择对话框,在所选的配置上选择"引出线点名称",确定后一系列相同的单元对象将放置到模型中。

六、碰撞检测

碰撞检测是一种自动执行碰撞检测过程的分析工具。Bentley 碰撞解决功能用于识别业务或图形元素集,并检测这些对象元素组之间是否存在几何冲突,以图形形式交互查看这些碰撞、注释或标记特定碰撞,并对其进行分配以进行后续跟踪,可对碰撞结果进行分组、标记并导出至卫星定位系统或导出为 Microsoft Excel 支持的格式。

碰撞检测通过"碰撞检测对话框"进行管理,可在其中设置碰撞操作并自动执行碰撞检测过程。在实用工具功能区选项卡上,选择"碰撞检测→碰撞检测"工具,在碰撞检测对话框中,新建作业,选择碰撞条件和抑制规则,即可运行碰撞检测作业。

碰撞检测期间,一个对象的图形元素将与同一模型和其他模型中的其他对象的图形元素进行比较,碰撞检测不包括视图中隐藏的几何图形;系统将计算结果以确定一个对象的曲面或边是否与另一个对象的曲面或表相交,如果检测到碰撞对象,系统就会进行记录以供检查,碰撞结果将显示为硬碰撞(硬碰撞指元素之间的物理碰撞,即两个不同对象的图形元素相交)或间隙(间隙用于检查物理元素周围扩增区域的碰撞,即一个对象中的图形元素的任意部分位于另一对象的指定距离范围内,但是未与该对象的任何图形元素相交),这些计算结果也会与在对象集中指定的公差(公差指设计时指定的标准的允许偏差范围)进行比较。

可应用禁止规则来标识不应报告的冲突,"碰撞检测"对话框的"规则"选项卡可用于将抑制规则应用于碰撞检测操作,可以为任何给定作业启用或禁用每个规则,通过使用这些抑制规则来排除特定碰撞。"碰撞检测"对话框可以跳过不应被视为碰撞的位置,提供更真实的结果。规则的副本随每个作业一起存储,作业可以存储在 DGN 库中,可以在只读文件中定义和处理作业,但是无法存储作业定义和结果,原始规则存储在工作空间中。处理作业后,将在"碰撞检测"对话框的"结果"选项卡中自动采用网格格式显示结果,视图窗口将自动更新"结果"窗格上的列表中的第一个碰撞的显示,可以使用"显示元素1"或"显示背景"图标来显示特定元素或显示非碰撞元素;但可能存在太多碰撞,从而导致无法逐个检查,可以将碰撞分组到一起,以合并跟踪的实际碰撞的数量;对碰撞进行分组后,可以进行更改以影响组中的所有碰撞,使用组还可以创建单个标记以影响组中的多个碰撞;然后通过更新组的状态和其他特性解决问题,再重新运行碰撞作业以验证修复,最后将碰撞结果导出到 Excel 电子表格,可以保存为 XSLX、CSV、XLS、XLSB 或 XLSM 格式。

单元五 应用范例

一、预应力梁桥建模范例

1)创建新项目

选择公制标准工作空间(Metric Standards)、创建 JC1 工作集;新建文件"三跨预应力梁桥.dgn",选择种子文件"OBM-seed3d-Metric.dgn",选择保存位置后单击保存,将使用选定的种子文件数据创建新文件,该文件将在 OBM 中打开。

2)创建库文件

(1)创建自定义桥面板模板

在实用工具功能区选项卡上,选择"库→桥面板"工具,打开模板创建对话框,右键单击Deck Slabs 文件夹并从弹出菜单中选择"添加模板",键入名称并确定,本例名称都为"3KLQ",将最小化模板创建对话框以清理空间,以便开始绘制桥面板模板;点击视图窗口打开并标记为"OBM-TemplateEditor-temporary"模板编辑器,工作点(WP)将在视图中明确标识,在 WP 正上方绘制20m 宽、0.3m 厚的桥面板形状来表示桥面板横断面,在矩形周围的六个点标记为 P_0 至 P_5;在模板创建对话框中,设置桥面板左侧的坡度;在点详细信息表中,选择桥面板左下角(此示例中标记为 P_4)对应的点名称,"模式"按钮和"类型"字段现在分别标记为水平和垂直,选择左上角(此示例中标记为 P_5)作为两个约束的父点,无须更改值,如图 4-30所示。

图 4-30 P_4 约束点的详细信息

　　选择桥面板左上角(此示例中标记为 P_5)对应的点名称,"模式"按钮和"类型"字段分别标记为水平和坡度,选择工作点(WP)作为约束的父点,在"坡度值"字段中键入"0.015","水平值"字段保留为"−10.000",如图 4-31 所示,保存后左侧点下移 0.15m。

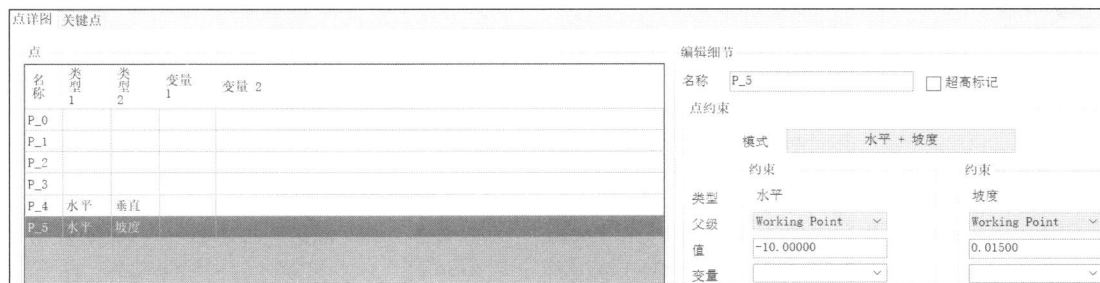

图 4-31 P_5 约束点的详细信息

　　对右侧点重复以上步骤,保存设置后向上倾斜 0.15m,设置参数如表 4-14 所示。

右侧约束点设置参数 表 4-14

名　　称	模　　式	约　　束			
		类型	父级	值	变量
P_1	水平	水平	Working Point	10.000	
	坡度	坡度	Working Point	0.015	
P_2	水平	水平	P_1	0.000	
	垂直	垂直	P_1	−0.300	

　　完成的桥面板模板如图 4-32 所示。

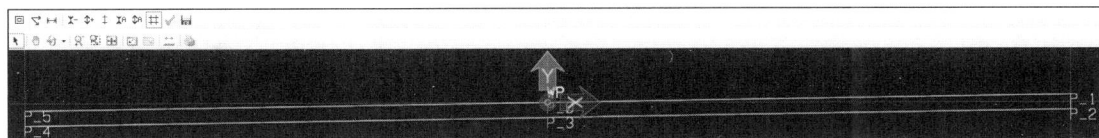

图 4-32 桥面板模板

(2)创建自定义桥墩模板

　　在实用工具功能区选项卡上,选择"库→桥墩"工具,从下拉列表中选择多柱,复制模板列表中的"3 Lane_12m"模板,键入名称"3KLQ",在承台选项卡的承台长度字段中,键入"20.000",如图4-33所示,在墩柱选项卡上,选择添加柱,以添加第四个柱,将沿着桥墩重新排列柱,点击确定后创建模板。

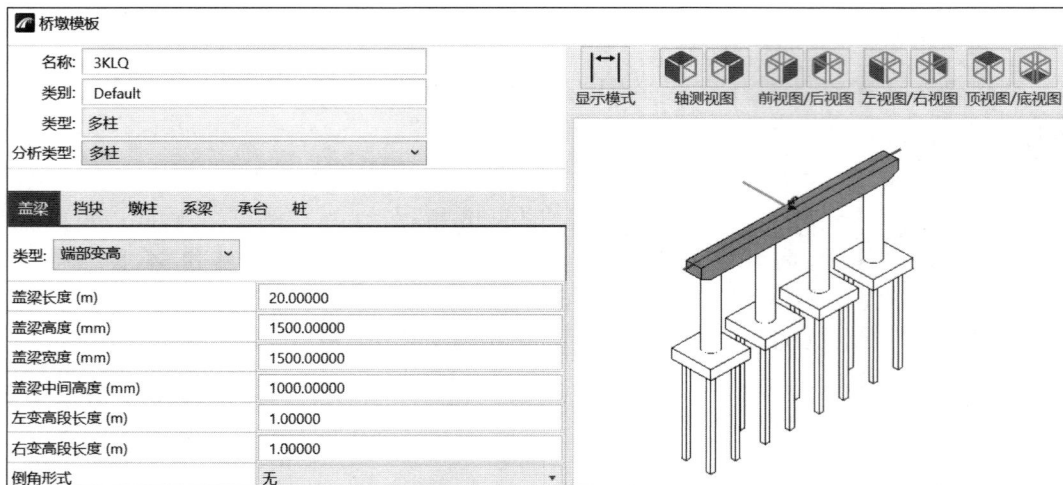

图4-33 "桥墩模板"对话框

（3）创建自定义桥台模板

在实用工具功能区选项卡上,选择"库→桥台"工具,从下拉列表中选择桩帽,复制模板列表中的"3 Lane_12m"模板,键入名称"3KLQ",确定后再选择"3KLQ"条目并选择编辑,在承台选项卡的承台长度字段中,键入"20.000"（m）,在桥台模板中的桥墩选项卡上,更改图案布局,如图4-34所示,在柱数字段中键入"9",再保存设置。

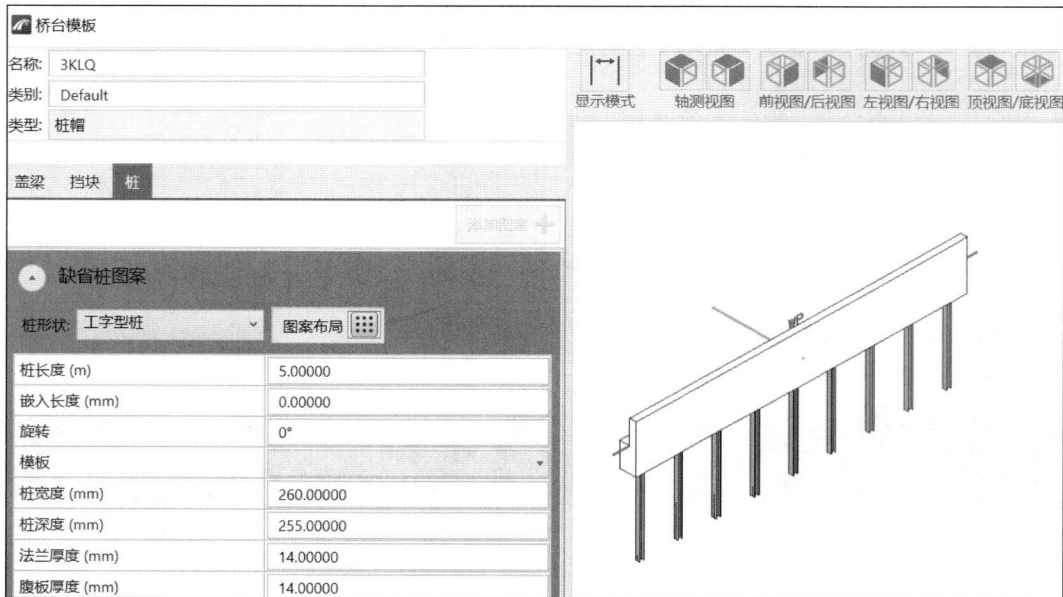

图4-34 "桥台模板"对话框

3）导入数据

（1）导入几何图形

在主页功能区选项卡上，选择"桥梁设置→导入→几何图形"工具，打开"导入几何"对话框，选择需要的线形文件"US301 over RR.gpk"（该线形文件在软件的工作空间文件夹中可找到），打开后在导入几何对话框中勾选"US301FP"，底部勾选"创建土木规则"后导入，如图4-35所示，轮廓数据将导入到项目中。

选择线形，然后从弹出式控件中选择属性，打开属性对话框，在属性对话框中，选择线形→Geom_Baseline作为特征定义，导入后的线形如图4-36所示，顶视图为一条曲线，前视图有两条线，下面那条线是平曲线，有平面坐标，但高程为0；上面那条线是三维线性元素，有平面坐标和高程。

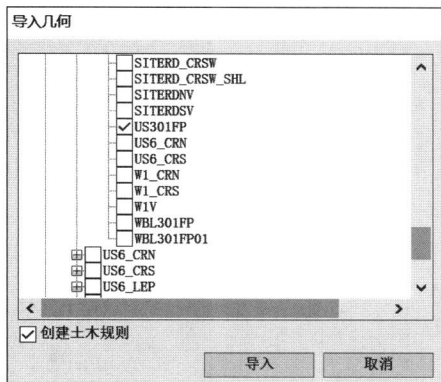

图 4-35　"导入几何"对话框

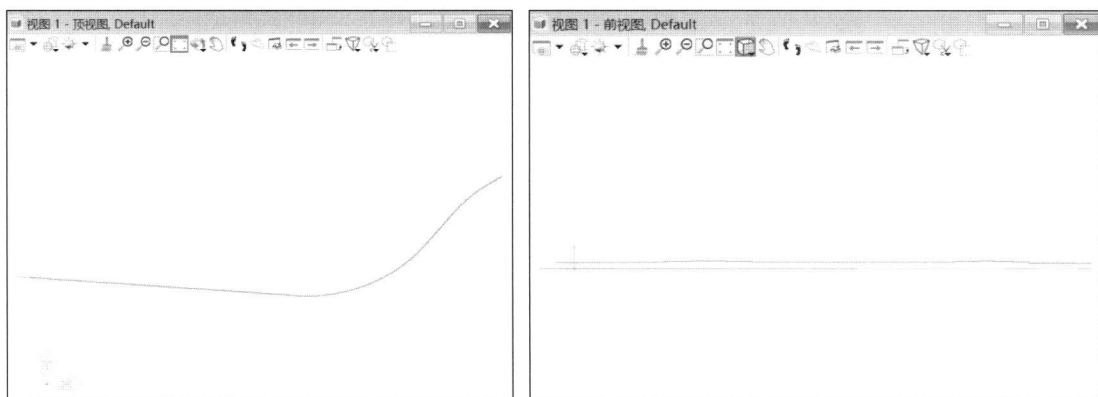

图 4-36　导入的线形

（2）导入地形

在主页功能区选项卡上，选择桥梁设置→导入→地形工具，打开选择要导入的文件对话框，选择需要的地形文件"US301 over RR.tin"（该地形文件在软件的工作空间文件夹中可找到），将进入"导入地形模型"对话框，从源文件单位下拉列表中选择"米"，选择"地形 > Existing > Existing Boundary"作为特征定义，如图4-37所示，导入完成后，选择地形模型轮廓，在属性中将三角网设置为"打开"，地形模型将显示三角网，完成后模型如图4-38所示。注意地形模型位于两条线（平曲线和三维线性元素）之间。

4）建模

（1）新建桥梁

在主页功能区选项卡上，选择"桥梁设置→添加桥梁"工具，输入桥梁的名称和描述，从桥类型下拉列表中选择"预应力混凝土/钢筋混凝土梁桥（装配式）"；在视图窗口中选择导入的线形（即桥梁中线），再单击视图窗口任意位置以接受设置。

图4-37 "导入地形模型"对话框

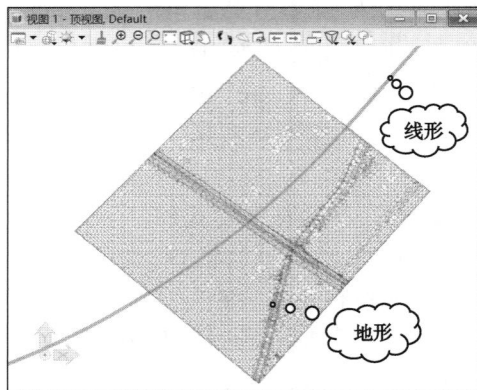

图4-38 地形模型

（2）创建布跨线

在主页功能区选项卡上，选择"布跨线→放置→多个"工具，在"放置多条布跨线"工具设置对话框中，选中斜交角选项并键入值"0"，选中长度选项并键入值"30.000"（m），注意该长度表示布跨线长度，不是跨度长度，布跨线数中键入值"4"，桩号设置如表4-15所示。

放置多条布跨线 表4-15

布跨线编号	桩　　号	（斜交）角度	跨　　径	长　　度
1	19 + 185.0000	− 15.5°	0.0000	30.000
2	19 + 220.0000	− 14.5°	35.0000	30.000
3	19 + 275.0000	− 13.5°	55.0000	30.000
4	19 + 310.0000	− 12.5°	35.0000	30.00

桥梁的平面布置不仅与线路和河道（或其他线路）两者的相交情况有关，还受到桥址处地形地物的制约，通常的布置方式有正交、斜交、单向曲线和反向曲线等，正交桥最为常见。当桥梁纵轴线方向与河道主流流向不能正交时，需采用斜交方式布置，其斜度（是指桥梁纵轴线与表示桥梁正向布置的轴线之间的夹角）一般不大于45°，在通航河流上交角不宜大于5°，当斜交角度大于5°时，宜增加通航净宽，以利于航行安全。

创建布跨线完成后如图4-39所示，此为桥梁的第一桥联。

（3）放置桥面板

在主页功能区选项卡上，选择"上部结构→放置桥面板"工具，在设置对话框中，选择已创建的3KLQ模板，将其他设置保留为缺省值（即将起点桩号、终点桩号、平面和纵面的偏移值全部设置为0），选择"Deck"作为特征定义，选择布跨线1作为第一个桥面板边界，选择布跨线4作为第二个桥面板边界，确定后桥面板将放置在布跨线上，如图4-40所示。

图 4-39　创建的布跨线

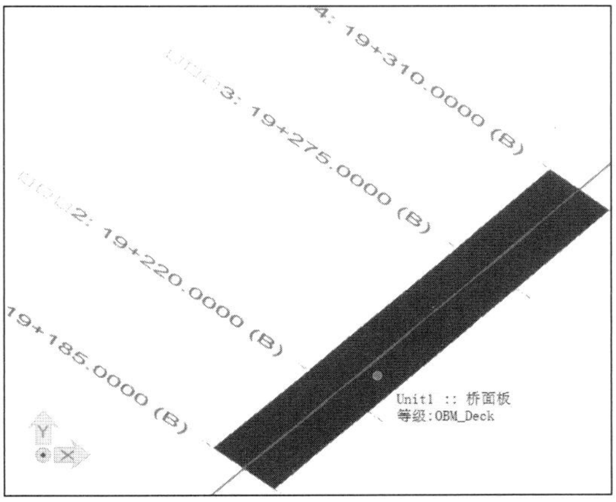

图 4-40　放置的桥面板

放置桥面板工具对话框名词说明如表 4-16 所示。

放置桥面板工具对话框名词说明 表 4-16

设	置	说　明
	模板名称	单击"…"打开模板选择对话框,可以用它来从桥面板模板库中选择桥面板模板
	起始桩号偏移	从起点布跨线桩号到桥面板起点的桩号偏移距离
	终点桩号偏移	从桥面板终点到布跨线桩号终点的桩号偏移距离
	平面偏移	从对齐到桥面板模板的 WP 平面偏移距离
	纵面偏移	从对齐到桥面板模板的 WP 纵面偏移距离
桥面板组	添加约束	设置此选项可在放置对象之后立即指定变量约束值
	弦公差	较低的公差允许对齐和轮廓曲线的进一步细化,并有助于构建更精确的模型。更精细的模型会导致更大的文件大小,并且根据模型可能需要更多时间来重新生成
	剖面之间的最大距离	键入用于建模对象精度的距离。较小的数字会增加紧凑半径曲线等的模型精度,但会降低性能

设　置		说　明
实体放置组	模板方位	指定沿对齐方向放置的实体面的方位。 垂直:模板面在Z轴(世界坐标系)(即"梁")中是垂直的。 法向:模板面垂直于对齐方向 a)垂直(Z轴) b)法向(对齐)
要素组	特征定义	从下拉列表中选择要用于所放置对象的现有要素定义
	名称前缀	键入一个前缀值,用于通过此要素定义设置的所有对象,这对于快速识别组中的要素非常有用

(4)放置布梁线

在主页功能区选项卡上,选择上部结构→设置布梁线工具,须先指定布局限制,选择布跨线 1 以用作起始限制线,选择布跨线 4 以用作结束限制线(也可根据需要依次放置每跨的布梁线),完成后将打开"布梁线"对话框,选择"布跨线 1—布跨线 2"作为缺省跨度,然后选中"全部设置为缺省值"选项(若未选中,则需设置每跨的布跨线的参数),将选择"布跨线 2—布跨线 3"和"布跨线 3—布跨线 4"选项,这样会设置所有跨度具有相同的布梁线,再按如下参数设置布梁线:在梁数量字段中键入值"8",在 Edge Distance(边缘距离)字段中键入值"1.0"(m),选中相等边缘距离,对话框将自动计算设置按间距字段值(本例自动计算值为 2.57143),也可根据需要调整,在梁起点 PL 偏移字段中键入值"250"(mm),在梁终点 PL 偏移字段中键入值" -250"(mm),选中"结束倾斜"(结束倾斜表示梁端的角度,选中表示两端是设计成与布跨线平行的梁,未选中表示设计成矩形的梁),"使用弦"选项保持未选中状态(使用弦是设计成直梁,未选中表示设计成曲梁),相关设置关系及效果如图 4-41 所示。

可根据需要设置间距参考,参数设置完成后"布梁线"对话框如图 4-42 所示。

验证后布梁线如图 4-43 所示,共设置 8 条布梁线,布梁线用于指定板和梁桥的常规梁几何图形;至此建模过程中涉及的桥梁中线、布跨线、布梁线现已全部设置完成,位置关系如图 4-43 所示,保存后布梁线将添加到模型中。

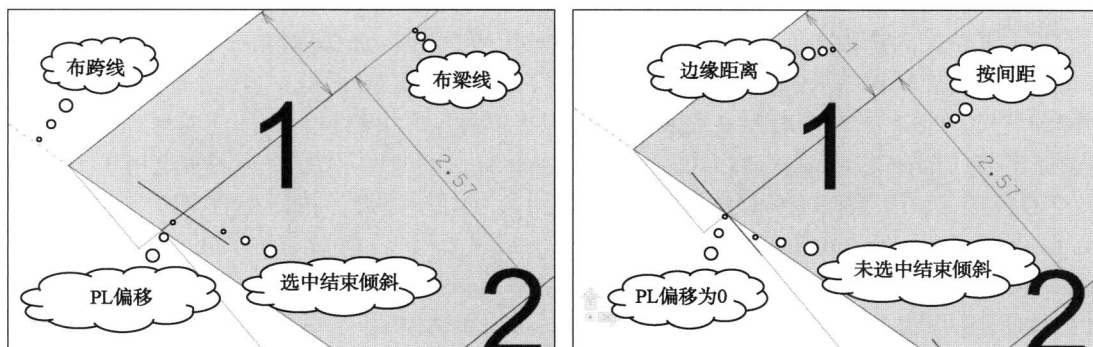

图4-41　相关设置关系及效果

图4-42　"布梁线"对话框

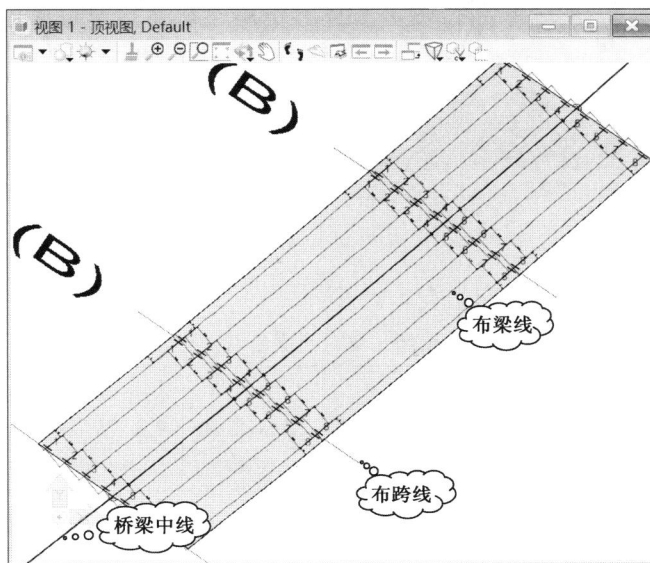

图4-43　桥梁中线、布跨线、布梁线的位置关系

（5）放置梁组

在主页功能区选项卡上，选择"上部结构→放置梁"工具，选择"Grider"作为特征定义，自定义和使用梁旋转保持未选中状态，选择布梁线；在"梁定义"对话框中，在梁类型下拉列表中选择自定义，在唯一的一个表行中，选择模板单元格以显示库中的自定义剖面的列表，从此列表中选择 T 梁"China T-Beams ＞ Class-Ⅰ ＞ Simple supported ＞20-1125-Z1"（在国内常选用 T 梁、小箱梁、空心板这三种预制梁，也可根据实际情况选用小箱梁或空心板，例如选择小箱梁"China Small Box-Girder ＞ Class-Ⅱ ＞ Continuous ＞ 20-1000-BZ1"，或选择空心板"China Hollow-Slab ＞ 1. 00m Hollow-Slab ＞ Class-Ⅰ ＞ Simple supported ＞08-420-ZB"），选择"材质"单元格并从下拉列表中选择"C35/45"，键入"250"（mm）作为梁腋起始值和结束值，再选中"应用于所有梁"选项，以便将梁参数复制到所有剩余梁，如图 4-44 所示。在绘图中可查看设置后的梁纵断面和横断面图。若要修改梁的形状，在"梁定义"对话框中选择"在其后插入行"工具，在行中设置相关参数即可。

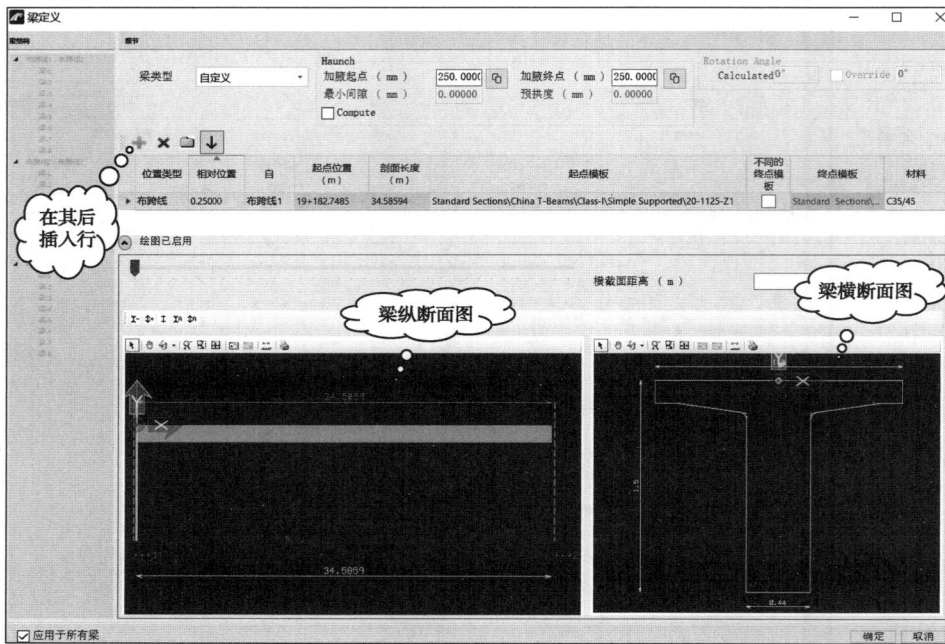

图 4-44　"梁定义"对话框

放置梁组工具对话框名词说明如表 4-17 所示。

放置梁组工具对话框名词说明　　表 4-17

设　　置		说　　明
默认类型组	自定义	（仅限于混凝土梁）选中此框，将自动选择梁定义对话框中的自定义
	组合	（仅限于钢梁）选中此框，将自动选择梁定义对话框中的组合
	构造湿接头	（仅限于混凝土梁）如果梁之间的湿接头需要填充湿接头材料，将此选项设置为 true。"封闭浇筑"是一个在美国用得更常见的术语。湿接头假定整个梁长度具有连续性。如果湿接头的关键点也指定横隔板的上下界，则可以在沿梁长度的间歇位置对其进行建模

设 置		说 明
默认 类型组	湿接头终点法向	在倾斜布跨线的情况下,两端的湿接头可以指定为垂直于线形(true),也可以指定为沿布跨线倾斜(false)
	湿接头材质	湿接头的材质属性。材质应在材质库中定义
旋转组	使用梁旋转	(仅限于混凝土梁)设置此选项后,此组中的梁将垂直于桥面板的坡度。否则,梁将沿 Z 轴(世界坐标系)(即"plumb")垂直放置

或者如果未选中"应用于所有梁"选项,可按如下方法设置:复制梁选择"其他梁",再右键单击"布跨线1-布跨线2"中的"梁-L",从弹出式菜单中选择复制到,设置全选,再选择按比率复制,将对所有跨度中的所有梁使用相同的梁参数。

完成的梁组放置如图4-45~图4-47所示。

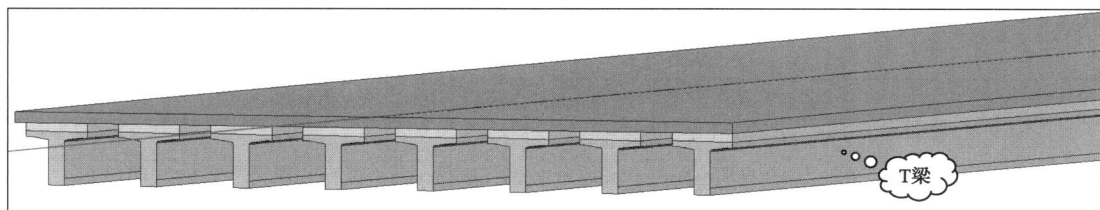

图4-45 放置梁组(T梁)后的模型

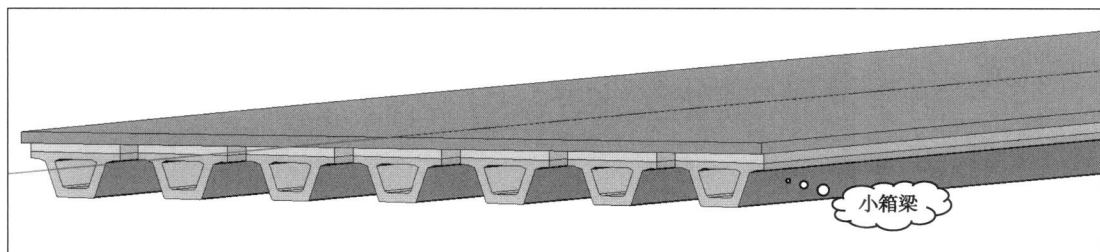

图4-46 放置梁组(小箱梁)后的模型

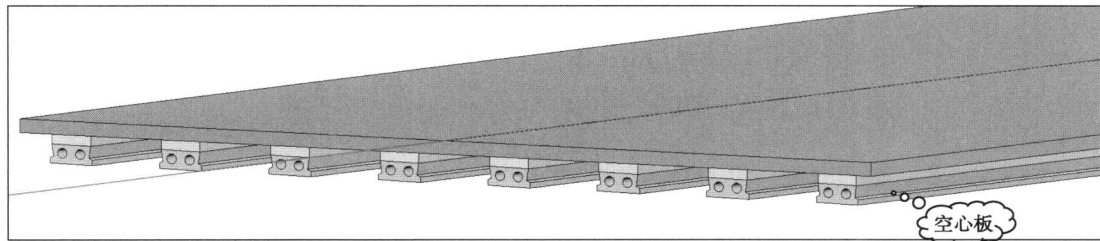

图4-47 放置梁组(空心板)后的模型

(6)放置桥墩

在主页功能区选项卡上,选择"下部结构→放置桥墩"工具,在设置对话框中,选择3KLQ模板,清除"高程约束"复选框,将所有其他工具设置保留为缺省值(即平面偏移为0,无承台长度调整），选择"Pier_concrete_piles"作为特征定义；在视图窗口中选中布跨线2和布跨线3，设置并接受选择集，完成的放置桥墩如图4-48所示。

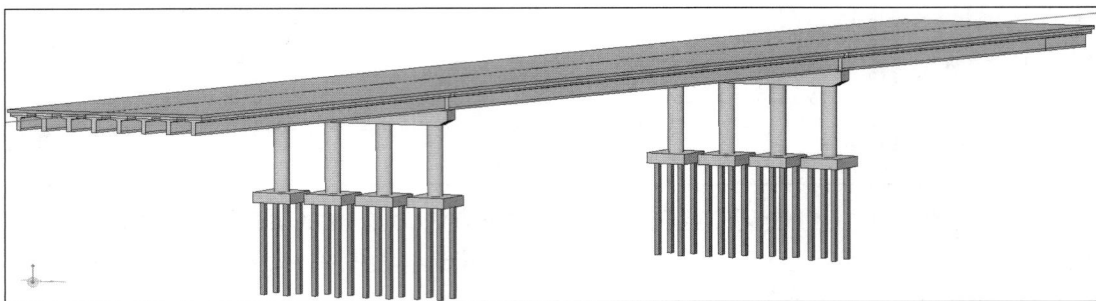

图4-48　放置桥墩后的模型

放置桥墩工具对话框名词说明如表4-18所示。

放置桥墩工具对话框名词说明

表4-18

设　　置	说　　明
墩梁固结	设置此选项，使桥墩浇筑与梁集成
水平偏移	键入沿布跨线方向的偏移长度，注意查找桩号时向右为正
盖梁长度调整	选择以下选项之一： 无：使用库模板中设置的默认盖梁长度。 按桥面板：盖梁长度自动调整为桥面板宽度。 按斜轴：盖梁长度自动调整为斜轴
高程约束	设置此选项，将在接受选择集后打开桥墩高程约束对话框。此对话框可用于在墩线上放置桥墩或桥台模板时指定高程约束
将倾斜应用于实体	设置完成后，此程序将调整墩台帽的末端面，以贴近倾斜支座的桥面板边缘。仅适用于矩形墩台帽

（7）放置桥台

在主页功能区选项卡上，选择"下部结构→放置桥台"工具，在设置对话框中，选择3KLQ桥台模板，选择桩承台，清除"高程约束"复选框，将所有其他工具设置保留为缺省值（即平面偏移为0，无承台长度调整），将方向设置为"起点"，选择"Abutment_steel_piles"作为特征定义，选中布跨线1，接受选择后桥台将放置在第1个布跨线上。重复以上步骤，但将方向设置为"终点"并选择布跨线4，接受选择后桥台将放置在第4个布跨线上，完成后的模型如图4-49所示。

放置桥台工具对话框名词说明如表4-19所示。

放置桥台工具对话框名词说明

表4-19

设　　置	说　　明
墩梁固结	设置此选项，使桥台浇筑与梁集成
纵向偏移	放置桥台时，此可选调整选项在"布跨线线形"选项上方偏移。桩号方向的布跨线之前有一个正号
盖梁是否斜置	设置完成后，此程序将调整桥台的末端面，以贴近倾斜支座的桥面板边缘
背墙顶与桥面同坡	设置为True之后，后墙将自动采用桥面板顶部的坡度
方向	如果此桥台放置于桥梁的起点或终点，则选择此选项。这将正确定向桥台

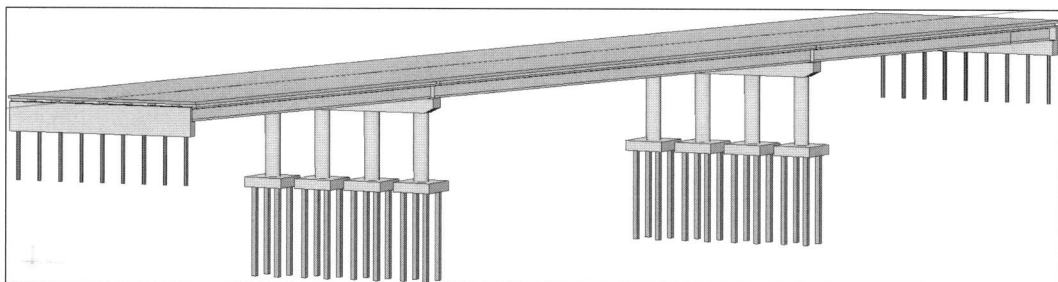

图 4-49　放置桥台后的模型

（8）放置翼墙

在主页功能区选项卡上，选择"下部结构→放置翼墙"工具，在设置对话框中，根据需要放置左翼墙和右翼墙，选择"Rectangular_Top_Slope"翼墙模板，方向选择"正常/倾斜"选中与桥台对齐、调整后墙高度，左翼墙斜交角设置为"50°"，右翼墙斜交角设置为"-40°"，特征定义为"Wingwall_concrete_piles"，其余设置保留为缺省值，完成后的模型如图 4-50 所示。

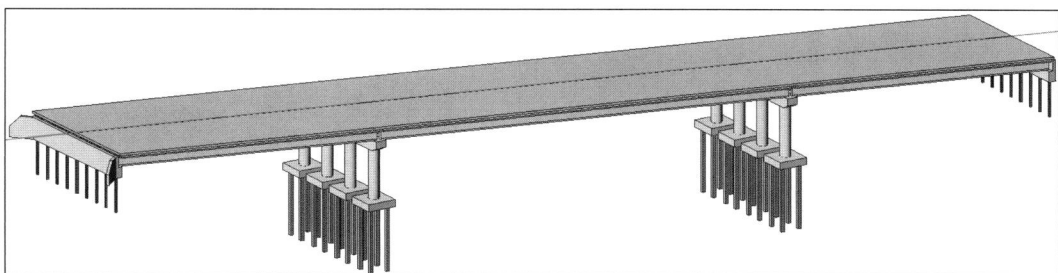

图 4-50　放置翼墙后的模型

放置翼墙工具对话框名词说明如表 4-20 所示。

放置翼墙工具对话框名词说明　　　　　　　　　　　　　　　　表 4-20

设　　置	说　　明
放置左/右翼墙	对于要放置翼墙的桥台（桩号在前面）的每一侧，选中此选项
模板名称	单击"…"以打开模板选项对话框，可以用它来从翼墙模板库选择翼墙模板。单击选择以使用选定的模板。注意将鼠标光标悬停在字段上方，可在工具提示中查看当前选定的模板
方位	选择翼墙相对于桥台放置的方式： 垂直/倾斜：此选项将翼墙相对于关联桥台垂直（成90°无额外倾斜角度）放置。 内嵌/倾斜：此选项将翼墙相对于关联桥台在线内（或成0°无额外倾斜角度）放置
纵面偏移	桥台到翼墙顶部的垂直距离。数值为正可使翼墙顶部低于关联桥台的顶部
与桥台对齐	选中此选项以将桥台外面与翼墙外面对齐
纵向/水平偏移	键入从桥台末端到翼墙的偏移。注意如果选择与桥台对齐，系统会自动计算此值
斜交角	键入要用于翼墙相对于桥台方向倾斜的角度
调整后墙高度	选择此选项以调节翼墙的高度，使其与桥台后墙相匹配
计算长度	（垂直/倾斜翼墙）设置此选项并指定填方坡度、护道水平偏移、护道竖向偏移，以及延伸长度

（9）放置支座

要在梁上放置梁支座、调平块和支座垫石，在主页功能区选项卡上，选择"下部结构→放置支座"工具，在设置对话框中，如表4-21所示设置参数，设置后偏移值为"-0.300"，前偏移值为"0.300"，选择特征定义为"Bearing"，其余设置保留为缺省值。

支座、调平块、支座垫石的设置参数（单位：m）　　　　　　　　　　表4-21

支　座					调平块/倾斜板					支座垫石				
支座类型	宽度 W	深度 D	高度	方向	调平块中心厚度	调平块 D_1	调平块 D_2	调平块 W_1	调平块 W_2	调平块方向	垫石最小厚度	垫石 D_1	垫石 D_2	垫石 W_1	垫石 W_2	垫石方向
矩形	0.18	0.18	0.12	桥墩	0.10	0.25				梁	0.15	0.25				桥墩

注意须在设置对话框中清除具有灌浆垫复选框，支座不使用灌浆垫，选择所有布跨线，设置并接受选择集，支座、调平块、支座垫石将添加到模型中，效果如图4-51所示。

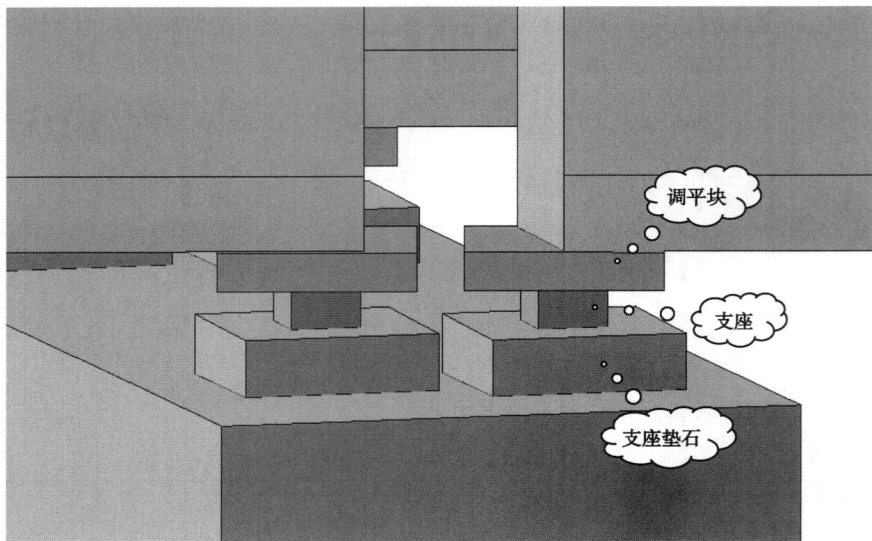

图4-51　添加的支座模型

放置支座工具对话框名词说明如表4-22所示。

放置支座工具对话框名词说明　　　　　　　　　　表4-22

设　　置		说　　明
支座组	支座类型	选择要使用的支座类型： 立方体：键入立方体的长度、宽度和高度。 圆柱：键入圆柱的半径和高度。 单元：从 BearingLib.cel（MicroStation 单元库文件）中选择一个库对象。 单击单元字段旁边的"…"按钮以选择对象。指定激活角度和 X、Y、Z 比例值
	方向	指出支座的方向是否与桥墩或梁的方向平行

设　置		说　明
放置组(仅限箱梁下的支座)	后偏移	后桩号偏移值
	前偏移	前桩号偏移值
调平块组	设置调平块	如果存在调平块,则设置此选项。指定附加的调平块参数
	调平块中心厚度/$D_1/D_2/W_1/W_2$	矩形棱柱调平块的尺寸。平面尺寸通过纵向(前桩号和后桩号)和横向偏移中心测量得出
	调平块方向	指出调平块的方向是否与桥墩或梁的方向平行
支座垫石组	设置垫石	如果存在支座垫石,则设置此选项。指定附加的支座垫石参数
	通长设置垫石	(仅适用于梁下的支座垫石)如果支座垫石高程沿布跨线在超高中发生变化,则使用阶梯式承台
	垫石最小厚度/$D_1/D_2/W_1/W_2$	矩形棱柱支座垫石的尺寸。平面尺寸通过纵向(前桩号和后桩号)和横向偏移中心测量得出 支座垫石属性 宽度(W_1):面向梁的另一端时轴承中心左侧的尺寸。 宽度(W_2):面向梁的另一端时轴承中心右侧的尺寸。 深度(D_1):面向梁的另一端时轴承中心正视图的尺寸。 深度(D_2):面向梁的另一端时轴承中心后视图的尺寸
	底座方位	指出支座垫石的方向是否与桥墩或梁的方向平行
路径组	后偏移	后桩号偏移值
	前偏移	前桩号偏移值
	第一个偏移	(仅限分段)第一行支座垫石的横向偏移
	第二个偏移	(仅限分段)第二行支座垫石的横向偏移

（10）添加附属设施

要在桥面板的任意一侧放置护栏，在主页功能区选项卡上，选择"附属→放置护栏"工具，在设置对话框中，选择"32″F SHAPE L "护栏模板，注意护栏指定为左（L）和右（R），选择要将护栏放置到的桥面板侧，在设置对话框中，清除添加约束设置，将所有其他设置为缺省值（即所有偏移设置为 0 和垂直方向），选择"Barrier"作为特征定义；在视图窗口中，选中桥面板，重置（即右键单击）以设置选择集，接受后将打开路径选择对话框，要沿着桥面板左侧选择路径，在路径选择对话框中，选择"从列表中选择引出线"，打开显示桥面板横断面的路径选择对话框，在基准点名称列表中，选择 P_5（桥面板左上角对应的点），护栏将沿着桥面板左侧放置，如图 4-52 所示。

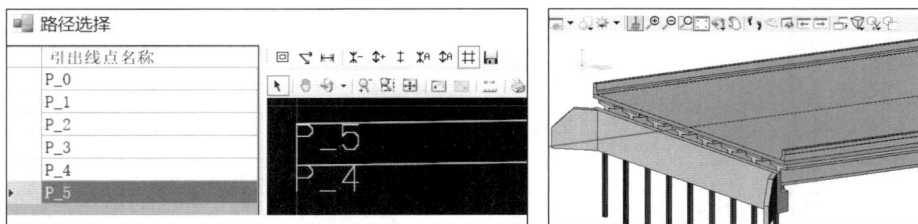

图 4-52　添加左侧护栏

再次重复以上步骤，这次选择"32″F SHAPE R"护栏模板并沿着点 P_1（桥面板右上角对应的点）放置，如图 4-53 所示。

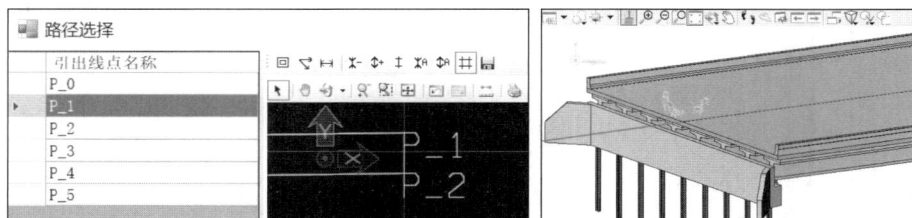

图 4-53　添加右侧护栏

可以使用放置附属元素工具放置其他附件，例如路灯，在主页功能区选项卡上，选择"附属→按点放置"（放置单个单元）或"附属→按路径放置"（放置多个相同的单元）工具，打开放置对话框，按需求设置参数，放置路灯后的模型如图 4-54 所示。

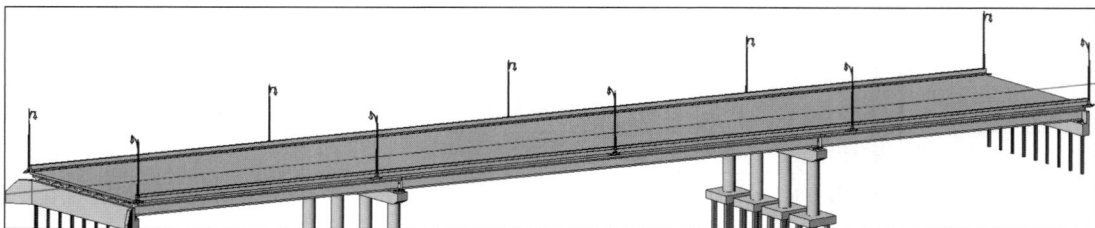

图 4-54　添加路灯后的模型

（11）实现桥的可视化效果

若要清晰显示地形、桥,使其实现可视化效果,可打开地形三角形显示,选择地形元素,在弹出式工具栏中,选择属性工具,打开三角形,渲染桥结构和地形;在视图功能区选项卡上,选择表示组中的显示样式列表工具,从更改视图显示样式,设置对话框的显示样式中选择"消隐→缺省",在调整视图亮度里可设置照明,设置后效果如图4-55所示。若要为模型创建一个真实的场景,可使用LumenRT软件,LumenRT被称为"场景模拟软件",为模型提供的场景包括景观、周围场景、天气效果、光线控制,以及必要的人物、动物、交通工具、花草树木等丰富的景观库。

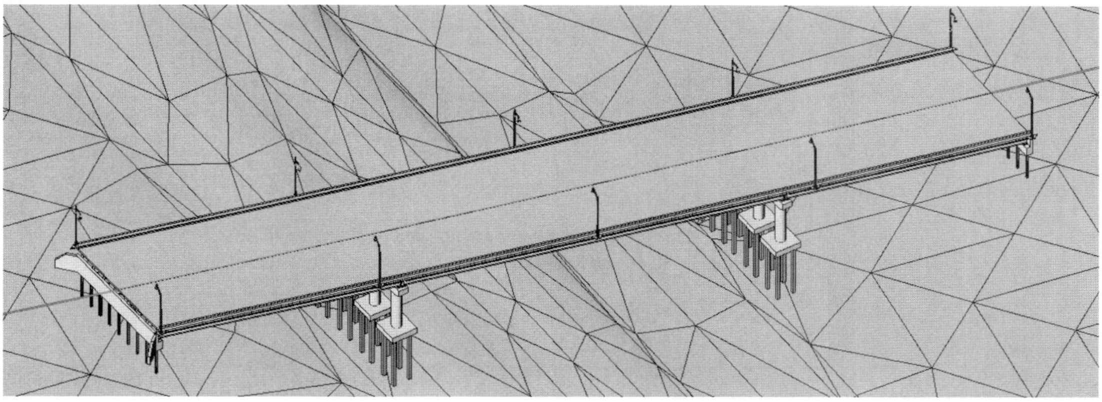

图4-55　桥梁可视化效果

5）分析和报告

（1）分析功能

OpenBridge Modeler软件主要是建立桥梁的三维模型,在建模时,分析软件有RM Bridge、LEAP Bridge。OpenBridge Modeler可一键导出到分析软件,通过连接到LEAP Bridge和RM Bridge执行分析和设计规范验证,确保桥梁设计符合行业标准。

（2）报告

OpenBridge Modeler软件可生成详细报表,为剖面图、立面图和框架平面图创建三维和二维工程图,以及生成上下部结构数量表、工程信息表、高程表等桥梁项目交付成果。

6）碰撞检测

通过执行与现有基础设施桥梁结构的冲突分析来降低风险,从而节省时间,消除建筑错误并降低项目成本,以三维或表的形式查看碰撞现象,检测结构与加固钢筋和其他嵌入件的碰撞,检查相邻结构和道路之间所需的最小间隙,分析水平、纵向净空,分析桩基与地下管网的碰撞。

二、钢结构梁桥建模范例

1）创建新项目

选择公制标准工作空间（Metric Standards）,创建JC2工作集,新建文件"三跨钢结构梁桥.dgn",选择种子文件"OBM-seed3d-Metric.dgn",保存后将创建新项目。

2）参考土木数据

在钢桥的外部设计文件中参考土木数据，该方法可灵活使用任何格式的土木数据，但无法修改或更改这些参考文件，也无法更改其显示，例如无法禁用地形中的三角形和等高线。在主页功能区选项卡上，选择"基本→参考"工具，打开"参考"对话框，再选择"连接参考"工具，打开"连接参考"对话框，选择路线文件"US301OverRR＿ALG＿PROF. dgn"和地形数据文件"US301OverRR_GROUND. dgn"（以上两个文件在软件的工作空间文件夹中可找到），选中"保存相对路径"，如图4-56所示。

图4-56　"连接参考"对话框

打开后将依次打开参考"US301OverRR＿ALG＿PROF"文件的"连接设置"对话框和参考"US301OverRR_GROUND"文件的"连接设置"对话框，如果要减少建模时由地形导致的视觉混乱，可选择"US301OverRR_GROUND"，然后清除显示列中的复选框，如图4-57所示。

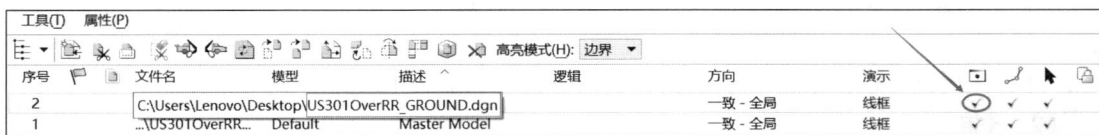

图4-57　"连接设置"对话框

确定后完成参考土木数据，如图4-58所示，注意参考地形的三角网不能关闭。

3）建模

（1）添加桥梁

在主页功能区选项卡上，选择"桥梁设置→添加桥梁"工具，输入桥梁的名称和描述，在桥类型中选择"钢混组合梁"；选择顶视图窗口中的线形，在任意位置单击以接受设置；添加桥梁后须激活地形，选择地形对象，从弹出式工具栏中选择设置为激活地形模型。

（2）创建布跨线

在主页功能区选项卡上，选择"布跨线→放置→多个"工具，在设置对话框中，设置以下工具值：选中斜交角选项并键入值"－16°"，选中长度选项并键入值"50.000"，布跨线数中键入值"4"，特征定义为"Supportline"。具体设置如表4-23所示，注意使所有其他设置保持未选中状态或将其保留为缺省设置。

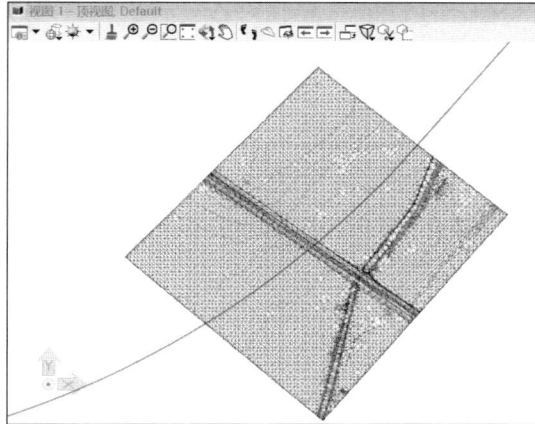

图 4-58　参考土木数据的模型

放置多条布跨线　　　　　　　　　　　　　　　表 4-23

布　跨　线	桩　　　号	角度(°)	跨径(m)	长度(m)
1	5 + 800.0000	− 16	0.000	50.000
2	5 + 840.0000	− 16	40.000	50.000
3	5 + 890.0000	− 16	50.000	50.000
4	5 + 930.0000	− 16	40.000	50.000

（3）放置桥面板

本桥梁使用需自行设置参数的具有约束的板,而不是使用软件中具有预先存在约束的板模板。在主页功能区选项卡上,选择上部结构→放置桥面板工具,在设置对话框中,选择"Slab with constraints-2 Lanes"模板,将其他设置保留为缺省值(即将起点桩号、终点桩号、平面和纵面的偏移值全部设置为0),选中"添加约束",选择"Deck"作为特征定义。

在视图窗口中,选择布跨线1作为第一个桥面板边界,选择布跨线3作为第二个桥面板边界,接受后将"变量约束"对话框,添加右侧距离约束,在起始值和结束值中键入"7",设置如图 4-59所示。

图 4-59　添加右侧距离约束参数

再添加右侧坡度约束,在起始值和结束值中键入"﹣0.020",设置如图4-60所示。

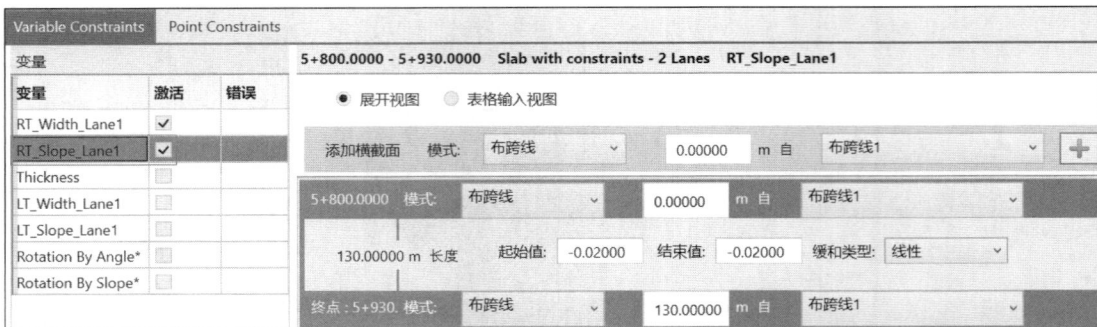

图4-60　添加右侧坡度约束参数

最后添加左侧距离、坡度约束,如表4-24所示参数进行设置。完成添加左右侧约束后,点击确定,桥面板将放置在布跨线上。

左侧变量约束设置参数　　　　　　　　　　　表4-24

激 活 变 量	起 始 值	结 束 值	备 注
LT_Width_Lane1(m)	﹣7.00000	﹣7.00000	其他单元格为默认值
LT_Slope_Lane1	0.020	0.020	其他单元格为默认值

(4)放置布梁线

本桥使用连续钢梁,在主页功能区选项卡上,选择"上部结构→设置布梁线"工具,选择第1条布跨线和第4条布跨线指定布局限制,打开"布梁线"对话框,如表4-25所示设置参数,验证保存后自动关闭"布梁线"对话框,布梁线将添加到桥模型中,布梁线以图形方式显示为高程0处的投影。

布梁线设置参数　　　　　　　　　　　表4-25

绘制方法	梁数量	边缘距离(m)	相等边缘距离	梁起点 PL 偏移	梁终点 PL 偏移	结束倾斜	使用弦
连续	6	1.20000	选中	保留为空	保留为空	选中	未选中

(5)放置梁组

在主页功能区选项卡上,选择"上部结构→放置梁"工具,选择"Grider"作为特征定义;在视图窗口中,选择布梁线,接受后将打开"梁定义"对话框,选中"应用于所有梁"选项,选择"在其后插入行"工具依次添加4行,每行如图4-61所示参数设置腹板尺寸。

腹板尺寸设置完成后,在当前"梁定义"对话框组合类型下,在 Section 中选择"上翼缘",梁顶调平层保持不变,选择"在其后插入行"工具依次添加4行,每行如表4-26所示参数设置上翼缘尺寸,其余设置保留为缺省值。

图 4-61 "梁定义"对话框中设置的腹板参数

梁定义上翼缘设置参数(单位:mm) 表 4-26

序号	位置类型	相对位置	自	厚度	起始值	变化	结束值	材料
1	起点	0.000		24.000	320.00	线性	320.00	直板梁
2	比率(按跨度)	0.200	布跨线1-布跨线4	30.000	320.00	线性	320.00	直板梁
3	比率(按跨度)	0.500	布跨线1-布跨线4	30.000	320.00	线性	320.00	直板梁
4	比率(按跨度)	0.800	布跨线1-布跨线4	24.000	320.00	线性	320.00	直板梁

在当前"梁定义"对话框中,如表 4-27 所示参数设置下翼缘尺寸,其余设置保留为缺省值。

梁定义下翼缘设置参数(单位:mm) 表 4-27

梁类型	Section	梁顶调平层	位置类型	相对位置	厚度	起始值	变化	结束值	材料
组合	下翼缘	40.000	起点	0.000	30.000	320.00	线性	320.00	直板梁

上盖板和下盖板不用于本桥梁,但它们的设置方法与上述步骤类似,确定后梁组将放置到模型中,如图 4-62 所示。

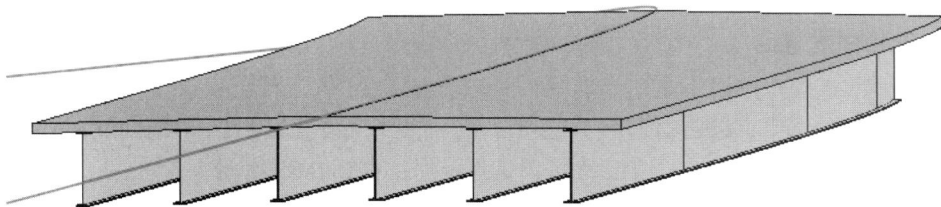

图 4-62 放置梁组后的模型

(6)放置加劲肋

在主页功能区选项卡上,选择"上部结构→放置加劲肋"工具,在设置对话框中,选择特征定义为"Stiffener";在视图窗口中,选择梁组并接受选择集,将打开"加劲肋放置"对话框,注意边梁和中梁放置方法不同,可通过向导按表格进行设置,如图 4-63 所示。

设置完成后,选择"生成"按钮,将生成加劲肋放置信息;重复以上步骤依次设置每个梁的加劲肋放置,中梁若设置相同,可复制设置。设置完成后,如图 4-64 所示。

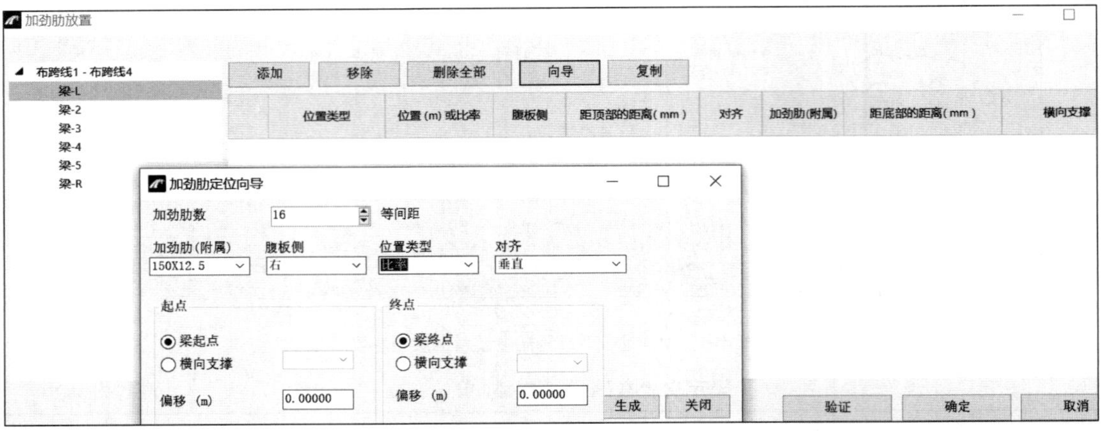

图 4-63　"加劲肋放置"对话框

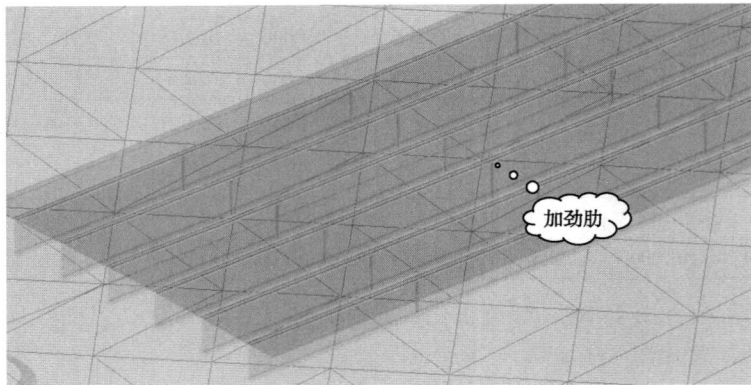

图 4-64　放置加劲肋后的模型

（7）放置横向支撑

在主页功能区选项卡上,选择"上部结构→放置横向支撑"工具,在设置对话框中,选择特征定义为"Cross_Frame";在视图窗口中,选择梁组并接受选择集,将打开"横向支撑放置"对话框,可通过向导按表格进行设置,按设计需求选择参数,如图 4-65 所示。

设置完成后,选择"生成"按钮,将生成横向支撑放置信息。重复以上步骤依次设置每组相邻两个梁的横向支撑放置,若设置相同,可复制设置。设置完成后的模型如图 4-66 所示。

（8）放置桥墩

在主页功能区选项卡上,选择下部结构→放置桥墩工具,在设置对话框中,选择"3Lane-12"桥墩模板,选择"Pier_concrete_piles"作为特征定义,盖梁长度调整选择"按桥面板",其余设置保留为缺省值;在视图窗口中,选择布跨线 2 和布跨线 3 并接受选择集,桥墩将放置到桥梁中,如图 4-67 所示。

（9）放置桥台

在主页功能区选项卡上,选择下部结构→放置桥台工具,在设置对话框中,选择"3Lane-

12m"桥台模板,特征定义为"Abutment_steel_piles",盖梁长度调整选择"按桥面板",其余设置保留为缺省值,在桥的两端放置桥台。

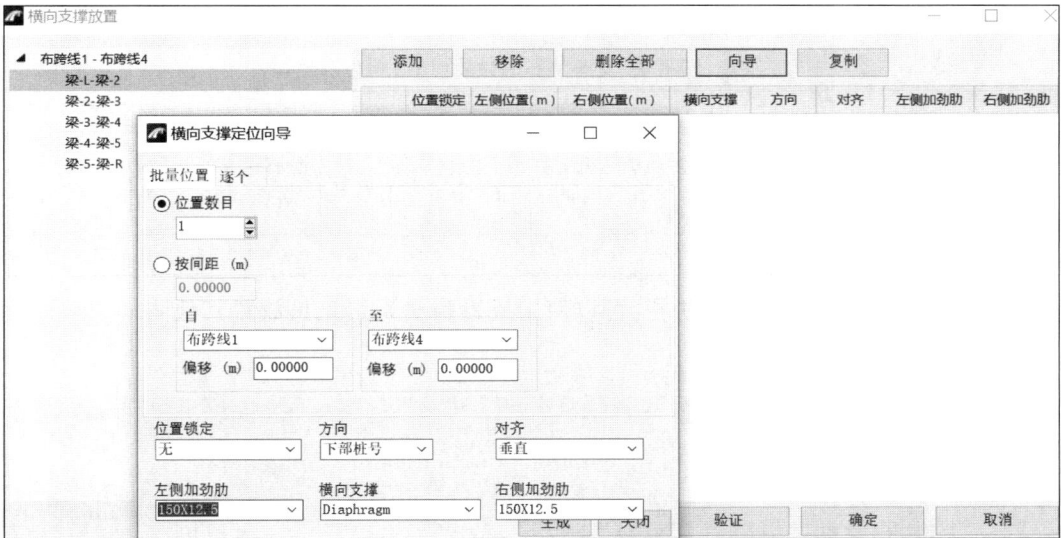

图 4-65　"横向支撑放置"对话框

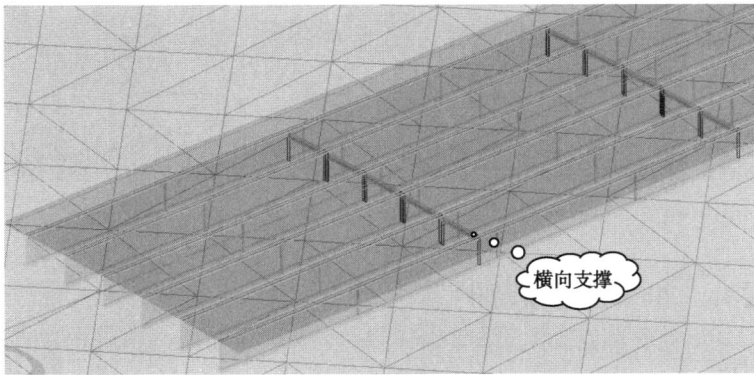

图 4-66　放置横向支撑后的模型

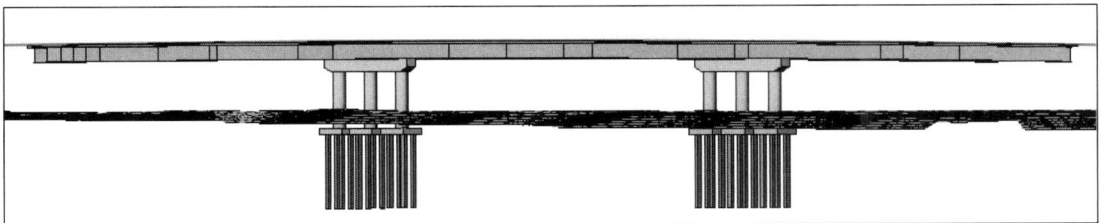

图 4-67　放置桥墩后的模型

（10）放置梁支座

在主页功能区选项卡上，选择下部结构→放置支座工具，在设置对话框中，如表4-28所示参数按布跨线依次设置支座，特征定义都设置为"Bearing"，后偏移值设置为"－0.3"，前偏移值设置为"0.3"，支座、调平块和支座垫石将添加到模型中。

支座、调平块、支座垫石的设置参数（单位:m）　　　　　　　　表4-28

支　　座				调　平　块							支　座　垫　石				
支座类型	支座半径	支座高度	方向	调平块中心厚度	调平块D_1	调平块D_2	调平块W_1	调平块W_2	调平块方向	垫石最小厚度	垫石D_1	垫石D_2	垫石W_1	垫石W_2	垫石方向
圆形	0.15	0.1	桥墩	0.08	0.20				梁		0.15		0.25		桥墩

再按要求添加桥梁左右两侧护栏，可以使用放置附属元素工具放置其他附件。至此桥梁建模已全部完成，如图4-68所示。

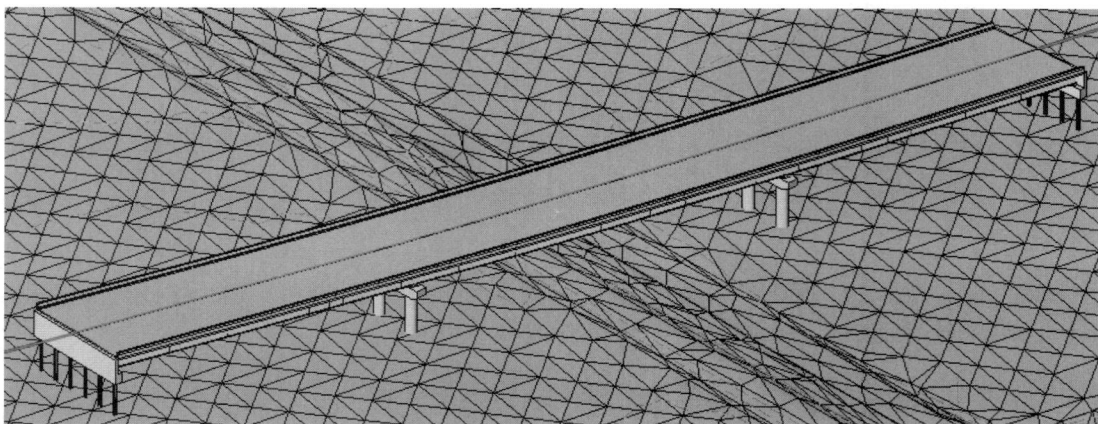

图4-68　建模完成后的桥梁模型

三、现浇混凝土箱梁桥建模范例

1）创建新项目

选择公制标准工作空间和教程3工作集，新建文件"三跨现浇混凝土箱梁桥.dgn"，选择种子文件"OBM-seed3d-Metric.dgn"，保存后将创建新项目。

2）参考土木数据

参考本单元之二中的"参考土木数据"方法。

3）建模

（1）添加桥梁

在主页功能区选项卡上，选择"桥梁设置→添加桥梁"工具，在桥类型中选择"现浇混凝土箱梁"，添加桥梁，激活地形模型。

（2）创建布跨线

在主页功能区选项卡上，选择"布跨线→放置→多个"工具，在设置对话框中，设置以下工具值；选中斜交角选项并键入值"－15°"，选中长度选项并键入值"40.00000"，布跨线数中键入"4"，特征定义为"Supportline"。具体设置如表4-29所示，注意使所有其他设置保持未选中状态或将其保留为缺省设置。

放置多条布跨线 表4-29

布 跨 线	桩 号	角度（°）	跨径（m）	长度（m）
1	5+820.0000	－15	0.000	40.000
2	5+850.0000	－15	30.000	40.000
3	5+890.0000	－15	40.000	40.000
4	5+920.0000	－15	30.000	40.000

（3）放置桥面板

在主页功能区选项卡上，选择上部结构→放置桥面板工具，在设置对话框中，选择"Parametic Seg Box_Variable Flank"模板，将起点桩号偏移值设置为"0.05"，终点桩号偏移值设置为"－0.05"（该设置是为桥梁预留伸缩缝的位置），选择"Deck"作为特征定义，其余选项设置为缺省值，放置桥面板，完成后如图4-69所示。

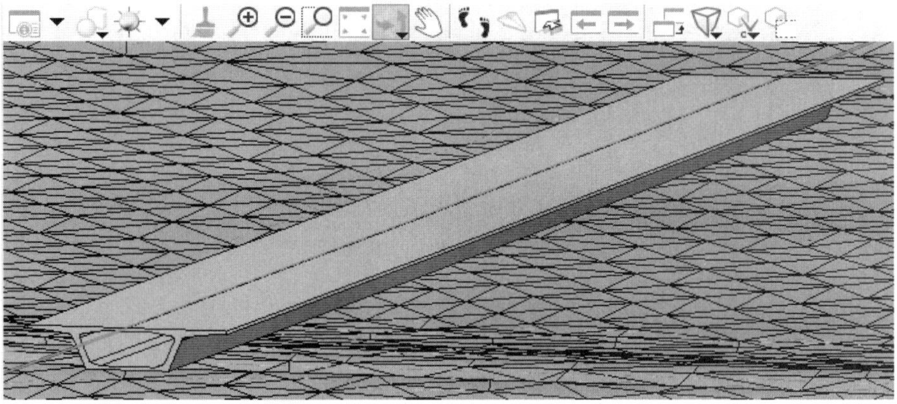

图4-69 放置桥面板后的模型

可对桥面板模板添加坡度、深度约束；在视图窗口中，选中桥面板，在属性中选择编辑变量约束，首先设置坡度约束，选择"Slope"变量（也可导入或参考超高文件，选择"上部结构→分配超高"工具，设置桥面超高），在起始值和结束值中输入"0.05"；然后设置深度约束，选择"Box_Depth"变量，选择插入行工具添加6行，如表4-30所示参数依次进行设置。

深度变量约束设置参数（单位：m） 表4-30

位置类型	相对位置	自	起始值	结束值	缓和类型	备 注
布跨线	0.05000	布跨线1	2.70000	3.40000	抛物线起点	其他单元格为默认值
布跨线	－1.50000	布跨线2	3.40000	3.40000	线性	其他单元格为默认值
布跨线	1.50000	布跨线2	3.40000	2.70000	抛物线终点	其他单元格为默认值
布跨线	20.00000	布跨线2	2.70000	3.40000	抛物线起点	其他单元格为默认值
布跨线	－1.50000	布跨线3	3.40000	3.40000	线性	其他单元格为默认值
布跨线	1.50000	布跨线3	3.40000	2.70000	抛物线终点	其他单元格为默认值

完成添加约束后,点击确定,桥面板将放置在布跨线上,如图4-70所示。

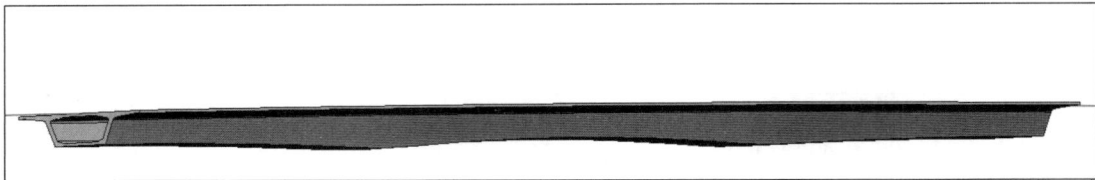

图4-70 添加约束后的桥面板模型

本桥梁无须再放置梁组,下一步直接从放置桥墩开始,后面操作与本单元之二相同,完成后的模型如图4-71所示。

图4-71 建模完成后的桥梁模型

四、平衡悬臂桥建模范例

1)创建新项目

选择公制标准工作空间和教程3工作集,新建文件"三跨平衡悬臂桥.dgn",选择种子文件"OBM-seed3d-Metric.dgn",保存后将创建新项目。

2)创建土木几何图形

(1)创建平面曲线

OpenBridge Modeler中的土木工具可以生成一些基本的土木几何图形,在桥梁建模中用到的土木几何图形,通常是从桥梁项目的土木工程师处接收的线形和地形土木几何图形文件,但是有时也可能需要自己创建道路数据。在对较小项目和较大项目的初步调查中表明,OpenBridge Modeler拥有快速创建简单线形甚至创建任何桥梁所需的最复杂土木几何图形所需的所有工具,因此在必要时可用该软件绘制需要的土木几何图形。

将视图旋转更改为顶部视图可显示平曲线布局,在土木功能区选项卡上,选择"平面→直线→直线"工具,打开对话框,选中距离选项并键入值"400.000"(m),选中线方向选项并键入值"350°";在视图窗口中绘制线,然后选择线并在属性视图中更改坐标,设置参数如图4-72所示,绘制平面线形的基础的弦,如图4-73所示。

长度	400.00000m
方向	350.0000°
起点	☐ 2000.000
X	2000.00000
Y	1000.00000

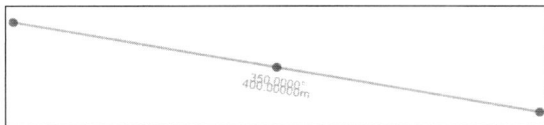

图4-72　直线属性对话框　　　　　图4-73　绘制的平面线形

选择"平面→复杂几何图形→按元素复合"工具,构造复杂元素,确定方向;再选择"平面→修改→起点桩号"工具,在工具对话框中,选中起点距离并键入值"0",在起点桩号中键入"100＋000.0000";在视图窗口中选择线形并接受选择集,确定起点桩号,如图4-74所示。

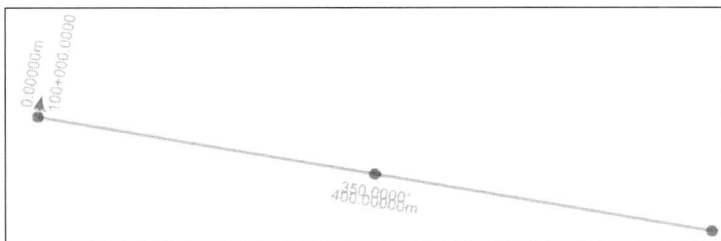

图4-74　确定起点桩号后的线形

(2)创建垂直几何图形

创建垂直几何图形与生成平面线形的方式相似,将对纵面曲线使用简单直坡度,可以使用类似方法创建更复杂的纵面曲线。在土木功能区选项卡上,选择"纵断面→打开纵断面模型"工具(打开纵断面模型工具用于生成在纵断面中呈现所需特征的视图,从而使纵面几何工具能够与所选特征进行交互),或选择线形(上面创建的平曲线),然后从弹出的工具栏中选择打开纵断面模型工具,选择平面视图中的线形,在视图组工具栏中,选择未打开的视图编号,如图4-75所示,然后在该视图窗口内单击,打开轮廓-MyAlignment视图。

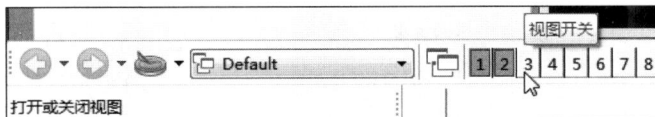

图4-75　视图组工具栏

在土木功能区选项卡上,选择"纵断面→直线→直线坡"工具,在设置对话框中,选中长度选项并键入值"400"(m)、选中坡度选项并键入值"0.005";在纵断面视图中的100＋000桩号处的20m高程附近单击设置纵面线;在土木功能区选项卡上,选择"纵面组→设置激活纵断面"工具,选中线形,设置为激活纵断面,即在三维模型中创建三维样条,表示平面路线与设计纵断面的组合,如图4-76所示。

在三维模型中,选择线形,在属性中设置特征定义为"Geom_Baseline",如图4-77所示。

3)建模

(1)添加桥梁

在主页功能区选项卡上,选择"桥梁设置→添加桥梁"工具,在设置对话框中,从桥梁类型下拉列表中选择"节段施工梁桥",添加桥梁。

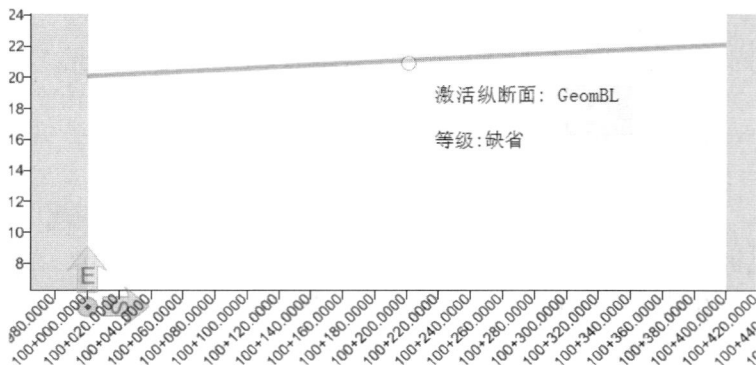

图 4-76　MyAlignment 视图

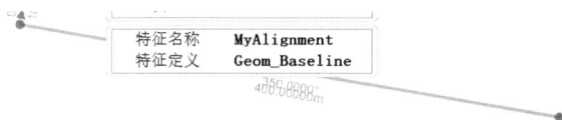

图 4-77　设置特征定义后的线形

在项目浏览器窗口中选择桥梁模型选项卡,展开"桥梁→桥梁(BR 1)"对应的条目,可以查看桥梁数据,以确定是否正在使用所创建的线形。

(2)放置布跨线

在本例中,布跨线未倾斜,将使用"按中点放置"工具来放置第一个布跨线,然后使用"平行放置"工具间隔偏移距离复制该布跨线,放置其他布跨线。在主页功能区选项卡上,选择"布跨线→放置→中点"工具,在设置对话框中,如图 4-78 所示设置工具参数,添加第一条布跨线;再选择"布跨线→放置→平行"工具,在对话框中,选中偏移并键入值"50",特征定义为"Supportline",如图 4-79 所示,添加第二条布跨线。

图 4-78　"按中点放置"布跨线对话框

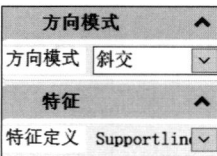

图 4-79　"平行放置"布跨线对话框

重复上述"平行"工具操作依次在布跨线 2 的 100m 偏移处设置布跨线 3,在布跨线 3 的 50m 偏移处设置布跨线 4,完成后布跨线信息如表 4-31 所示。

放置布跨线信息　　　　　　　　　　　　　表 4-31

布 跨 线	里　　　程	跨径(m)
1	100 + 025.0000	0
2	100 + 075.0000	50
3	100 + 175.0000	100
4	100 + 225.0000	50

（3）在桥台上放置段

在典型的平衡悬臂构造中,先放置桥台悬臂,但在 OpenBridge Modeler 模型中时,这不会产生任何直接影响,对构造的放置进行编号将导出到分析和设计软件(如 RM Bridge)中,将此数据用于分阶段构造分析。在主页功能区选项卡上,选择"上部结构→放置分段→放置悬臂"工具,在对话框中,选择"SegBox0600"分段模板,如图 4-80 所示设置工具参数,选择第 1 个布跨线,放置悬臂段。

图 4-80 "放置分段悬臂"对话框

放置悬臂工具对话框名词说明如表 4-32 所示。

放置悬臂工具对话框名词说明 表 4-32

设 置		说 明
	施工顺序	键入一个整数以指示此平衡悬臂的放置顺序。所有平衡悬臂的构建顺序由分析程序(例如 RM Bridge)在分阶段构造分析中使用。 提示:该值将从放置的上一个构建编号自动增加 1
	起始桩号偏移	键入一个距离以用作沿对齐方向从选定布跨线的偏移量
	平面偏移	键入一个距离以用作侧向偏移(横向于对齐)
放置 悬臂组	段长度	指键入给定长度的段数。 垂直条("丨")用于按顺序区分前后桩号的段。空格("")用于改变后部或前部平衡悬臂内的段长度。 例如,键入 4@4丨2@5 2@3 以放置: 四段,每段四个主单位长,后桩号(共 16 个主单位); 两段,每段五个主单位长,后跟两段,每段三个主单位长,前桩号(共 16 个主单位)。 平衡悬臂的示例段长度的平面视图
	桥墩段长度	单个值产生该长度的单个段,以布跨线为中心(由"起点桩号偏移"值调整)。 一对逗号分隔值分别产生两个分段,其中相应的长度分别对应前后桩号。 没有值或值为零将不会放置桥墩段
	CIP 长度	放置在平衡悬臂末端的现浇段长度

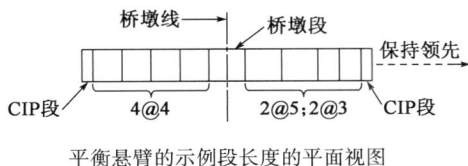

设　　置		说　　明
逐跨组	添加约束	设置此选项可在放置对象之后立即指定变量约束值
	带弦	设置之后,段的长度沿两终点之间的弦测量,而不是沿曲线测量
	拆分闭合	设置之后,相邻跨度之间的封闭浇注分离,在桥墩分段之后放置
	桥墩典型长度	键入桥墩处的分段长度(通常为短段)
	典型长度	键入典型段的长度
	扩展端部弯曲	如果在末端弯头处出现膨胀,则键入段的长度
	扩展桥墩	如果在桥墩处出现膨胀,则键入段的长度

设置相同参数重复以上操作,选择第 4 个布跨线,放置悬臂段,完成后的模型如图 4-81 所示。

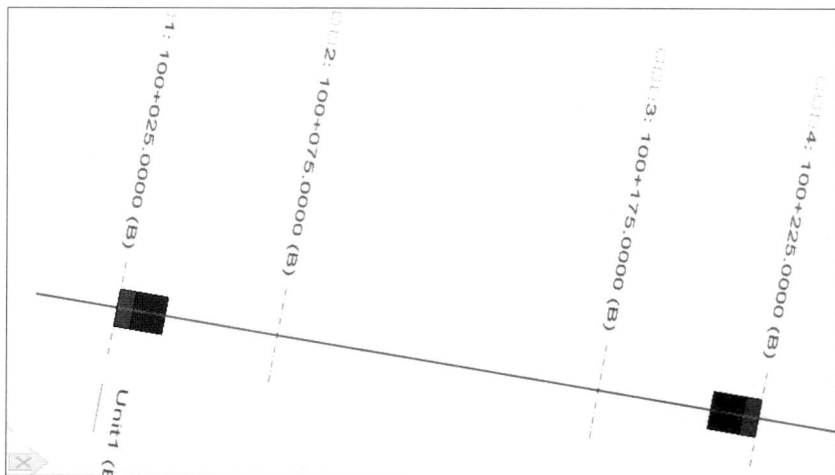

图 4-81　放置两端悬臂后的模型

(4)在内部布跨线上放置段

在内部布跨线上放置分段平衡悬臂构造以及添加封闭浇注,在主页功能区选项卡上,选择"上部结构→放置分段→放置悬臂"工具,仍选择"SegBox0600"模板,如图 4-82 所示设置参数,选择第 2 个布跨线,放置悬臂段;重复以上操作,将段长度改为"4@ 10 : 3@ 8"后选择第 3 个布跨线,放置悬臂段,完成后的模型如图 4-83 所示。

在主页功能区选项卡上,选择"上部结构→合龙"工具,在设置对话框的最大 CIP 分段长度中键入"11.0000",点击任意位置悬臂,添加封浇,完成后的模型如图 4-84 所示。

(5)添加深度约束

要沿着节段施工梁桥的长度方向添加深度变量,以使最大深度超过内部桥墩,在主页功能区选项卡上,选择"上部结构→约束"工具,打开"编辑约束"对话框,选中变量"total_depth",如表 4-33 所示设置参数。

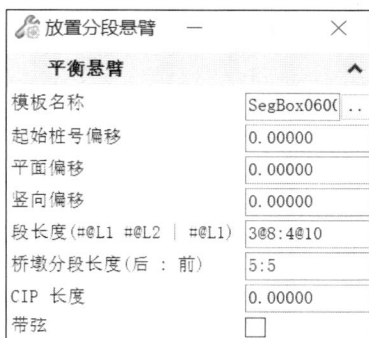

图 4-82　放置分段悬臂对话框

图 4-83　在内部放置分段悬臂后的模型

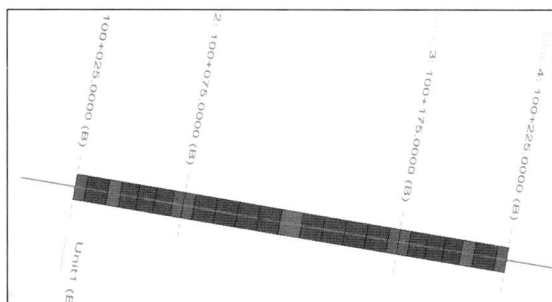

图 4-84　合龙后的桥梁模型

深度变量约束设置参数　　　　　　　　　　　表 4-33

位置类型	相对位置	自	起始值	结束值	缓和类型	备　注
布跨线	0.00000	布跨线 1	2.70000	3.70000	抛物线起点	其他单元格为默认值
布跨线	−1.50000	布跨线 2	3.70000	3.70000	线性	其他单元格为默认值
布跨线	1.50000	布跨线 2	3.70000	3.70000	抛物线终点	其他单元格为默认值
布跨线	50.00000	布跨线 2	2.70000	3.70000	抛物线起点	其他单元格为默认值
布跨线	−1.50000	布跨线 3	3.70000	3.70000	线性	其他单元格为默认值
布跨线	1.50000	布跨线 3	3.70000	2.70000	抛物线终点	其他单元格为默认值

设置完成后将重新生成具有不同深度约束的段，重新绘制桥梁，如图 4-85 所示。

图 4-85　添加深度约束后的桥梁模型

完成后可在主页功能区选项卡上,选择"上部结构→报表"工具,查看每节段梁的长度、体积等相关信息,如图4-86所示。

起点桩号	名称	类型	长度	体积	线宽
100+075.0000	1	Pier	5	37.0876	0
100+080.0000	2	Typical	10	72.6371	0
100+090.0000	3	Typical	10	70.655	0
100+100.0000	4	Typical	10	69.2509	0
100+110.0000	5	Typical	10	68.3335	0
100+070.0000	1	Pier	5	37.1778	0
100+062.0000	2	Typical	8	58.2949	0
100+054.0000	3	Typical	8	56.9415	0
100+046.0000	4	Typical	8	55.908	

图4-86　分段悬臂桥属性

(6)放置内部桥墩

在主页功能区选项卡上,选择"下部结构→放置桥墩"工具,在设置对话框中,选择"多柱→Variable_ColumnRectFillet"桥墩模板,如图4-87所示设置参数,选择第2个布跨线和第3个布跨线,桥墩将放置到桥梁中;再选中桥墩编辑下部结构模板,在"盖梁"选项卡端部变高类型中的承台长度字段中键入"4.200"(m),在"承台"选项卡的左变高段长度和右变高段长度字段中键入"0.1"(m),可根据需要调整其他选项卡,确定后完成修改属性,如图4-88所示。

图4-87　放置桥墩对话框

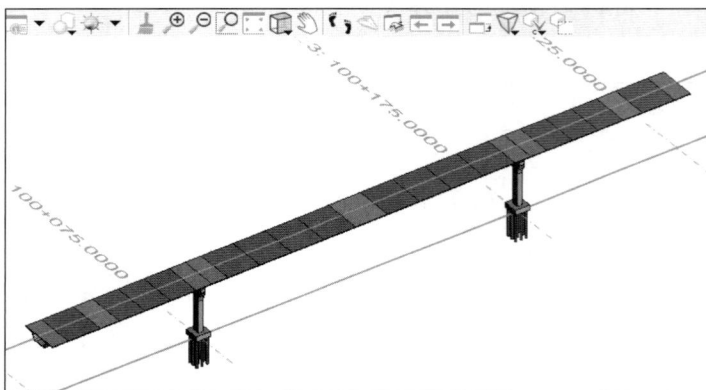

图4-88　放置桥墩后的模型

(7)放置桥台

在主页功能区选项卡上,选择"下部结构→放置桥台"工具,在设置对话框中,选择"3 lane-12m"桥台模板,盖梁长度调整选择"按桥面板",特征定义为"Abutment_steel_pile",添加桥梁两端的桥台。

再按需求设置支座参数,在桥梁模型中添加支座、调平块和支座垫石;最后添加左右两侧护栏。至此桥梁建模已全部完成,模型如图4-89所示,可根据需要添加其他附件。

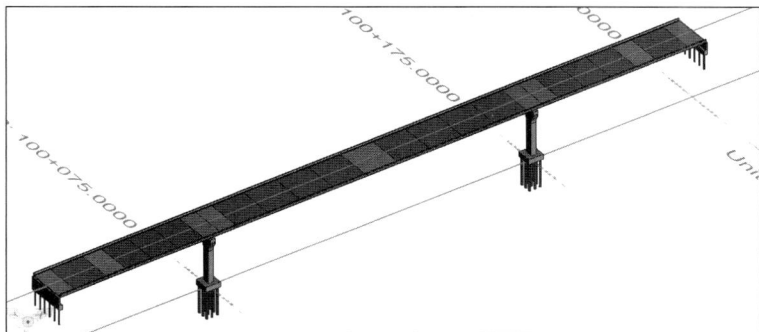

图 4-89　完成的桥梁模型

4）连接以进行分析

要将建模的桥数据导出到 RM Bridge，在实用工具功能区选项卡中，选择"互操作性→RM Bridge→发送到"工具，发送连接到 RM Bridge 设置如图 4-90 所示，桥梁模型将在 RM Bridge 中打开以执行强大的分析和设计规范验证，确保桥梁设计符合行业标准，但在这之前须安装 RM Bridge 应用程序。

图 4-90　发送连接到 RM Bridge 设置

5）更新线形

要将初始设计的线形更新为土木工程师的桥线形，在主页功能区选项卡上，选择"桥梁设置→导入→几何图形"工具，打开导入几何对话框，选择需要导入的线形；在主页功能区选项卡上，选择"桥梁设置→桥梁中线"工具，选择导入的线形，桥将转换为新线形。

本模块参考文献

[1] 李亚东,何畏,姚昌荣,等.桥梁工程概论[M].3 版.成都:西南交通大学出版社,2014.
[2] 王常才,王雷,朱进,等.桥梁工程(第 3 版)[M].北京:人民交通出版社股份有限公司,2019.

模块五
MODULE FIVE

Synchro与施工进度模拟

学习目标

(1)了解 Synchro 软件的主要功能及施工进度模拟流程。

(2)熟悉 Synchro 软件的操作界面及应用。

(3)掌握施工进度模拟的基础方法,能创建 4D 模型、编辑 4D 计划、制作 4D 动画及输出成果。

单元一　Synchro 软件简介

Synchro 施工模拟软件是一款成熟且功能强大的软件,具有成熟的施工进度计划管理功能,可以为整个项目的各参与方提供实时共享的工程数据。工程人员可以利用软件进行施工过程可视化模拟、施工进度计划安排、高级风险管理、设计变更同步、供应链管理及造价管理。

Synchro 施工模拟软件的使用主要以与其他建模软件配合运用为主,其运用方法思路主要是通过 BIM 建模软件把模型导出,然后再导入到 Synchro 软件进行相关施工进度模拟运用。Synchro 施工进度模拟流程如图 5-1 所示。

Synchro 能够与多款建模软件、进度软件对接交互应用,其接口支持管理软件如 Oracle Primavera P3/P6、Microsoft Project、Asta Powerproject 和 PMA NetPoint。同时支持来自 Bentley、Autodesk、CATIA、SolidWorks、Intergraph、AVEVA 和 SketchUp 等超过 35 种类型的 3D CAD 设计文件和 IFC 文件。与其他施工进度模拟软件相比,Synchro 软件主要具有以下功能。

(1)输入输出功能:Synchro 不仅能导出视频的各种 AVI 格式,还具有更多的项目进度管理和生成进度报告的能力,并且能生成实时工程量分析和资源使用报告。

(2)自动匹配功能:Synchro 软件中可以利用进度和 3D 模型构建关键字,实现进度计划与模型基于关键字的自动匹配,避免人为操作。

(3)进度变更功能:用户可以在 Synchro 中创建进度计划,并且对进度计划进行相应修改。

（4）冲突检测功能：Synchro 中不仅具有冲突检测能力，而且能够检测出随着施工进程出现的碰撞和冲突并支持在模型中进行标记。

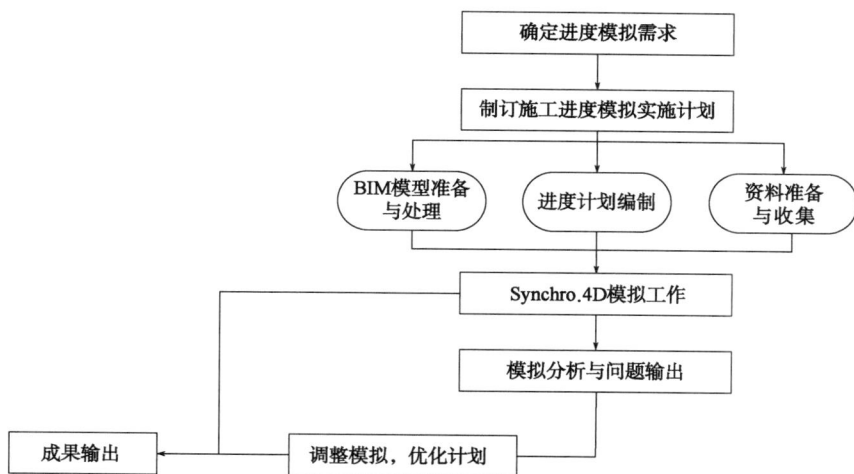

图 5-1　Synchro 施工进度模拟流程

单元二　Synchro 基础入门

一、系统界面布局

缺省情况下，Synchro 系统界面布局如图 5-2 所示。

（1）快速访问工具栏：包含常用图标。快速访问工具栏图标可以通过左键单击工具栏最右边向下箭头，选择"更多命令"来自定义。

（2）主菜单：按照类别对功能进行排序显示。

（3）工具栏：包含常用快捷键，单击鼠标右键调出工具栏。

（4）资源列表：以列表形式显示资源和 3D 对象。

（5）任务列表和甘特图窗口：显示任务列表，可以进行任务的创建、修改以及逻辑关系的操作。

（6）3D 窗口：显示 3D 资源。

（7）属性栏：包含任务属性、资源属性、3D 属性、3D 窗口属性。

二、工作面管理

1）窗口调整

将鼠标悬空放置于"3D 窗口"，待出现双箭头光标 ╪，用鼠标左键选择该图标，按住并向上拖动 3D 窗口,即可将窗口变大。Synchro 中的所有窗口都可以通过此方法调整大小。

图 5-2　Synchro 系统界面布局

2)解锁与移动窗口

(1)双击窗口标题可解锁窗口(图 5-3)。

图 5-3　解锁窗口

要解锁单个选项卡,请左键单击该选项卡并在移动鼠标的同时按住鼠标按钮。该选项卡将解除锁定,并单独生成新窗口。

(2)如果有多台显示器,则可将新窗口移至另一个屏幕。

(3)解锁后,若要调整窗口的大小,将鼠标悬停在窗口角点处,直到出现一个对角箭头,然后左键单击并移动到所需的大小。

(4)若想要将窗口恢复到解锁前的位置,再次双击窗口标题即可。

(5)若要将窗口重新锁定到其他位置,左键单击并拖动窗口标题,将鼠标移至另一个窗口上,直到出现"智能窗口放置图标"。将鼠标悬停在其中任意一个图标上将显示窗口放置于该位置的蓝色预览图,释放鼠标按钮放置窗口即可(图 5-4)。

3)窗口布局

点击主菜单选项卡中选择"窗口",可自主恢复已关闭的窗口;点击主菜单选项卡选择"窗口→重置布局",可将当前视图布局恢复至系统默认状态(图 5-5)。

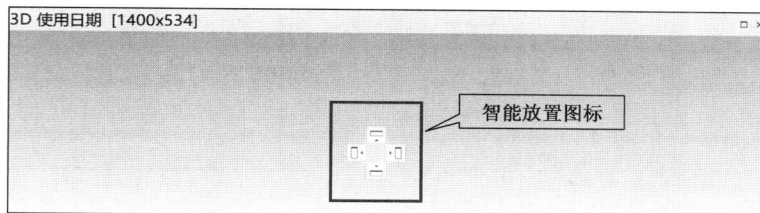

图5-4　窗口位置的调整

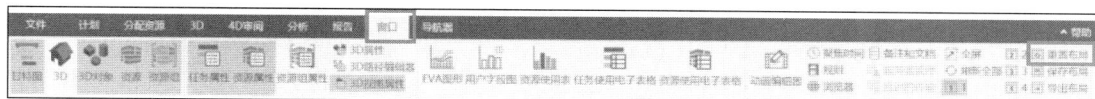

图5-5　重置窗口布局

三、甘特图设置

甘特图又称为横道图,其通过条状图来显示项目、进度和其他时间相关的系统进展的内在关系随着时间进展的情况。以下反映甘特图的设置步骤。

1)导入进度计划

导入的进度计划表如图5-6所示,鼠标左键单击"甘特图"选项卡,将显示导入进度表的甘特图。

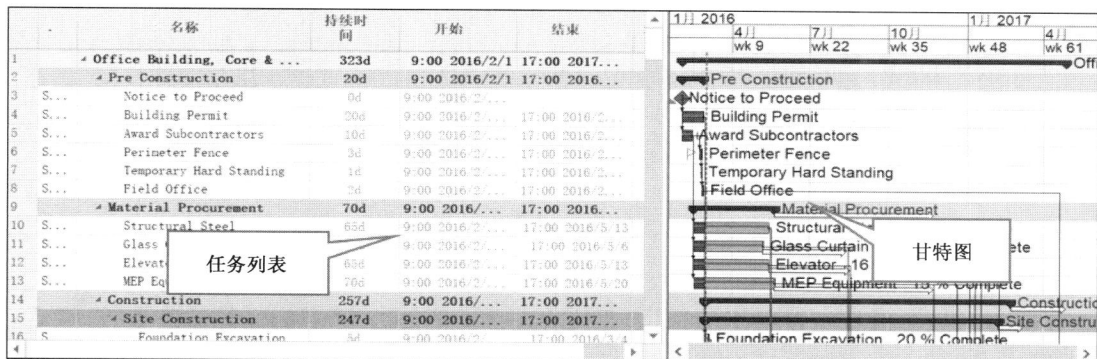

图5-6　进度计划表

2)甘特图操作

(1)将鼠标移至甘特图窗口区域。若要平移,请按住鼠标中键,然后向上、向下、向左或向右移动鼠标。若要缩放,向前滚动鼠标中键,向前和向后滚动分别为放大和缩小。

(2)进度表是根据工作分解结构(WBS)来编制的。在"计划"选项卡→"组"面板中,确保甘特图模式设置为"WBS"(图5-7)。进度表也可以根据活动代码或列表(无树状结构)来编制。

(3)在"任务列表"中,单击任意总任务旁边的━或◢图标可将进度表折叠到该任务级别。折叠后,单击➕或▷图标可展开总任务。

图 5-7　甘特图显示选项

（4）在"任务列表"中单击右键并选择"折叠"→"全部"可查看最顶层任务。

3）自定义列

Synchro 可通过添加或删除列，或者更改列的顺序和名称来自定义任务列表中的列。

（1）右键单击任务列表标题行，选择"自定义列"，将打开"自定义栏"窗口（图 5-8）。

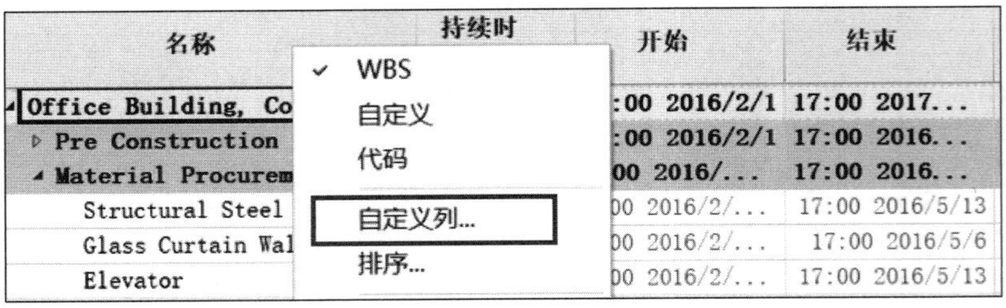

图 5-8　"自定义栏"窗口

（2）在"自定义栏"窗口中，可根据需要选中左侧"可选取栏"下的任意任务参数，然后点击右箭头将所选的任务参数向右移至"已选取栏"下（图 5-9）。

（3）若要移除任务列表中的某一列，选中"已选取栏"下的任务参数，点击左箭头将参数移回"可选取栏"。

（4）添加或删除任务参数后，选中"已选取栏"列中的任务参数并点击"上"或"下"，可为其重新排序。同样，也可以通过选中参数并点击"重命名"选项来重命名列标题。

4）日期显示

任务列表中的时间和日期格式都可以更改为符合本地习惯的格式。

（1）在"快速访问工具栏"中，选择"选项" ⚙ 图标，将打开对话框，其中包含与 Synchro 有关的许多设置，如甘特图、3D 视点、进度编制和模型同步等个性化设置。

（2）展开"通用"标签，然后选择"时间显示格式"。

图 5-9 "已选取栏"窗口

四、导入 3D 模型

Synchro 可导入 58 种文件类型的 3D 模型(包括 DWF、DWG、DGN、SKP、3D PDF 和 IFC),并允许将多个类型的文件导入同一 Synchro 项目中。

1)导入 3D 文件

(1)选择"文件"选项卡→"导入"→"3D"。

(2)点击"浏览",选择要导入的 3D 文件。

(3)选择"打开"。

(4)选中"下一步",查看导入设置(图 5-10)。

(5)选择"下一步"可查看有关导入对象几何位置、比例和旋转的其他导入设置。

(6)保持其他选项默认状态,选择"Import"(图 5-11)。

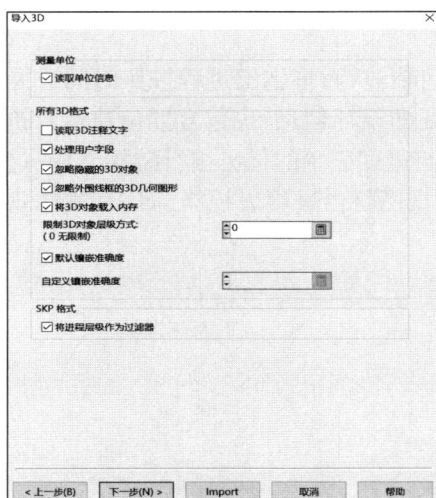

图 5-10 导入设置设定窗口

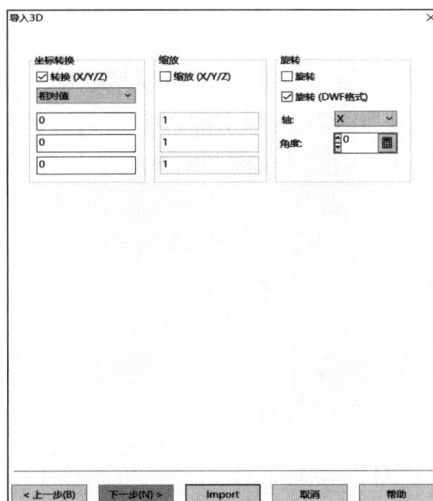

图 5-11 选择"Import"

（7）导入完成后，将出现"资源导向"窗口。

2）认识资源

（1）将 3D 对象导入 Synchro 时，它们在 3D 窗口中仅可供查看和编辑的几何体，没有任何含义。

（2）为了将 3D 几何体与项目进度表相关联，必须将几何体转换为资源。这些资源被认为是"3D 资源"，但实际上是 3D 对象名称的副本，多个 3D 对象组合在一起也可以形成一个 3D 资源。

（3）资源是指项目计划使用的任何资源。在 Synchro 中，资源分为设备、人力、空间和材料四类。

五、3D 窗口操作

操作 3D 窗口，推荐使用带有鼠标左键、中键、右键和滚轮的鼠标，基本指令如表 5-1 所示。

3D 窗口基本指令　　　　　　　　　　　　　　　　　表 5-1

缩放全部	单击鼠标右键选择"缩放"→"缩放全部"
缩放	向前或向后滚动鼠标滚轮，以放大和缩小
旋转	左键单击 3D 窗口中任意一点并按住鼠标左键，移动鼠标旋转视图
平移	按住鼠标中键的同时上下左右移动鼠标
视点棱块	左键单击棱块上的点或面，视图将会旋转到该视点；或用左键按住棱块底部的圆形标记进行旋转
剖分面	在 3D 窗口单击右键，选择"剖分面"，展现模型中某一部分的剖面情况

单元三　创建 4D 模型

一、创建步骤

4D 模型指在传统 3D 建筑模型基础上加入时间轴，从而将施工过程按照时间进展进行可视化模拟，因此 4D 模型中即包含建筑实体几何特征的设计信息，也包含如何建造建筑物实体的施工信息。创建 4D 模型的关键在于将 3D 对象与进度表中的任务进行链接，这一过程称为 4D 链接过程。当链接过程完成后，模型在 3D 中的视图将由进度表控制，而 3D 视图则会展示进度表的内容。链接基本步骤如下：

（1）左键单击选中任务。

（2）选择"外观配置"。

（3）选中资源。

（4）将资源分配给任务。

二、选中资源

资源被选中后，将在 3D 窗口突出显示为紫色。也可自定义颜色，具体操作："配置"选项卡→"选项"→"3D 视口"→"颜色"→选择高亮（图 5-12）。

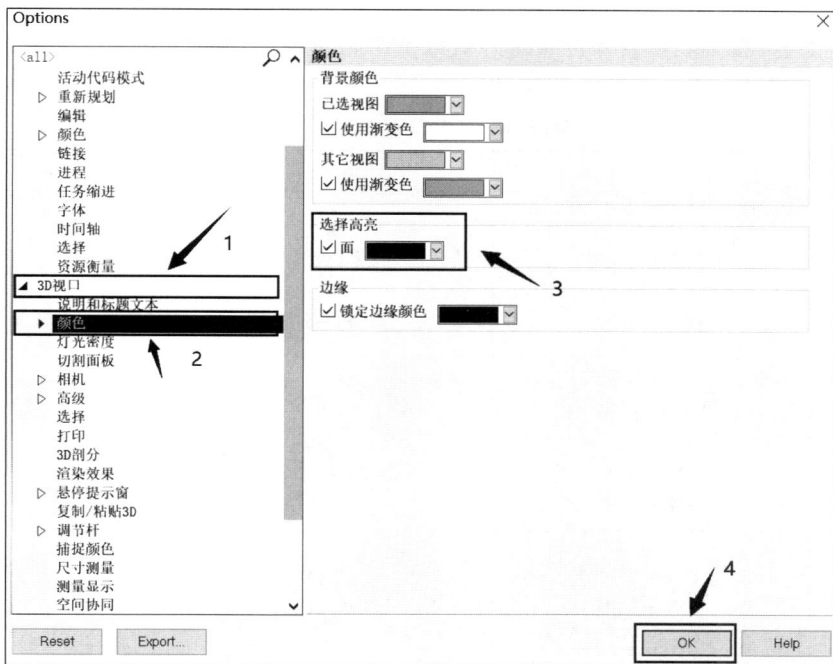

图 5-12　自定义颜色

选中单个（或多个）资源方法有：

（1）左键单击：左键单击 3D 窗口中的对象可选中该对象。相同对象点击两次即取消选中。

（2）Shift 键功能：当"启用单击选中模型"被禁用时，按下 Shift 键并单击鼠标左键也能在 3D 窗口中选中对象。按住 Shift 键的同时可选中多个对象，此时点击两次的对象不会被取消选择。

（3）Ctrl 键功能：当"启用单击选中模型"被禁用时，按住键盘上的 Ctrl 键与按住 Shift 键功能类似，但相同对象选择两次将被取消选择。

（4）导航器/窗口选项卡：可以在"3D 对象"选项卡，"资源"选项卡或"3D 过滤器"选项卡中选中 3D 对象或资源。

（5）窗口框：默认情况下，在 3D 窗口中单击右键并启用"选择工具"→"窗口"，可使用窗口框来批量选中 3D 对象。

三、外观配置

将资源分配给任务时选择的外观配置决定了资源在任务开始之前、进行期间和结束之后的表现形式。外观配置的主要作用有：

（1）根据资源所属的施工行为："安装""保持""临建"或"删除"，控制资源何时可见。

（2）控制任务开始之前和完成之后对应的 3D 窗口中资源的颜色。

（3）控制任务进行期间3D模型的增长过程或透明度取值。

选择"导航器"选项卡→"4D可视化"面板→"外观配置"。在"外观配置"选项卡中的"系统文件"标签下,可看到软件自带的4个外观配置。将资源分配给任务时将会使用这些配置,它们的功能如表5-2所示。

Synchro"外观配置"功能介绍　　　　　　　　　　　　　　　　　　　表5-2

外观配置	聚焦时间		
	任务开始前	任务进行中	任务完成后
安装	起始时外观	激活时外观	结束时外观
保持	起始时外观	激活时外观	结束时外观
临建	起始时外观	激活时外观	结束时外观
删除	起始时外观	激活时外观	结束时外观

以上是系统自带的4种外观配置,都可以直接使用。

四、任务链接

将3D对象链接到进度表中的任务有5种不同的方法:

（1）通过在3D窗口中单击右键进行分配。

在任务列表中选中任务→在3D窗口中选中对象,使其高亮显示→在3D窗口中单击右键并选中"指派到选定任务"。

（2）通过在3D窗口中拖放进行分配。

在3D窗口中选中对象,使其高亮显示→按住键盘上的Ctrl和Alt键,然后按住鼠标左键,将光标拖到任务上,完成分配。

（3）使用"Ctrl + Shift + A"快捷键分配。

选中任务→选中对象,使其高亮显示→点击3D窗口,然后同时按住键盘上的Ctrl、Shift和A键。

（4）通过资源或3D对象选项卡中单击右键进行分配。

选中任务→打开"资源"或"3D对象"选项卡→选中对象,使其高亮显示→右键单击该3D对象或资源名称,然后选中"指派到选定任务"。

（5）通过在资源选项卡中拖放进行分配。

打开"资源"选项卡→在资源列表中选中对象,使其高亮显示→按住鼠标左键并将其拖放到任务上。

五、纠正资源

如果发现将资源分配给了错误的任务,则可以使用以下选项之一进行更正。

（1）在"任务属性"选项卡→选中"资源"标签→右键单击想要纠正分配的资源→点击"取消指派"。

（2）也可以选择3D窗口中的想要纠正分配的3D对象,单击右键,选择"从已分配的任务中删除分配"。

（3）如果分配对象到制定任务时选用了错误的外观配置,则可以通过在"任务属性"选项卡→"资源"标签中选中想要纠正外观配置的资源,并从"外观配置"下拉框中选择正确的外观配置来纠正错误。

六、操作范例

某梁桥下部结构施工过程为:桩基→系梁→墩身→盖梁→垫石。下面练习如何将资源"桩基"分配给相应任务。

（1）单击左键选中任务列表中的"桥梁下部结构施工",使其高亮显示为黄色。

（2）在3D窗口中,左键单击选中桩基（图5-13）。

图5-13 选中桩基

（3）在3D窗口中单击右键并从菜单中选择"指派到选定任务"（图5-14）。

（4）此时在任务列表中,可看到任务"桩基"在"3D"列的单元格变成蓝色,表示已经分配3D资源。单元格的数字表示某任务已分配3D资源的数量。对于任务"桩基",此时"3D"列对应显示"2"（图5-15）。

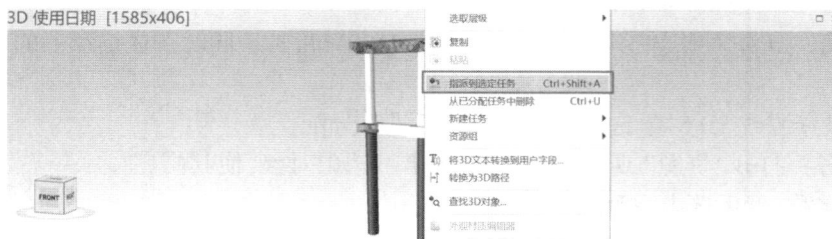

图 5-14　从菜单栏中选择"指派到选定任务"

图 5-15　任务列表状态栏

（5）在红色三角形所在的时间轴上，左键单击该三角形，可左右拖动聚焦时间。可以移动到进度表的任意位置，查看对应时间点的 3D 模型状态（图 5-16）。

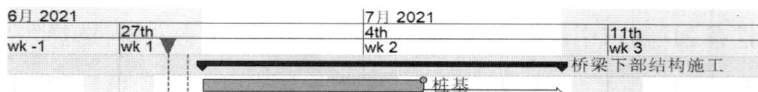

图 5-16　甘特图中的聚焦时间

（6）移动"聚焦时间"到任务"桩基"开始之前的任意位置。由于此时 3D 对象"桩基"尚未浇筑，所以该对象在 3D 窗口中不可见（图 5-17）

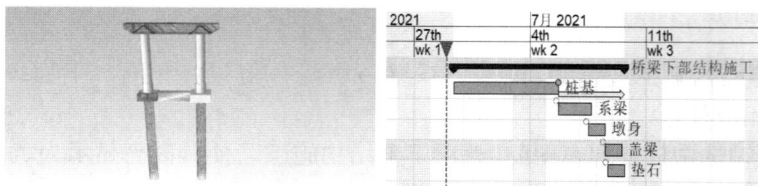

图 5-17　"桩基"尚未浇筑时的 3D 窗口

（7）移动"聚焦时间"到任务"桥梁下部结构施工"的开始位置，缓慢拖动"聚焦时间"到任务结束位置，可看到在此期间桩基从下到上增长（外观配置"从下到上增长"的应用效果），如图 5-18 所示。

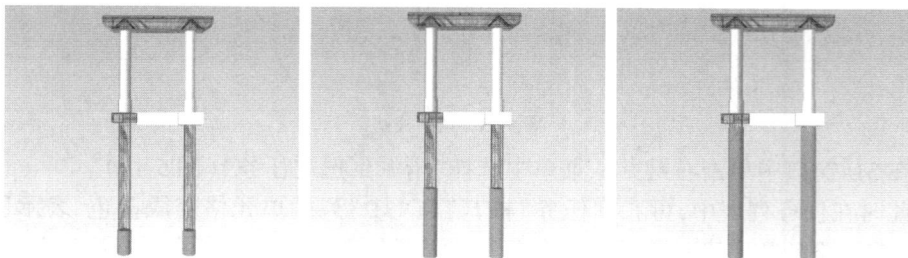

图 5-18　外观配置"从下到上增长"的应用效果

（8）再移动"聚焦时间"到任务"桥梁下部结构施工"结束后的任意位置,此时桥梁下部结构施工完毕。所以 3D 对象"桩基"在 3D 窗口中可见并且显示其原始颜色(图5-19)。

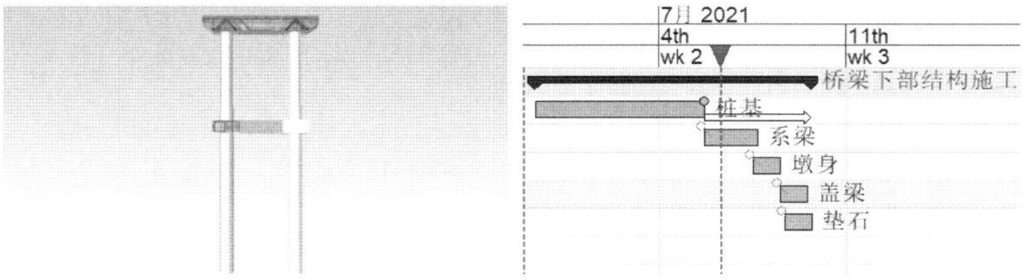

图 5-19　任务结束后的 3D 窗口

单元四　编辑 4D 计划

一、编辑内容

4D 计划是施工项目 3D 模型与进度计划间建立的双向链接,为 3D 模型加入时间属性,将随着时间变化的空间进行可视化模拟,其编辑内容主要包括:

（1）添加设备。

（2）编辑 3D 对象。

（3）编辑 3D 路径。

（4）同步 4D 计划。

二、添加设备

除施工模型外(建筑、场地等),Synchro 还能导入设备模型,如混凝土搅拌运输车、起重机、挖掘机,并模拟其在施工现场的运行。

1）导入设备模型

Synchro 软件自带有设备模型库,可以从 Synchroltd.com 上免费下载,或者点击甘特图选项卡旁——"支持"选项卡界面的"设备库"图标。Synchro 设备模型库中的模型均经过优化处理,如有需要也可以导入模型库外的模型。

（1）选中"文件"选项卡→"导入"→"3D",导入某桥下部结构模型,选中"Detailed Crawler Crane.dwf"(履带式起重机)。

（2）选择"打开",然后点击"Import"。

（3）选中"指派到新的资源",然后点击"下一步"。

（4）重命名为"起重机"。

（5）将资源类型设置为"设备",点击"下一步"。

（6）选择"全部指派到此资源,不建立树状结构",点击完成。

（7）打开"3D 对象"，勾选"起重机"，即可在"3D 窗口"中看到起重机模型（图 5-20）。

图 5-20　起重机模型

2）设备外观配置

将设备模型分配至任务时，选择合适的外观配置，可以更形象地表达 4D 施工过程。

（1）打开"外观配置"选项卡，单击右键，选择"添加"，创建一个新的自定义配置。

（2）将此配置重命名为"设备安装"，并使其处于选中状态。

（3）在"通用"标签栏，将"类型"设置为"安装"。

（4）在"活动外观"部分，勾选"原始颜色"前的方框。

三、编辑 3D 对象

3D 对象的编辑方式有复制、粘贴、删除、移动、缩放和旋转。

1）复制和粘贴

Synchro 中可以复制与粘贴任何对象，无论对象是在 Synchro 中创建的还是外部导入的。以复制已有的"起重机"模型为例。

（1）选中对象"起重机"，如图 5-21 所示。

图 5-21　选中对象"起重机"

（2）在 3D 窗口中单击右键，列表中选择"复制"。

（3）再次单击右键，选择"粘贴"。

（4）新复制的"起重机"与原来的位置相同。此时还需要为其指派资源。

（5）在出现的"资源向导"窗口中选择"指派到新的资源"，点击"下一步"。

（6）重命名为"临时起重机"，将"类型"设为"设备"，点击"下一步"。

（7）选择"全部指派到此资源，不建立树状结构"，点击"完成"。

2）移动与旋转

新复制的对象与原来的对象的位置重叠，需要将其移动至正确位置，在 Synchro 中可以利用图形调节杆移动、旋转和缩放 3D 对象。通过"简单调节杆"，可以在水平和垂直方向移动对象,同时也能使对象绕某根轴(X,Y或Z)旋转。

(1)在"临时起重机"仍被选中的前提下,在3D窗口中单击右键,选择"编辑"→"简单调节杆",可以看到被选中物体附近出现调节杆。如此时未出现调节杆,再单击右键,选择"可见性设置"→"坐标轴",此时调节杆将出现。

(2)使用调节杆的方法:将鼠标悬停在目标方向的箭头上直到其变化。左键单击并拖动"直线箭头"使得对象沿着该轴移动,单击拖动"圆周箭头"使得对象沿着该轴旋转。拖动过程中界面将显示对象的半透明预览,释放鼠标即可放置对象(图5-22)。

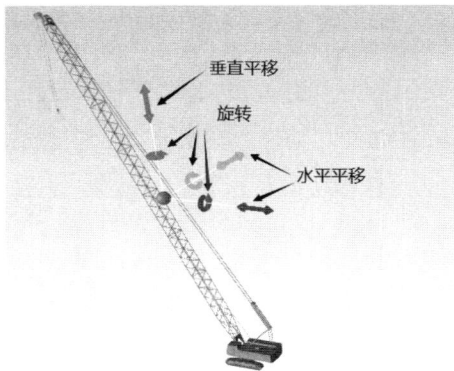

图5-22 调节杆的使用

(3)按Esc键退出调节杆并取消选中对象。

3)删除

(1)点击3D窗口任意位置,按Esc键取消选中所有对象。

(2)在"3D对象"选项卡中,点击选中原有对象"起重机",按Delete键→选中"删除3D对象及已指派对象"→"确认",实现删除操作(图5-23)。

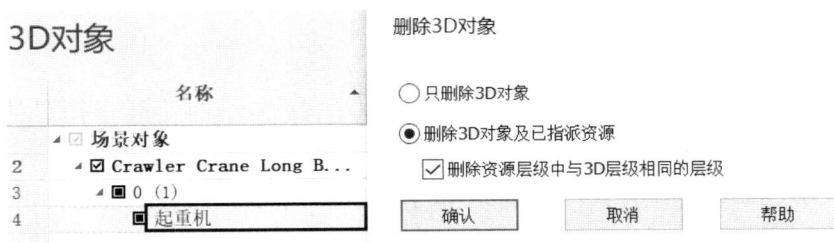

图5-23 删除操作

四、3D路径

"3D路径"可用来展示某一对象的计划移动路线。下面通过绘制一条3D路径,展现"起重机"在"桥梁下部结构"施工过程中的变化。

1)创建路径

(1)选中任务"下部结构",在甘特图中将聚焦时间移至该任务的结束时刻。

(2)在3D窗口中,右键点击"缩放"→"缩放全部"。然后将起重机水平移至桥梁左前方位置并调整方向,使其正对桥梁。调整结果如图5-24所示。

(3)确保"捕捉"工具栏只有"启用对齐"和"捕捉到表面"被选中(图5-25)。

(4)通过"3D"选项卡→"3D路径"面板→"创建3D路径",可创建3D路径,或在3D窗口中单击右键,选择"新建"→"3D路径"。

(5)在移动鼠标的过程中,对象表面将出现绿色的轮廓线,轮廓线内的绿点为3D路径的预览起点。在起重机履带处双击鼠标左键放置路径的第一个点。

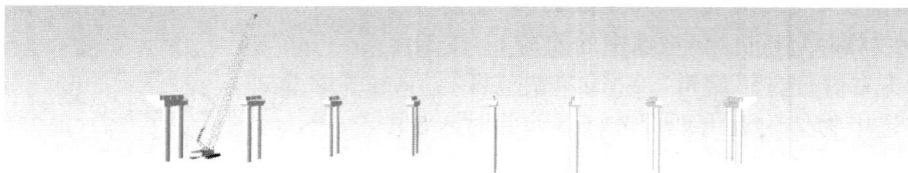

图 5-24 调整后的 3D 窗口

图 5-25 "捕捉"工具栏

（6）按图 5-26 所示沿桥下部结构的外围绘制 3D 路径,单击右键即可完成路径绘制。

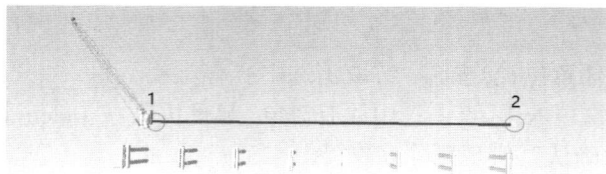

图 5-26 绘制 3D 路径

（7）将路径命名为"吊装",点击"确认"。

（8）创建的路径将出现在"3D 路径"选项卡内。"3D 路径"选项卡打开方式:功能区"3D"选项卡→"3D 路径"面板→"3D 路径"。

（9）单击 3D 窗口任意位置,按 Esc 键取消对象选中,此时可看到路径在 3D 窗口中显示为红色,如图 5-27 所示。

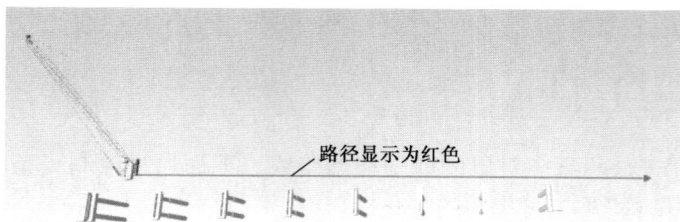

图 5-27 路径在 3D 窗口显示为红色

2）将 3D 路径分配给资源

3D 路径创建后,需与分配给特定任务的"资源"建立联系,这样在任务实施的过程中,资源即可沿着创建的路径移动。

（1）在 3D 窗口中选中"起重机",将其分配给任务"下部结构",外观配置选择"设备临建",起重机将在该任务完成后消失。

（2）选中任务"下部结构",在"任务属性"选项卡→"资源",可看到已分配给该项任务的资源列表。

（3）展开"设备资源"，在资源树的最底层选中"Block-crawler carne"。在3D窗口以及资源列表中可看出其处于选中状态。

（4）在"任务属性"选项卡→"资源"标签，滚动鼠标找到"3D路径"面板。

（5）从"3D路径"下拉列表中选择路径"下部结构"。

（6）将"对齐方式"改为"Z Max"，使起重机在路径上方移动。

3）编辑3D路径

3D路径创建后，路径上的每个点都被存为一个关键帧。用户可通过编辑关键帧的值调整路径。

需在选项卡"3D路径编辑器"中编辑3D路径，具体操作如下：

（1）"3D"选项卡→"3D路径"面板→"3D路径编辑器"。

（2）在"3D路径编辑器"→"通用"标签下，确认名称为"吊装"。

五、同步4D计划

在Synchro软件外对导入的源文件进行设计修改时，"同步"功能可以使得在修改3D模型或进度计划的同时，保留Synchro文件内进度任务与对象模型之间已建立的分配链接关系。

1）同步3D模型

（1）选择"导航器"选项卡→"项目数据"面板→"外部数据"。

（2）选中需同步的3D文件名→单击右键选择"同步于"。

（3）浏览并选中相应文件→单击"Synchronise"即可同步到最新的3D模型。同步后，会生成一份包含所有更新变动的报告，在报告中可以看出原3D模型中发生删减、缺失和增加的3D对象。

2）同步进度计划

（1）通过"导航器"选项卡→"项目数据"面板→"外部数据"，选中需同步的进度文件名，单击右键选择"同步于"。

（2）同步进度计划时，通过选择同步选项"Synchronise（完全同步）""Consolidate（汇总）""Integrate（整合）"或"Skip（保持原状）"，定义更新过后进度表的属性。

单元五 动画制作

一、创建动画

Synchro中创建4D计划后，可创建项目实施过程的4D动画并导出视频作为展示材料。动画可以展示整个项目的概览，或聚焦于某些任务在某一时间段的实施过程。下面创建一个绕桥梁四周旋转的概览动画，展示桥梁施工的过程。

（1）为避免最终视频在展示时某些画面的缺失，建议在创建动画前，将3D窗口设置为与期望视频播放窗口相同或近似的长宽比。通过双击3D窗口的标题栏或是左键拖动，解锁3D

窗口。

（2）3D 窗口的大小显示在窗口左上角标题处，可在 3D 视图属性→3D 窗口尺寸中将窗口的大小改为期望的比例值。

（3）在"3D 过滤器"选项卡中确保桥梁所有对象都被勾选。

（4）在甘特图中移动"聚焦时间"至"下部结构"结尾处，然后将 3D 窗口的视点调至如图 5-28所示，使其可以展示整个桥梁结构。

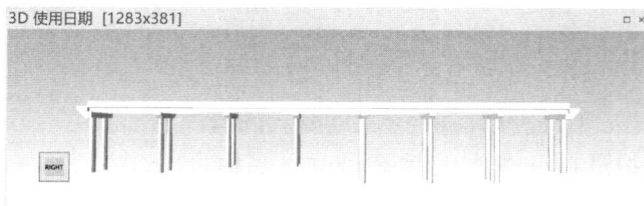

图 5-28　创建动画前相关设定

（5）通过"4D 审阅"选项卡→"动画"面板→"动画"，打开动画选项卡，在空白处单击右键选择"添加"，将创建一个新动画，重命名为"施工演示"，使其保持选中状态。

（6）通过"4D 审阅"选项卡→"动画"面板→"动画编辑器"，打开"动画编辑器"窗口。

（7）将鼠标移至动画编辑器内，滚动鼠标滚轮重置时间间隔（图 5-29）。

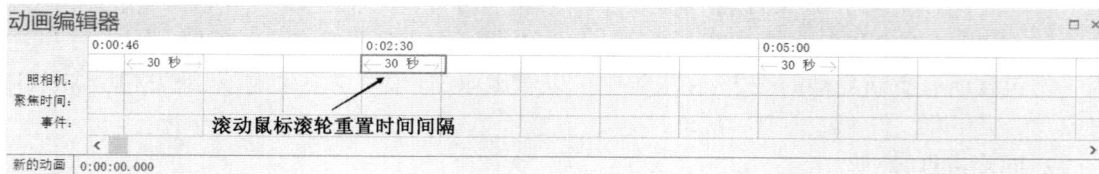

图 5-29　重置时间间隔

（8）定义动画的起点：在甘特图中移动"聚焦时间"至任务"桩基"开始处。

（9）在"动画编辑器"中"聚焦时间"栏第 0s 处单击左键，将出现一个黄色关键帧标记◇。

（10）定义动画的结尾：在甘特图中移动"聚焦时间"至任务"上部结构"结尾处。

（11）在动画编辑器中"聚焦时间"栏第 30s 处左键单击，出现另一个黄色关键帧标记◇。

（12）选中并拖动"动画编辑器"（不是甘特图）中的"聚焦时间标记线"预览动画。也可以通过选中"4D 审阅"选项卡→"播放模式"面板→"播放动画"，然后在"播放器"面板下，点击"移至开始"，再点击"播放"即可实现预览。

（13）在动画编辑器中"照相机"栏第 0s 处左键单击创建一个照相机视点，定义动画第 0s 处在 3D 窗口中的视点。照相机栏将出现一个青色的照相机关键帧标记◆。

（14）在"动画编辑器"中（不是甘特图）将"聚焦时间标记线"移至时间轴第 5s 处的位置。

（15）调整 3D 窗口至如图 5-30 所示的视点。

（16）在动画编辑器中"照相机"栏第 5s 处单击左键，保存这一时间点对应的视点（图 5-31）。

（17）在"动画编辑器"将"聚焦时间标记"往前移至第 10s 处。

图 5-30　调整 3D 窗口的视点

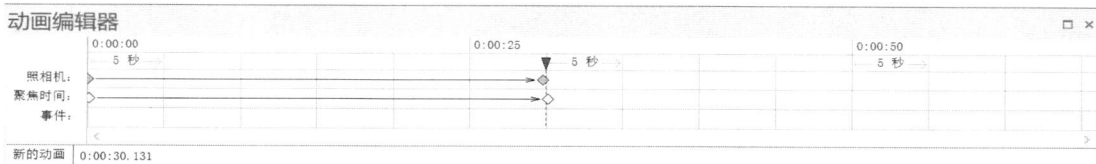

图 5-31　保存相应时间点的视点

（18）再次旋转 3D 窗口，调整视点如图 5-32 所示。

图 5-32　再次调整 3D 窗口中的视点

（19）在动画编辑器中"照相机"栏第 10s 处左键单击，保存这一时间点对应的视点。

（20）重复步骤（17）～（19）四次，每 5s 设置一个相机点，使动画效果为绕整个建筑物一周。

（21）在动画编辑器中拖动"聚焦时间标记"预览整个动画，或在"4D 审阅"选项卡→"播放模式"面板→"播放动画"，然后在"播放器"面板下，点击"移至开始"，再点击"播放"。

二、编辑动画

预览动画以后，可能会发现需要调整某些相机角度。

（1）在"照相机"栏右键蓝色标记◆，选择"对齐到视点"。

（2）调整 3D 窗口至期望的视点。

（3）在"照相机"栏右键蓝色标记◆，选择"用当前视点"。

（4）在聚焦时间标记线与相机通道相交处单击左键即可添加时间点。

制作动画时，有时希望压缩持续时间较长的任务以加快速度，而短小任务则希望延长时间、放缓速度，这些可以通过"聚焦时间"栏来实现。

（5）要想移动关键帧，鼠标在关键帧上悬停直到出现双向箭头，按住左键即可拖动。将两个"聚焦时间"关键帧移动更近些意味着加速两者之间的任务，将关键帧离得更远则意味着减速。

三、导出动画

动画创建后,可以导出为 AVI 文件。AVI 文件可以方便共享,也可以在任意一台计算机上用播放器播放。

(1)在 3D 窗口中右键,选择"可见性设置",确保"坐标轴""网格"和"3D 路径"均处于关闭状态。

(2)选择"4D 审阅"选项卡→"动画"面板下的"动画",右键单击"施工演示",选择"导出动画"。

(3)"浏览"选择合适的位置,点击"保存"。

单元六 应用案例

一、概述

1)案例背景

某公路悬索桥,全长为 360m,主桥采用(40 + 118 + 40)m 预应力混凝土自锚式双塔悬索桥,桥面全宽 24m,采用预应力混凝土连续箱梁、钻孔灌注桩基础。西引桥采用 4 × 28m 预应力混凝土简支箱梁 + 16m 钢筋混凝土简支箱梁,下部结构采用柱式桥墩、钻孔灌注桩基础。东引桥为一跨 25.3m 钢筋混凝土简支箱梁,下部结构采用柱式桥墩、钻孔灌注桩基础。全桥桥型布置如图 5-33 所示。

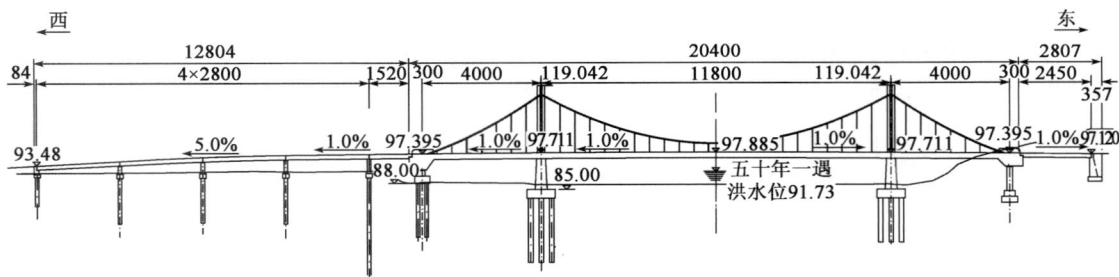

图 5-33 全桥桥型布置图(尺寸单位:cm;高程单位:m)

2)工作流程

利用 Synchro 进行施工进度计划模拟的核心是 4D 模型的创建,通过导入三维 BIM 模型和施工进度计划,对带有工程信息的 3D 模型附加时间维度,将三维 BIM 模型与施工进度计划进行关联,形成 4D 模型;再基于 4D 模型对项目进度情况按照计划的时间节点进行模拟,对施工和过程中出现的工作内容、作业工序、施工所需要的施工资源进行控制与管理,提前预防施工过程中可能遇到的问题,达到提升作业效率的目的。具体工作流程如图 5-34 所示。

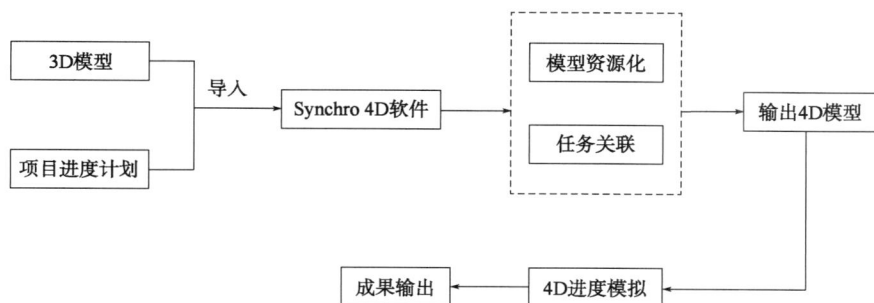

图 5-34　基于 BIM 技术的施工进度模拟流程

二、项目进度计划

1）WBS 任务分解

根据施工技术及方案结合施工过程、施工位置和施工工艺等因素对桥梁工程进行分解，上层按施工过程分解，中层按施工部位分解，下层按施工工序分解。

（1）上层施工过程分解。根据施工工程将桥梁工程分解为前期准备、施工作业、后期验收三个阶段。前期准备与后期验收属于非实体工作，需要根据施工经验进行划分任务，不作为分解的主要内容。施工作业部分为主要的分解对象，分解工作依据 BIM 模型构件组成进行分解。

（2）中层施工部位分解。根据施工位置可将桥梁工程施工分解为若干施工段，施工段主要依据建筑物及其他配套设施的部署情况进行划分。

（3）下层施工工序分解。根据施工工序将每个施工段分解为主桥、东引桥、西引桥、附属工程等施工工序。各施工工序的 BIM 模型可只体现桥梁工程施工的具体流程，并依据桥梁构件与工序的对应关系进行细化。如下部结构对应桩基础、承台、墩身、盖梁及垫石。桥梁工程的 WBS 分解以树形层次结构图表示，具体内容如图 5-35 所示。

2）编制进度计划

进度计划表的制作由 Project 完成，主要操作步骤如下：

（1）初始设置：将新任务手动计划改为自动计划，可以自动调整时间，以加快制作流程；根据工程需求调整工作时间，如图 5-36 所示。

（2）设置完以上流程后，依次输入任务名称、工期、开始时间、结束时间及前置任务。

三、导入模型及计划

1）导入 3D 模型

通过 MicroStation 建立悬索桥三维 BIM 模型，将 BIM 模型导入 Synchro 中，导入后的效果如图 5-37 所示。

参考命令：选择"文件"选项卡→"导入"→"3D"；点击"浏览"→选择要导入的 3D 文件；选择"打开"→选中"下一步"→选择"Import"。

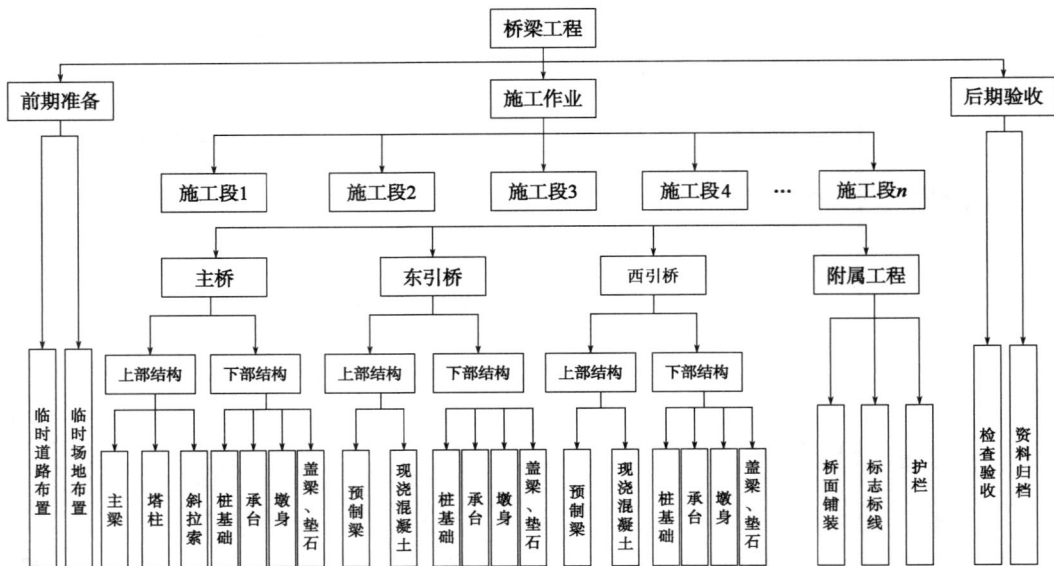

图 5-35　桥梁工程 WBS 工作任务分解

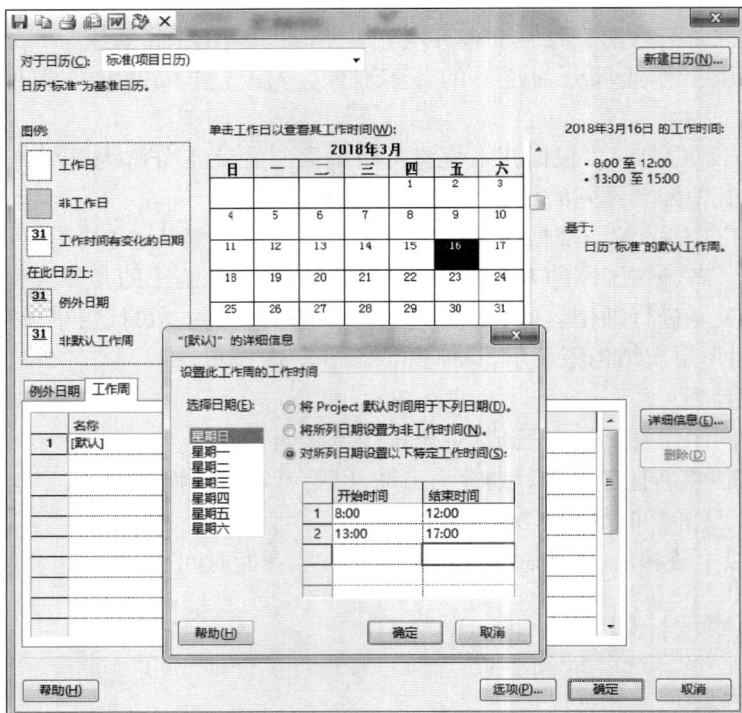

图 5-36　Project 初始设置图

2）导入进度计划

导入 XML 格式的进度计划表，导入后的效果如图 5-38 所示。

图 5-37　模型导入

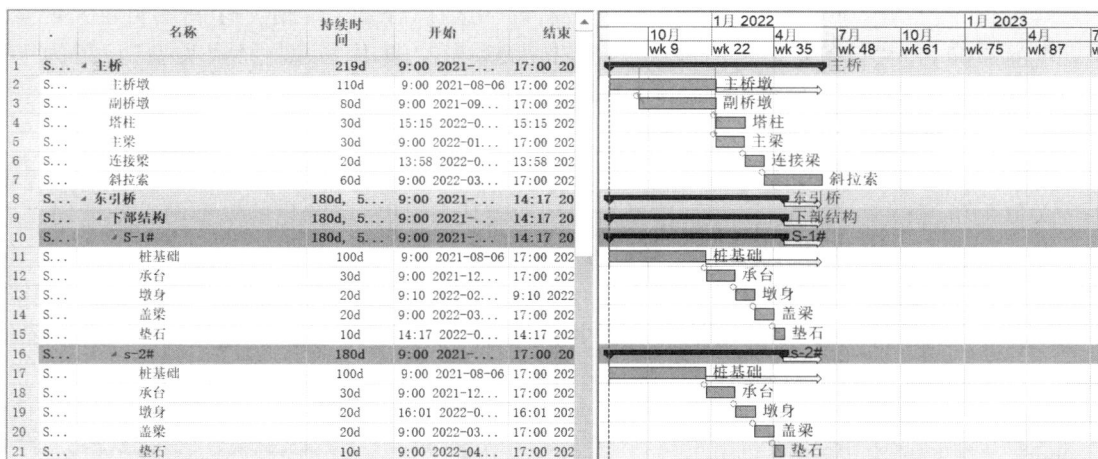

图 5-38　导入进度计划表

参考命令:选择"文件"→"导入"→选择需要导入的 XML 文件→选择"Import"。

四、创建 4D 模型

1)模型资源化

导入的 BIM 模型并不能够直接与进度计划建立联系,需要先将模型转化为项目的资源,才可以进行后续的关联操作,主要步骤为资源向导→输入资源细节→创建资源(图 5-39)。下面以设备模型资源化为例进行介绍。

(1)导入设备模型

参考命令如下:选中"文件"选项卡→"导入"→"3D",导入某桥下部结构模型→选中"Detailed Crawler Crane. dwf";选择"打开"→点击"Import";选中"指派到新的资源"→点击"下一步"→重命名为"起重机";将资源类型设置为"设备"→点击"下一步";选择"全部指派到此资源,不建立树状结构"→点击完成。

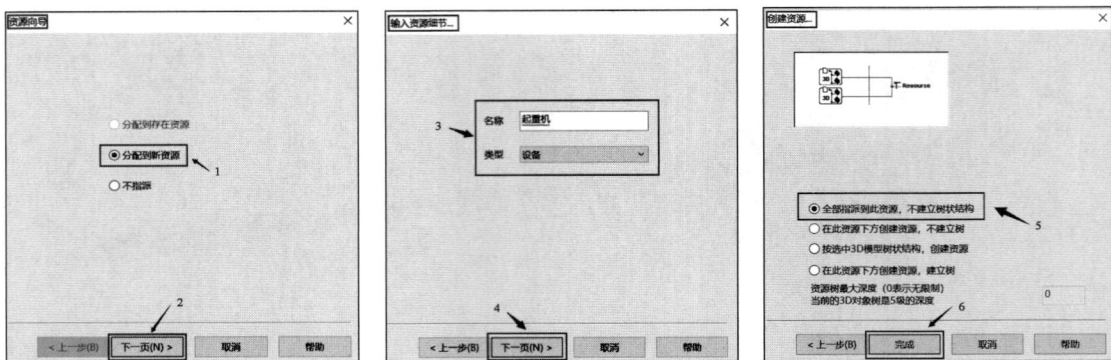

图5-39 设备模型导入过程

（2）设备外观配置

参考命令:打开"外观配置"选项卡→单击右键→选择"添加",创建一个新的自定义配置;将此配置重命名为"设备安装"并使其处于选中状态→在"通用"标签栏将"类型"设置为"安装";在"活动外观"部分,勾选"原始颜色"前的方框。

2）任务关联

将细分后的 WBS 任务关联各个施工构件模型,使进度计划与建筑构件一一对应,同时选中要关联的资源模型与进度计划后,选择指派到选定任务,即将资源化的模型与进度计划表进行关联。下面以桥梁桩基础资源的链接过程为例进行介绍。

参考命令:单击左键选中任务列表中的"桩基础",使其高亮显示为黄色→在 3D 窗口中单击左键选中桩基→在 3D 窗口中单击右键并从菜单中选择"指派到选定任务",如图 5-40 所示。

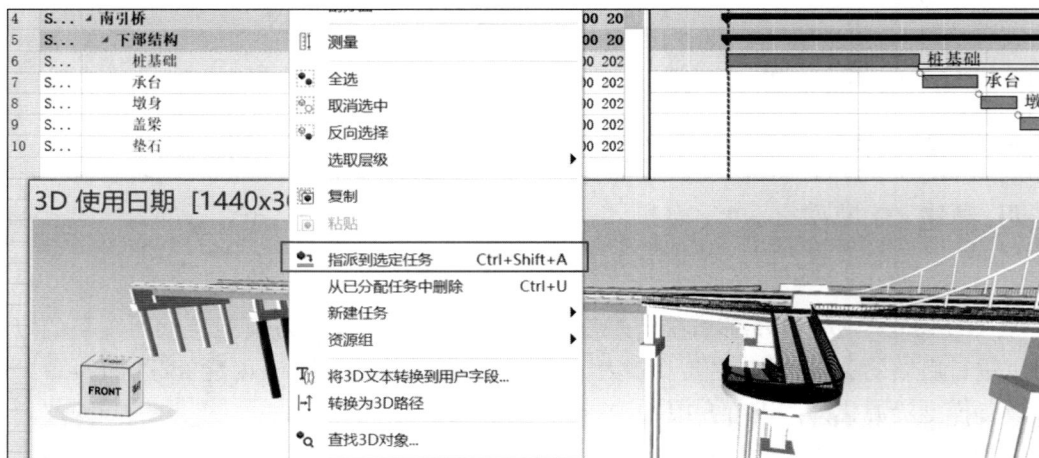

图5-40 模型与进度计划表关联

五、4D 进度模拟

在完成模型资源化和任务关联的准备工作之后,为了更好呈现模拟进度,增强模拟过程的真实性,可以为构件的出现添加动画,将模拟过程以视频的形式输出。施工进度模拟的创建过程包括。

1)编辑动画

(1)设置显示方式、颜色以及播放的时间长短(以月、周、日为时间单位)。如将增长方式设置为从下到上的样式,颜色设置为绿色,以周为进度单位进行模拟等,如图5-41所示。

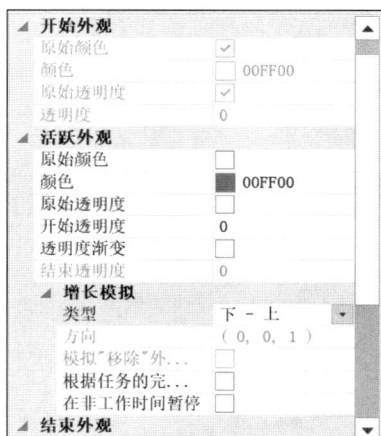

图 5-41 显示方式设置

(2)添加动画编辑器,新建动画文件,通过选择对应的进度计划,确定添加动画的关键帧的位置并添加要进行控制的相机镜头,使施工次序按照不同的时间间隔进行正序的模拟或者是逆序的模拟,形象反映整个施工的进度,如图5-42所示。

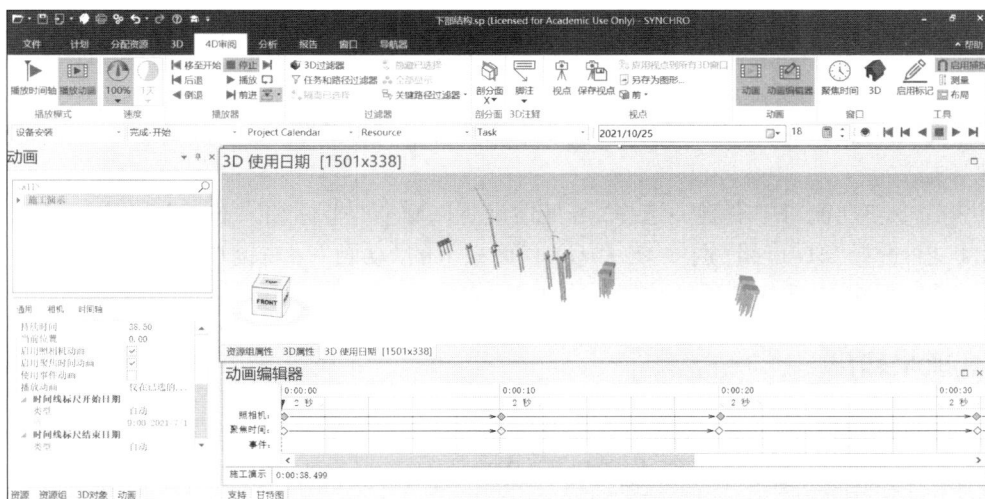

图 5-42 编辑动画编辑器

（3）不同工序的状态在三维模型上以不同的颜色进行展示，不同的施工构件可以根据不同的施工状态设置不同的颜色，可以将在建部分设置为绿色显示，如图 5-43 所示。建设完成后以建筑物的真实颜色显示，如图 5-44 所示。

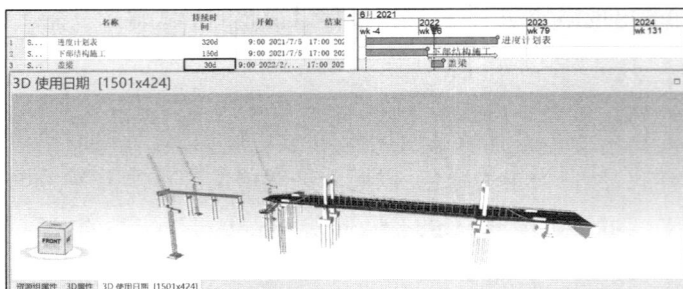

图 5-43　4D 施工模拟在建状态

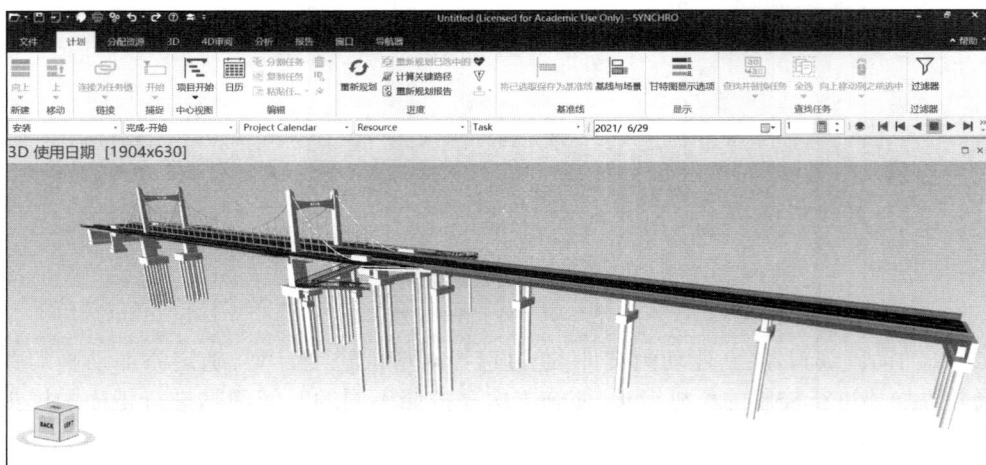

图 5-44　4D 施工模拟完成状态

2）导出动画

动画创建后，可以导出为 AVI 文件。AVI 文件可以方便共享，也可以在任意一台计算机上用播放器播放。

参考命令：3D 窗口中右键→选择"可见性设置"，确保"坐标轴""网格"和"3D 路径"均处于关闭状态；选择"4D 审阅"选项卡→"动画"面板下的"动画"→右键单击"施工演示"→选择"导出动画"；"浏览"选择合适的位置→点击"保存"。

六、成果输出

1）打印甘特图

打印甘特图时，当前界面即为打印界面，因此在任务列表中通过"自定义列"可选择要在打印图中展示的项。打印效果如图 5-45 所示。

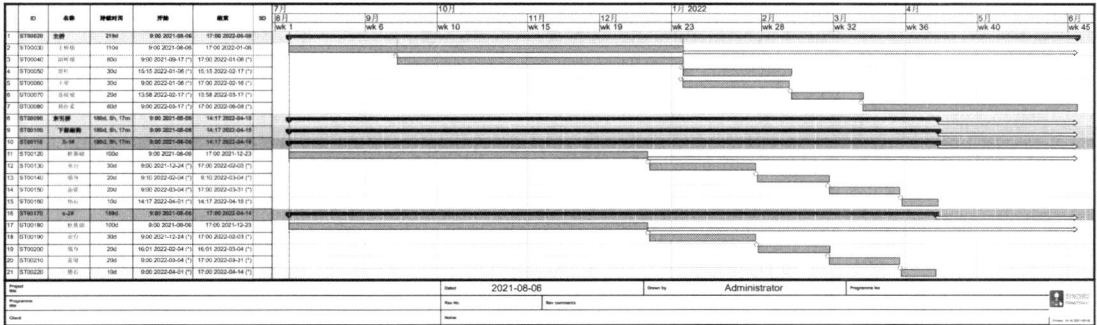

图 5-45 打印图

参考命令：利用"文件"选项卡→"打印设置"设置打印机以及页面布局→将纸张"方向"设置为"横向"→纸张大小选择"Tabloid(11×17)"→选择"文件"选项卡→"打印"；在"打印"对话框中→点击"布局"标签→将"打印视口"设置为"Gantt"→点击"打印"。

2）项目检测报表

Synchro PRO 可对项目文件进行检测。共有 11 项检测，检测完毕后将生成检测报表，包含项目丢失的资源、逻辑连接和任务等。

（1）运行检测的方法

参考命令："报告"选项卡→"进度"面板→"日程表和健康检查"。

（2）打印报表

报表可以打印或导出为多种格式，在"Direct to"下拉列表中选择要导出的格式，选项包括Printer、Preview、PDF 和 Excel。

（3）生成的报表内容

生成 11 项检测的名称和结果，用颜色来表明检测结果：测试通过（绿色）、测试失败（红色），或不适用（白色）。本应用案例测试结果如图 5-46 所示。

	Test	Description	Goal	Result
1	Missing Logic	Tasks without predecessors or successors	< 5%	7.37%
2	Leads	Relationships with negative lag	0%	0.63%
3	Lags	Relationships with positive lag	< 5%	2.53%
4	Relationship Types	Relationships other than FS type	< 10%	1.27%
5	Hard Constraints	Incomplete tasks with hard constraints	< 5%	0.00%
6	High Float	Incomplete tasks with at least 44 days float	< 5%	42.70%
7	Negative Float	Incomplete tasks with negative downstream float	0%	0.00%
8	High Duration	Incomplete tasks with at least 44 days duration	< 5%	6.74%
9	Invalid Dates	Tasks with forecasted dates before the Data Date and/or actual dates past the Data Date	< 1	0
10	Missing Resources	Incomplete tasks without scheduling resource assignments	N/A	98.88%
11	Missed Tasks	Tasks with actual finish dates later than baseline plan finish dates	< 5%	N/A
12	Critical Path Test	Checks critical path integrity	N/A	N/A
13	Critical Path Length Index	Ratio of critical path length + total float to the critical path length	>= 0.95	1.00
14	Baseline Execution Index	Ratio of the number of tasks completed to the number that should have been completed against the baseline	>= 0.95	N/A

图 5-46 生成的报表内容

本模块参考文献

［1］李永奎,韩一龙.基于4D的复杂工程计划管理:Primavera P6 与 Synchro 基础教材[M].上海:同济大学出版社,2021.

［2］刘亚非.BIM技术在公路桥梁施工模拟及检测中的应用研究[D].石家庄:石家庄铁道大学,2020.

［3］朱佟佟.基于BIM模型的桥梁施工进度模拟方法研究[D].重庆:重庆交通大学,2017.

模块六
MODULE SIX

LumenRT与场景模拟

学习目标

（1）了解 LumenRT 软件的主要功能和工作流程。

（2）熟悉 LumenRT 软件的操作界面及应用。

（3）掌握场景模拟的基础方法，能移动、旋转和缩放模型，能为场景添加植物、车辆、人物、建筑等，能更改气候和地形等，能更改材质信息，能渲染照片和输出漫游视频。

单元一 初识 LumenRT

一、LumenRT 简介

LumenRT 可以被称为"场景模拟软件"，它可以为数字化的基础设施信息模型创建一个真实的场景，从而将数字化的模型和"逼真"的场景结合起来；或者说，它是实景建模（Reality Modeling）技术的一个应用。

LumenRT 为模型提供的场景包括景观、周围场景、天气效果、光线控制，以及必要的人物、动物、交通工具、花草树木等丰富的景观库，以丰富场景。这些在 LumenRT 里创建的场景，可以提供动态的、实时的交互效果，可以在一个真实的世界里对基础设施项目进行设计推敲、交流以及相应的模拟。

LumenRT 也包括一系列的工具，可以帮助用户对导入的基础设施项目信息模型进行材质赋予，并提供丰富、开放的材质库。

LumenRT 可以将模拟的效果保存为一张高分辨率的图片、一段模拟的动画，以及可以实时交互的场景，可以被用在虚拟现实等多个领域。

二、实时沉浸式体验

如图 6-1 所示，LumenRT 建立在 e-on 软件的实时自然仿真平台上，该平台包含如下四个基本元素。

（1）构建在自然的背景中：将设计置于丰富的自然风光里。

（2）在设计系统中工作：利用平台的工具创建惊人的可视化效果。

（3）逼真的环境：可享受到高质量的图形，以及实时的自然采光。

（4）更好的写实：创造更吸引人的体验，轻松实现共享。

图 6-1　沉浸式体验

LumenRT 旨在提供高保真度的可视化，具有准确的光照、阴影和反射，是以下方面的良好解决方案：

（1）使设计与丰富的自然风光相融合，增加更多的真实感和环境背景。

（2）创建吸引眼球的图像和视频。

（3）展示和分享设计理念。

（4）向客户展示可视化 3D 模型。

（5）进行光照分析。

（6）以完全实时、逼真的三维模式展示项目。

三、LumenRT 工作流程

LumenRT 将 CAD/CG/GIS 模型转换成可实时共享的 3D 沉浸式场景模型 LiveCube。LiveCube 提供一个完全可编辑的 3D 环境，可以允许创作者将自己的模型放置在一个丰富的环境背景中，包括植物、树木、地形、水、天空、云层、人物和车辆。最重要的是，LiveCube 可以与同事、客户和消费者共享，作为独立可执行文件或通过网络流方式传输内容。LiveCube 有以下两种类型。

（1）创作式 LiveCube：包含完全可编辑的 LumenRT 场景，需要通过运行 LumenRT 软件才能对其操作。

（2）发布的 LiveCube：是创作式 LiveCube 的只读模式，可以与任何人共享，或者作为独立的可执行文件，或者以网络流方式，可以不必安装 LumenRT 软件即可查看。

LumenRT LiveCube 从创建到共享需要如下 4 个基本阶段（IEPS），如图 6-2 所示。

（1）导入（Import）：是 LumenRT 场景的初始生成阶段，通常通过从 CAD/CG/GIS 系统导出模型或将模型导入 LumenRT 来完成，导入支持的类型如图 6-3 所示。

图 6-2　四个基本阶段

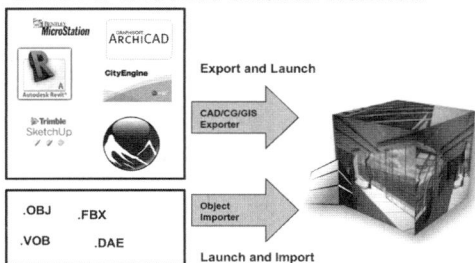

图 6-3　导入支持的类型

（2）编辑（Edit）：包含全部工具用来在 LumenRT 场景中以交互的方式添加和编辑场景中的物体，如树木、车辆、人物和地形。

（3）发布（Publish）：是创建创作式 LiveCube 的过程，包括高清图像、视频和可共享LiveCube。

（4）共享（Share）：允许可共享的 LiveCube 通过网络查看，或作为可执行文件在个人计算机上独立运行查看。

单元二　LumenRT 基础入门

一、启动 LumenRT

LumenRT 可以通过以下三种方法中的任何一种方法启动，用于交互式创作或观看。

（1）双击 LumenRT.exe 应用程序图标　：双击 LumenRT 应用程序快捷方式图标，以交互式创作模式启动 LumenRT。

（2）双击 LiveCube 文件图标　：双击扩展名为.lrt 的 LiveCube 文件启动 LumenRT。

（3）从 CAD/CG/GIS 系统导出模型：如果使用支持 LumenRT 的 CAD/CG/GIS 系统，用户可以使用 LumenRT 导出插件直接导出模型。所有支持的 CAD 系统的导出插件会在 LumenRT安装过程中自动安装。

LumenRT 导出插件在 CAD/CG/GIS 系统内自动运行，并执行以下功能：

（1）导出模型几何形状。

（2）添加 LumenRT 代理内容，如植物、建筑和车辆。

（3）将光源直接导入 LumenRT。

（4）将 CAD/CG/GIS 系统的材质映射到 LumenRT 中。

（5）导出 BIM 模型和属性信息。

（6）导出图层。

（7）导出动画路径。

二、LumenRT 导航控制

LumenRT 的基本控制快捷及相应模式下的操作快捷键如表 6-1 ~ 表 6-5 所示。

基本控制快捷键　　　　　　　　　　　　　　　　　　表 6-1

基 本 控 制	快 捷 键	描 述
主菜单	Tab	显示 LumenRT 左侧主菜单
帮助	F1	显示帮助屏幕
切换全屏	Alt + Enter	切换成全屏或者窗口模式
退出	Esc	暂停 LumenRT 查看器窗口的操作
返回到开始	Home	将相机返回到初始位置
动画模式	F2	导出文件里有动画时这是默认启动模式
Walk-Thru 模式	F3	导出文件没有动画时,步行模式是默认模式
Fly-Thru 模式	F4	使用中鼠标按钮快速飞过场景,然后使用左鼠标按钮将相机左右旋转和上下旋转
缩放模式	F5	缩放 LiveCube 显示画面,以在显示屏范围内显示整个场景
显示质量	F7/F8	按 F7 可降低显示质量,按 F8 可提高显示质量
提前或推迟时间	G/H	按 G 或 H 键移动太阳位置,分别用来提前或推迟时间
曝光	B/N	按 B 或 N 键分别把相机向下或向上曝光

动画模式(F2)操作快捷键　　　　　　　　　　　　　表 6-2

操 作	快 捷 键	描 述
暂停	Space	按空格键暂停动画
上/下一个关键帧	左/右箭头键	使用左/右箭头,切换到特定的关键帧
开始/结束	Home/End	始/结束动画
切换到 Walk-Thru 模式	鼠标左键	点击鼠标左键,切换到 Walk-Thru 模式

Walk-Thru 模式(F3)操作快捷键　　　　　　　　　表 6-3

操 作	快 捷 键	描 述
向右/左看	鼠标向右/向左	在未按下鼠标时左右移动鼠标,移动相机视角
向前步行	鼠标左键	按住鼠标左键不放,向前移动
向前/向后运行	鼠标中键	将鼠标滚轮向前/向后滚动,可以是相机视角向前/向后移动
向右/向左平移	右/左箭头或鼠标右键向下	使用右/左箭头或按下鼠标右侧向移动
电梯上行/下行	Page Up/Page Down	按住 Page Up/Page Down,可以前往想去的楼层

Fly-Thru 模式(F4)操作快捷键　　　　　　　　　　表 6-4

操 作	快 捷 键	描 述
向右/左看	按住鼠标左键向右/左移动	将相机水平方向上移动
向上/下看	按住鼠标左键向上/下移动	垂直转动相机
放大/缩小	鼠标中键	滚动中键滚轮可以放大/缩小

续上表

操　作	快　捷　键	描　述
向右/左平移	右/左箭头或鼠标右键向下	使用右/左箭头或鼠标右键向下,可以侧向移动
升高/降低相机高度	Page Up/Page Down	按住 Page Up/Page Down 不放可以升高/降低相机高度
旋转	Alt + 鼠标左键 或鼠标右键向下	让相机围绕场景旋转

Misc 控制模式操作快捷键　　　　　　　　　　　　　　　　表 6-5

操　作	快　捷　键	描　述
打开场景	Ctrl + O	选择一个场景进行加载
新建场景	Ctrl + N	选择一个空白场景进行加载
保存场景	Ctrl + S	保存当前场景
屏幕截图	F6	可以在当前视图获取高质量截图,并将其保存在磁盘上
截图选项	Ctrl + F6	打开"截图选项"对话框
撤销操作	Ctrl + Z	撤销上一步操作
恢复操作	Ctrl + Y	恢复前一步未完成的操作

三、软件界面

在 LumenRT 中有许多工具和功能可以修改和丰富场景模型和内容。所有编辑工具都通过 LumenRT 左侧栏菜单访问。使用键盘 Tab 键访问 LumenRT 左侧栏菜单。下面介绍主菜单和子菜单的命令。

LumenRT 包含一个非常简单但强大的工作界面,用于创建、导航、编辑和共享写实的 3D 场景。如图 6-4 所示,显示的是用户界面和操作图标。

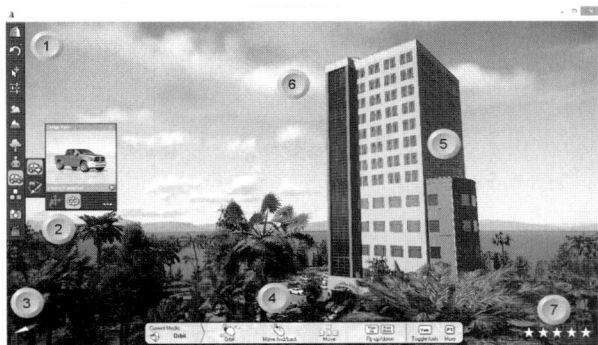

图 6-4　用户界面

(1)侧边栏主菜单:通过按 Tab 键访问,该菜单包含所有 LumenRT 高级工具。

(2)侧边栏子菜单:显示主侧栏工具的子菜单选项。

(3)导航指南针:红色指向正北方向显示相机的方位。

(4)基本导航控制帮助菜单:显示鼠标和关键的导航快捷键的帮助屏幕。

(5)场景显示:显示场景对象和内容的主要窗口。

（6）大气：显示动态的天空、云层、雾霾和太阳。

（7）显示质量：单击星星，将显示质量从 1 星（低）设置为 5 星（高）。

四、创建 LiveCube

1）创建单一式 LiveCube

LumenRT LiveCube 将设计模型和 LumenRT 自然风光元素（如植物、人物、车辆）组合成统一的 3D 沉浸式场景文件。LiveCube 可分为两种方式：

（1）独立的文件：从空场景开始，然后用户导入模型，并添加自然景观元素。

（2）导出的文件：首先从支持的 CAD/BIM/GIS 系统导出模型到 LumenRT，然后在 LiveCube 内添加/编辑场景元素。

2）创建一个 Standalone LiveCube

要创建自己的 LiveCube，首先双击 LumenRT . exe 应用程序图标；双击后打开一个默认的预设场景。一旦场景加载完毕，将能够操作场景。

（1）▲ 使用 Terrain 和 Ocean 工具雕刻地形。

（2）选择不同的地形类型，并通过绘制新材料来修改地面材料，从而改变地形的材质。

（3）▲ 利用 Sun 和 Atmosphere 设置，改变环境。

（4）🌳 🧍 🚗 通过选择界面上的适当图标，添加软件自带的建筑物、植物、人和其他物体。

（5）🏛 通过选择添加 Misc 菜单上的"添加"对象图标来导入用户拥有的其他对象。场景设置可以更改，可以自行调整物体的大小和位置。场景可以从文件菜单中保存为 LiveCube。

五、添加系统环境内容

LumenRT 最重要的功能之一是能够将具有丰富、高保真的内容插入模型场景里，为设计注入生命。内容可直接添加到 LumenRT LiveCube 内，也可以通过在每个 CAD/BIM/GIS 系统中添加代理。下面列出的六大类可在 LumenRT 动画中使用的内容。

1）动物

从狗和猫到飞鸟，LumenRT 提供丰富多样的动物，还能以动画形式呈现它们移动动作和路径，以此来丰富场景，如图 6-5 所示。

2）建筑

LumenRT 中有许多简化的建筑，它们有各种各样的形状和大小，可以填充场景里的中间空白和背景，如图 6-6 所示。

3）人物

LumenRT 中有许多类型的人物，他们有坐有站，有行走有交谈，使场景栩栩如生，如图 6-7 所示。

4）植物

LumenRT 中添加的树木在微风的吹拂下枝叶婆娑，为模型添加一个更加逼真的视觉环境，如图 6-8 所示。LumenRT 中有几十种植物可供选择。植物进入场景时是低分辨率的，但在 LumenRT 中会自动转换为高分辨率的模型。

图 6-5　添加动物

图 6-6　添加建筑

图 6-7　添加人物

图 6-8　添加植物

5）车辆

将汽车和卡车添加到场景中,选择一种车辆颜色或让 LumenRT 随机选择颜色,如图 6-9 所示。

6）天空

通过一个 alpha 平面环绕整个场景,天空可填充中间空白和背景,如图 6-10 所示。这既能丰富场景,又不影响场景表达效果。

图 6-9　添加车辆

图 6-10　天空背景

六、Bentley MicroStation 导出插件

如果使用支持 CAD/BIM/GIS 的系统,用户可以使用 LumenRT 导出插件直接导出模型,如图 6-11 和图 6-12 所示。所有支持 CAD 系统的导出插件在 LumenRT 安装期间自动安装。下面以 Bentley MicroStation 为例加以说明。

（1）导出到 LumenRT：Bentley LumenRT 导出插件适用于所有以 Bentley MicroStation 为基础的产品，包括 OpenRoads Designer、OpenBridge Modeler 等。

（2）在 3D 相机启用的视图状态下，转到可视化工作流下 LumenRT 任务菜单，并单击"导出到 LumenRT"按钮，将立即导出场景中所有的可见物，包括模型元素、LumenRT 代理内容和灯光。

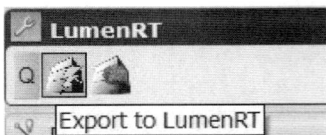

图 6-11　V8i 版导出

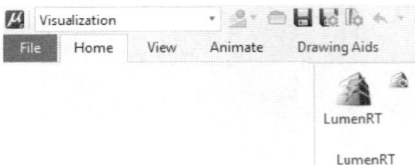

图 6-12　CE 版导出

单元三　LumenRT 编辑器

一、文件菜单及设置

1）文件菜单

（1）📁 文件菜单：包含加载和保存文件以及管理高级默认设置所需的所有命令。

（2）▪ 新建：显示预设场景的文件浏览器。

（3）▪ 加载：显示保存的场景的文件浏览器。如果右键单击图标，则会打开一个标准操作系统文件浏览器。

（4）💾 将当前的 LumenRT 场景以 LiveCube 的形式保存（.lrt）。如果单击鼠标左键，则以当前文件名保存；如果单击鼠标右键，则显示标准操作系统文件浏览器，可将文件保存在任何位置。

（5）🌙 Bentley CONNECT：登录 Bentley CONNECT。

（6）🔗 共享 LiveCube：单击图标，则显示可用于发布 LiveCube 的各种选项。在此对话框中，选择将文件制成流媒体或发布为 LiveCube（exe 文件）。也可以在此对话框中选择添加项目标志。细节部分参考下面的"2）共享 LiveCube"。

（7）⚙ 用户设置：单击创建 LiveCube 时想用的所有设置。

（8）🐍 Python：鼠标左键点击加载并运行 Python 程序，或鼠标右键点击显示 Python 控制台。

（9）✖ 退出：将关闭场景，并在关闭前询问是否保存设置。

（10）↩ 撤消/重复：当鼠标左键单击时，上次的操作将撤消。如果鼠标右键单击，则会列出所有操作的列表，使用户进行多个具体的撤消/重复操作。

2）共享 LiveCube

共享 LiveCube 包括发布、标志、启动屏幕、导航、显示质量等选项，如表 6-6 所示。

共享 **LiveCube** 选项及说明

表 6-6

选项及对话框	子　项	说　明
发布选项 	发布前询问 （Ask before publishing）	在创建 LiveCube 之前，跳出询问对话框
	桌面（Desktop）	勾选此选项，将该文件发布到桌面，并在那里运行
	LiveCube	勾选此选项将创建独立运行的 LiveCube
	其他（Other）	将文件保存在指定的路径
	另存为（Save as）	为该 LiveCube 命名
	显示标志（Show logo）	勾选该选项，将在 LiveCube 中显示标志
	显示开始界面 （Show startup screen）	勾选该选项，在运行 LiveCube 的开始界面时能看到自定义的图像，和下面的启动屏幕选项配合使用
	发布（Publish）	单击此按钮，开始创建 LiveCube
标志选项 	使用自定义标志 （Use custom logo）	允许在 LiveCube 中放置自定义标志。首先，找到标志的文件位置。标志的最佳格式是 .png，因为它支持透明化处理，但也可以使用其他不透明的格式（例如 .jpeg）
	在编辑器中显示标志 （Show logo in editor）	勾选该选项，在编辑器内显示标志。在这里，可以修改标志的大小和位置
	大小（Size）	使用滑块，调整标志的大小
	标准位置 （Standard positions）	如果想使用标准位置，则单击位置
	自定义位置 （Custom position）	如果想使用自定义位置，勾选该选项，设置标志的准确位置
启动屏幕选项 	使用自定义图像 （Use custom image）	如果想在 LiveCube 的开头使用自定义图像，选择该项，然后定位希望使用的文件
导航选项 	启动模式	可以使用哪种选择鼠标导航模式作为默认值，步行模式或飞行模式
	鼠标灵敏度	调整此滑块，使相机跟随鼠标更快或者更慢移动
	在视图中显示控制摘要	在屏幕的下方显示导航帮助窗口
	通过播放动画启动	如果存在动画，则用动画模式开始 LiveCube 演示
	以全屏模式启动	在启动时将 LiveCube 窗口扩展到整个屏幕，也可使用 Alt + Enter 键将 LiveCube 扩展到全屏
	在导航期间显示罗盘	勾选该选项，指南针显示在屏幕左下角
	显示 BIM 信息	勾选则显示 BIM（建筑模型信息）

选项及对话框	子　项	说　明
显示质量 	质量模式	调整可见图形质量。如果设置为低于100%，它将降低或消除各种图形效果，如实时反射、阴影、动态植物和人物活动等
	分辨率模式	如果设置为小于100%，将降低分辨率，以提高性能
	目标 fps	指每秒播放帧数的速度
	空闲以下时间后提高质量	勾选该选项后，设定时间
	启用垂直同步	是否使帧同步，可供选择

3）用户设置

用于设置用户设计场景对导航、显示质量和时间轴的默认偏好，其选项及说明如表 6-7 所示。

用户设置选项及说明　　　　　　　　　　　　　　表 6-7

选项及对话框	子　项	说　明
	启动模式	选择使用哪种鼠标导航模式作为默认模式
	鼠标灵敏度	调整此滑块，调整相机跟随鼠标移动的灵敏度
	触摸屏兼容性	勾选此选项将会适用于触摸屏操作
	在视图中显示控制条	在屏幕底部显示导航帮助窗口
	通过播放动画启动	如果存在动画，则用动画模式开始 LiveCube 演示
	以全屏模式启动	在启动时将 LiveCube 窗口扩展到整个屏幕，也可使用 Alt + Enter 将 LiveCube 扩展到全屏
	在导航期间显示罗盘	勾选该选项，指南针显示在屏幕左下角
	显示 BIM 信息	勾选则显示 BIM 信息
显示质量	显示质量	单击"自动""质量模式和分辨率滑块"供使用者进行调整
	模式	调整可见图形质量。如果设置为低于100%，它将降低或消除各种图形效果，如实时反射、阴影、动态植物和人物活动等
	分辨率模式	如果设置为小于100%，将降低分辨率以提高性能
	目标 fps	指每秒播放帧数的速度
	空闲以下时间后提高质量	勾选该选项后，设定时间
	启用垂直同步	是否使帧同步，可供选择
时间轴默认设置	速度	使用滑块设置场景中的运动速度
	默认暂停时间	输入默认暂停时间
	图像可见时间	一张图片切换到下张图片之间的可视时间值
	设置默认过渡类型	点击后，则显示过渡的持续时间和过渡样式。有几种过渡类型可用，如图 6-13 所示

续上表

选项及对话框	子 项	说 明
照片选项,如图 6-14 所示	纵横比	从选择列表中设置图片的纵横比例
	当前大小	选择图像大小或使用其他按钮输入自定义大小
	照片保存操作	将照片保存到磁盘,将照片保存到照片条,如图 6-14 所示
	质量	设置图像输出质量(反走样程度),质量选项包括快速、标准、超精细
	目标	设置保存照片文件的位置
	格式	选择输出的照片类型,包括标准格式、180°全景、360°VR
	保存照片	相当于快捷键 F6 保存照片
电影选项,如图 6-15 所示	分辨率	选择想要用于电影展示的分辨率,可选项为:TV NTSC (640 × 480)、TV PAL(768 × 576)、TV WIDE(1024 × 576)、72p HD(1280 × 720)、1080p HD(1920 × 1080)、4K HD(3840 × 2160)
	目标	设置该动画保存的地址,常见的是桌面、图片文件夹、其他(设置想保存的文件夹)、另存为(以新键入的文件名保存该文件,还可以更换文件保存地址)
	质量	设置图像输出质量,质量选项包括快速、标准、超精细
	视频编码器	选择视频编码器:全帧不压缩、MPEG-2 视频格式、MPEG-4 part2 格式、Windows Media 8 格式、Huffyuv FFmpeg 变体格式、帧速率(选项有 25fps、30fps、自定义)、质量(值可达 100)

图 6-13　过渡类型

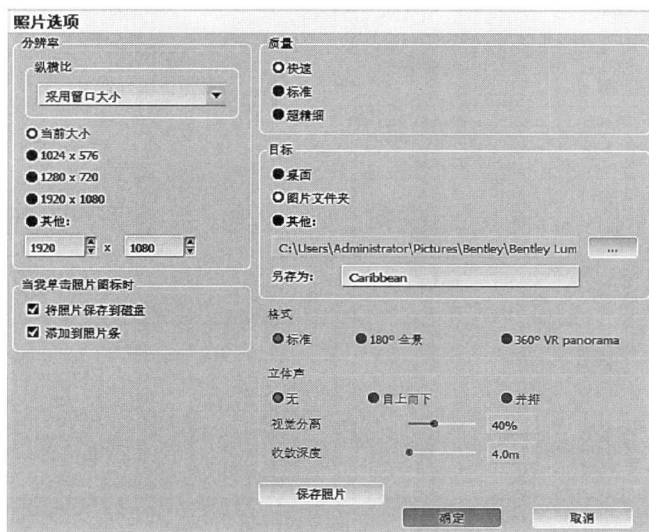

图 6-14　照片选项

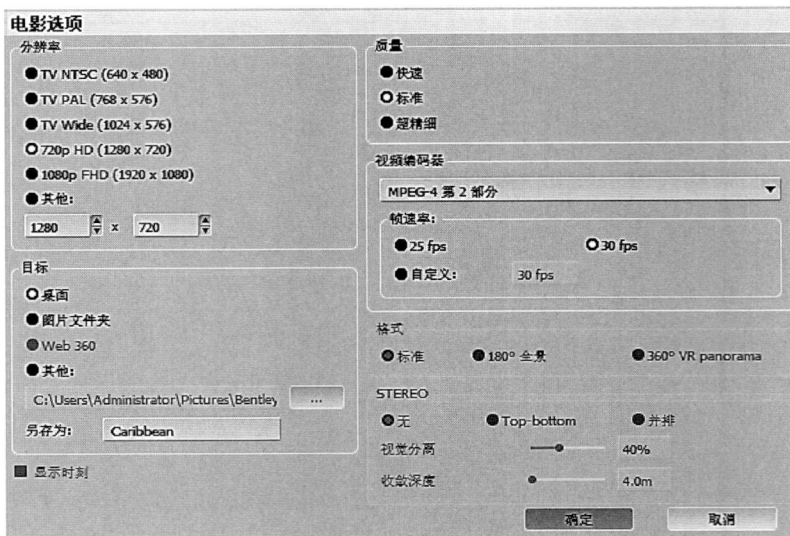

图 6-15　电影选项

二、场景设置菜单

通过场景设置菜单 ![icon]，控制当前 LiveCube 的各种场景设置，包括大气、照明、剪切面、图层和摄像机等选项，如表 6-8 所示。

场景设置菜单　表 6-8

图　标	选　项	说　明
![]	相机设置	设置视图摄像机的基本属性，包括景深、镜头耀斑效果和场景色彩渲染参数
![]	灯光设置	用于控制人造光（如点灯和聚光灯），每个单独的灯都能被控制
![]	间接照明	显示间接照明质量可选的范围
![]	剪切平面设置	显示剪切平面的选项面板
![]	图层	显示场景中使用的图层列表
![]	对象	显示场景中使用的对象列表
![]	文本	显示文本工具和文本选项菜单
![]	测量	允许将线性尺寸放置在场景中

场景设置选项及说明如表6-9所示。

场景设置选项及说明 表6-9

选项及对话框	子项	说明
相机设置和渲染	摄像头设置	缩放:设置相机焦距 曝光:调整场景的亮度
	景深	模糊:根据景距离的深度设置相机模糊量。 距离:设置现场景距离的深度,与模糊滑动块一起使用
	太阳耀斑	强度:设置太阳镜头闪光的强度和大小。 大小:设置太阳闪光的大小
	光耀斑	强度:设置场景人工照明的闪光强度。 大小:设置场景人工光照的闪光大小
	变形条纹	强度:为太阳和人造光设置水平蓝光条纹的强度。 大小:为太阳和人造光设置水平蓝光条纹的大小
	火花	出现量:设置场景中闪光的存在量。 大小:设置闪光的大小
	反射	设置反射贴图原点:单击反射贴图图标以显示反射图。使用箭头将它放置在需要的地方
	渲染	运动模糊:设置相机启动时使用的运动模糊量。 暗角:设置图像周围出现的暗相框边界量。 Gamma:根据显示器设置场景的基本对比度级别。1.8的默认值是大多数监视器的标准Gamma值。 饱和度:设置颜色饱和量。 颜色:设置颜色。 光晕:为所有场景灯光(包括太阳、月亮和自定义灯)设置光影光晕。 遮蔽:设置环境阴影的黑暗强度
	链接并查看	此功能允许将摄像机与场景中的对象连接。单击链接图标(小圆圈),以分配相机,链接或跟踪对象

选项及对话框	子　项	说　明
光线选项	太阳光和月光	太阳光是由一天位置时间以及任意北方位角调整所控制的
	点光源	点光源从光的中心向四面八方发出光。点光源以定向锥形模式发出光。点光源和聚光灯接受以下输入来调整其外观。 功率:设置电光中的流明量。典型的家用灯发出大约1500lx,而路灯可以发出50000lx或更多。 颜色:设置光的颜色 发散:对于聚光灯,可设置光的锥体扩散角度,范围从0~90°。 配置文件:使IES数据可用于计算光强度。 衰减:对于聚光灯,这设置在边缘光线的柔软度从0%~100%
	光度学灯光	IES灯(照明工程学会灯)是由IES配置文件生成的灯。IES配置文件几乎可从所有灯具制造商获得,并创建为IES文件。这些文件可以连接到任何LumenRT点光源和聚光灯,以生成IES照明模式 LumenRT配有IES配置样本文件,可在ProgramData/e-onsoftware/LumenRTxxxx/IES_profiles文件夹中找到
	发光材料	LumenRT接受具有发光特性、具有光的外观的材料。光不会投射照明或产生阴影,但确实会为材料增添发光效果。发光材料可用于建筑外窗和汽车大灯等,如图6-16所示
间接照明		默认情况下,照明质量设置为实时环境遮挡,无须任何额外的渲染烘焙。对于标准、全照明、高级和极高质量模式,间接照明要被"烘焙"到场景中,这需要从几分钟到几个小时的额外渲染时间来计算。强烈建议仅在完成所有场景编辑后使用更高质量的照明模式
剪切平面设置	剪切平面	这显示所有剪切平面。开关图标打开或关闭剪切平面。单击图标可激活剪切平面线框调整。添加剪切平面时,它会显示在此屏幕上。单击剪切平面名称或箭头显示颜色选择器,以便可以调整可见剪切平面
	剪切平面线框控制	当剪切平面线框被激活时,平面将以透明颜色出现,该颜色可使用调色板小部件进行调节。要移动平面,用鼠标拖动水平箭头;要旋转平面,应沿弯曲的箭头拖动,如图6-17所示
图层设置		图层是在CAD系统的模型输出中创建的,每个层可以单独打开或关闭,如图6-18所示

选项及对话框	子　项	说　明
层次		对象层次菜单显示场景网格对象列表。使用对象层次菜单，对象可以通过单击对象并选择其他图层与多个层关联。这使网格对象能够按不同图层进行分组，以便后续显示操作，例如在制作动画期间关闭或打开图层，如图6-19所示
添加文本信息		文本工具可在 LumenRT 场景中放置文本注释
添加距离度量值		用于在场景中放置模型之间的距离值

图 6-16　发光材料

图 6-17　剪切平面

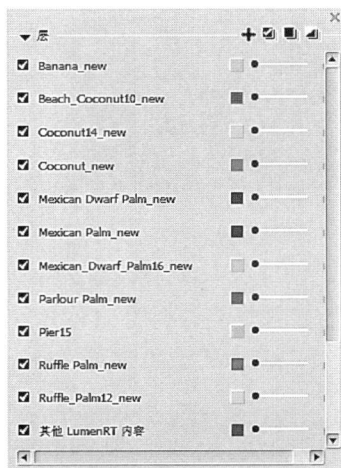

图 6-18　图层信息

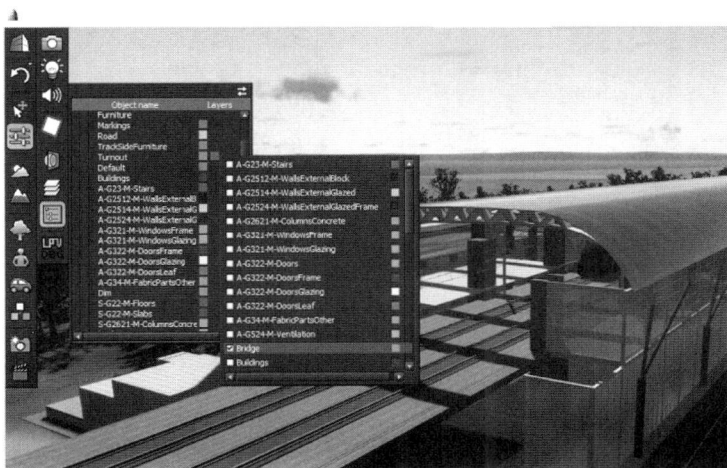

图 6-19　层次信息

三、选择与动画菜单

1）选择菜单

选择工具 ![icon] 用于选择和操作所有场景对象。选择工具也可以通过双击任何对象激活，其功能如表 6-10 所示。

选择工具操作选项　　　　　　　　　　　　　　　　　　表 6-10

图　标	选　项	说　明
	移动	显示移动线框的选项,使用鼠标拖动箭头将向上/向下、向右/向左或向后移动对象
	旋转	显示旋转线框的选项,使用鼠标拖动箭头,将对象按箭头方向进行旋转
	调整大小	显示调整线框大小,拖动角落调整对象大小
	复制	将当前选定的对象复制到剪贴板中
	剪切	将当前选定的对象剪切入剪贴板
	动画设置	显示动画选项面板
	删除	此图标删除所选项目
	勾选锁定转换	锁定对象,禁止对象移动、旋转、调整大小

LumenRT 的线框控制允许对象移动、旋转和调整大小,如图 6-20 ~ 图 6-22 所示。

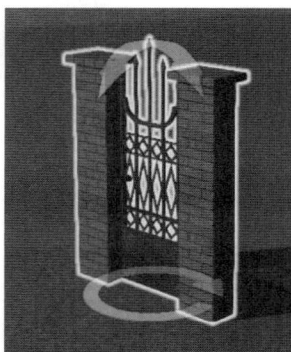

图 6-20　移动图　　　　　　　图 6-21　旋转图　　　　　　　图 6-22　调整大小

2)动画菜单

动画选项面板如图 6-23 所示,是显示用于创建对象动画路径的控件。路径是通过使用路径箭头添加路点(关键帧)来创建的。选择播放图标将按照速度控制中输入的速度预览动画。

动画选项及说明如表 6-11 所示。

动画选项及说明　　　　　　　　　　　　　　　　　　表 6-11

图　标	选　项	说　明
	绘制动画路径	使用此绘制动画路径
	循环	使用此命令将动画路径设置为循环
	往返循环	设置动画路径为往返循环

续上表

图　　标	选　　项	说　　明
▶	播放	播放动画路径
❚❚	暂停	暂停 N 秒的关键帧动画
⬅	选择前一个关键帧	点击图标选择前一个关键帧
➡	选择下一个关键帧	点击图标删除选定的关键帧标,选择下一个关键帧
🗑	删除关键帧	删除选中的关键帧
🗑	删除动画	删除动画路径

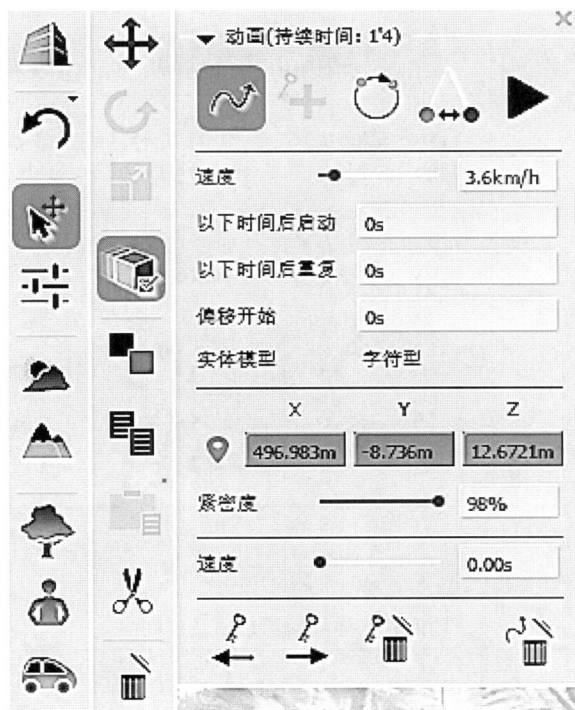

图 6-23　动画选项面板

四、环境编辑菜单

1) 太阳和大气设置

太阳和大气设置选项及说明如表 6-12 所示。

太阳和大气设置选项及说明　　　　　　　　　　　　　　　表 6-12

选项及对话框	子项	说　明
	太阳位置	根据地理位置(时间、日期、世界位置)或矢量方向(俯仰角和方位角)设置太阳位置。单击对话框右上角的小地球图标,在地理位置和矢量模式之间切换。 时间和方位角:设置时间和矢量方向,调整太阳位置使用矢量方向。 日期和季节:设置场景的日期和季节
	天气	设置大气中的云量和雾霾量。点击最右侧的随机按钮,以随机设置。使用滑块,从蓝天移动到阴天,大气可以在清晰和朦胧之间变化
	云	调整云的方向和速度。点击最右侧的随机图标以随机设置云量。 方向:设置云的方向,将滑块右移改变云运动的方向。 速度:调节云的速度
	吹响植物的风	可以设置风影响植物,通过设置强度,从静止到大风
	鸟	调整滑块,设置从无到有出现在天空中的鸟类数量
位置		如果选择地理位置选项,则会显示世界地图,纬度、经度及时区可以手动设置。可以考虑立春、立秋和夏令时,也可以用鼠标左键点击到地图上需要的位置
	在地图上选定位置后,"天气"对话框会在顶端显示太阳位置(SUN POSITION) 	时间(Time):设置图像中的时间。 北(North):设置向北的度数。 日期(Date):设定一年中的日期;如果锁定,一个季节字段会显示,以便可以设置从春天(最左边)到冬天(最右边)

2)地形和海洋编辑器

地形和海洋编辑器选项及说明如表 6-13 所示。

地形和海洋编辑器选项及说明　　　　　　　　　　　　　　表 6-13

图标	选　项	说　明
	地形和海洋	此图标显示用于创建和编辑地形、海洋和水体的菜单
3SM	3SM	这将在场景中加载 Bentley 3SM 格式。3SM 网格是一种快速流式处理格式,根据摄像机的位置自动定义详细程度
	添加水体	这会增加一个如湖泊一样的小型水体,将打开一个水材料管理器,可以选择要添加的水的类型,可以单个放置也可以选择连续放置

图标	选项	说明
	海洋设置	点击显示"海洋设置"对话框,如左图所示。单击激活按钮以创建海洋平面。控制海浪的设置,箭头显示提升或降低海平面。 常规→高度角:设置海平面的高速。 波浪→方向:设置海浪方向。 波浪→搅动:设置波浪滚动的速度。 色调→颜色:设置水的基本颜色。 色调→深度:设置颜色的深度
	雕刻地形	单击此图标显示对话以提升、降低和平整地形。 提升地形:如图6-24所示;显示提升刷,用于设置参数,提高部分现有地形。 挖低地形:如图6-25所示;显示挖掘刷,用于设置参数,降低现有部分地形。 展平地形:如图6-26所示;显示平整刷,用于设置参数,使部分地形变平坦。 缝合地形:如图6-27所示;显示缝合参数。 大小:设置提升、挖掘、展平和拼接地形的几何大小。 密度:设置提升、挖掘、展平和拼接地形的密度。 柔软度:设置地形表面的柔软度
	绘制地形	显示笔刷设置参数绘制部分地形,如左图所示。 大小:设置笔刷的大小。 密度:设置材料的密度。 柔软度:设置材料的柔软度。 材料:选择绘制地形使用的材料
	加载地形	显示浏览器可供选择的地形,如图6-28所示

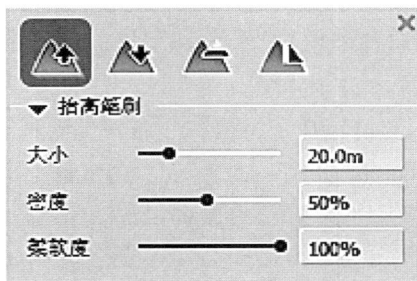

图 6-24　抬高地形　　　　　图 6-25　挖低地形

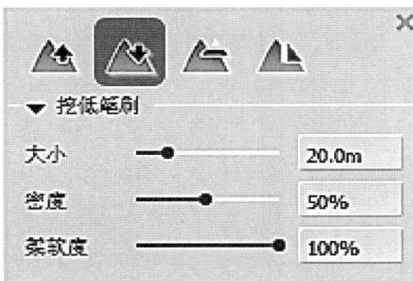

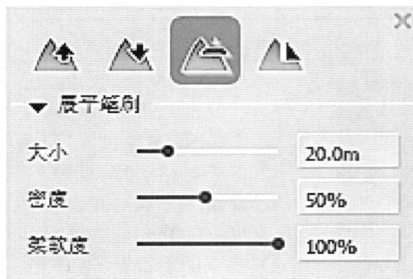

图6-26　展平地形　　　　　　　　图6-27　缝合地形

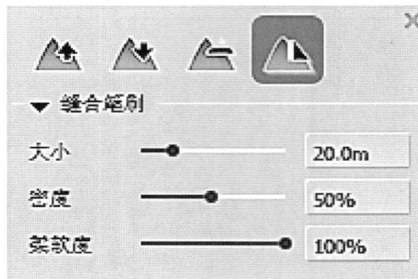

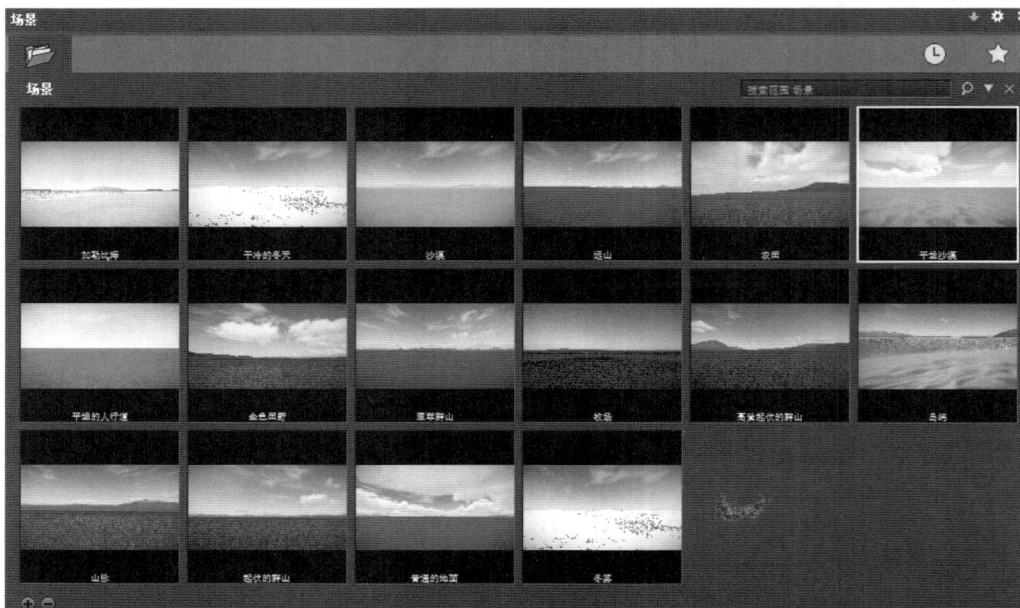

图6-28　加载地形

五、添加物体菜单

1）添加植物、人物、车辆菜单

植物、人物和车辆菜单允许在 LiveCube 中添加各种植物、人物和车辆。LumenRT 中包含一些基本内容，能够从植物工厂或者其他来源添加。

添加植物、人物和车辆图标分别为 🌳、👤、🚗，可以选择并将植物/人物/车辆对象的单个或多个添加到场景中。当选择一个图标时，会出现对话框，如图6-29所示。浏览器上方是类别选项卡。物体缩略图可以打开或关闭，以添加到当前的选择。浏览器底部包含当前选择中的物体。

一旦从浏览器中选择一个物体，该物体就会在一个小窗口中显示。左边的两个图标用于将单个物体放置在场景中或绘制一组物体，如图6-30和图6-31所示。物体可以单个放置或作为集合的随机单个放置。点击环形添加物体图标，将切换位置从单个实例到随机选择。点击

Esc 结束添加对象。此外,该物体的另一个副本将显示为可以继续添加该对象的另一个副本。单击省略号可打开浏览器,以供选择其他物体。

图 6-29 "添加植物"对话框

图 6-30 单个放置

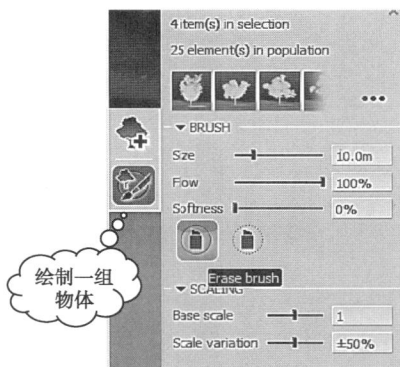

图 6-31 范围放置

选择物体,则选择菜单图标可以显示出操作选定的物体,进行移动、调整大小。按下 Esc 来释放物体。

(1)绘制物体放置工具:将物体绘制在笔刷位置处。

(2)大小:设置笔刷的应用区域。

(3)流量:设置笔刷的密度。

(4)柔软度:设置笔刷边缘羽化量。

(5)擦除、喷除:启用橡皮擦从场景中删除对象。

(6)比例:设置所绘物体的比例。

(7)变化范围:设置物体总体变化范围。

LumenRT 交通工具允许沿任何道路或高速公路快速创建交通。它可容纳双向交通流量,可用于设置右侧和左侧车道。要使用多车道交通工具,首先选择一组车辆,然后为车辆绘制路径,如图 6-32 所示。

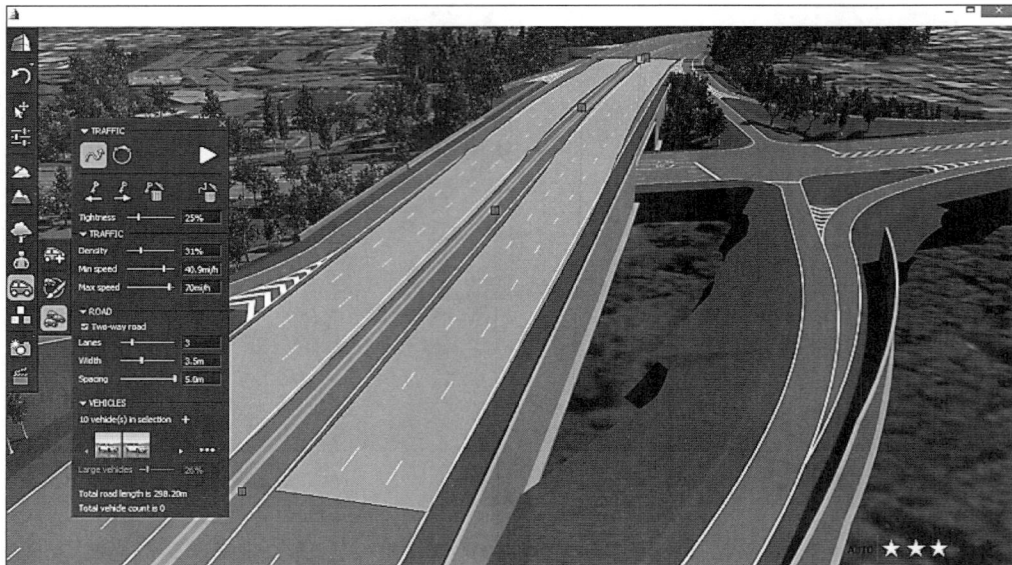

图 6-32　放置车流

"放置车流"对话框的选项及说明如表 6-14 所示。

"放置车流"对话框的选项及说明　　　　表 6-14

"放置车辆"对话框	选项	说　　明
	紧密度	设置路径曲线在各点的紧密度或松散程度
	密度	设置车辆密度
	最小速度	以 km/h 或 m/h 为单位设置最小速度
	最大速度	以 km/h 或 m/h 为单位设置最大速度
	双向道路	如果勾选表示双向交通流量,未勾选表示单向交通流量
	车道	每个方向所需的车道数量
	宽度	每个车道的宽度
	间距	仅适用于双向交通,指对向车道中间的距离

2）添加物体杂项菜单

添加物体杂项菜单选项及说明如表6-15所示。

添加物体杂项菜单选项及说明　　　　　　　　　　表6-15

图标	选　项	说　明
	添加杂项	此图标显示添加其他对象和光源的子菜单。选择这些选项中的任何一个会打开对象浏览器（安装在LumenRT中），就像植物、人和车辆一样可以添加进场景中
	导入对象	将打开一个对话框来浏览磁盘，以查找您希望导入的对象。支持的格式包括".obj"".dae"".fbx"".vob"".pz3"".pzz"".dem"".shd"".raw"".3ds"".3sm"和".vue"
	添加室内对象	从标准的LumenRT内部对象浏览器中加载一个室内物体
	添加户外对象	从外部对象浏览器中加载一个室外物体
	添加建筑	从建筑物浏览器中加载一个建筑物
	添加灯光	为场景添加灯光。支持的灯光类型包括点光源、聚光灯和IES灯
	添加剪切面	将浏览器中的剪切平面添加到场景中

六、材质编辑器

材质是使LumenRT的场景看起来真实的主要因素之一。使用正确的纹理贴图以及适当的材质设置，可以显著改善外观和增加真实感。有几个方式可用于为模型添加材质属性，包括推断材质、衍生材质、清楚的元编码、LumneRT材质库和LumenRT代理材质。

1）推断材质

推断材质是指根据材质名称转换为增强型LumenRT材质的材质。例如，任何在材质名称的任何部分出现字符串"水"的材质都会自动转换为LumenRT内部的动画水材质。推断材质包括：

（1）水：转换成LumenRT中的动画水。

（2）砖、石头、混凝土和屋面：如果没有凹凸深度就添加一个。

（3）玻璃：转换成透明、反光的LumenRT玻璃材质。

2）衍生材质

衍生材质是那些可以从CAD/CG源系统直接转入LumenRT的材质。例如，包含纹理贴图、凹凸图或高光设置的材质在导出过程中会自动转换为LumenRT材质参数，其中包括贴图、材质属性、漫反射材质、凹凸贴图、高光、反射、视频、亮度、流动、搅动、漫射颜色、凹凸深度、高光数量、反射率、模糊度等。

3）材质编辑器

当在场景中选择导入的对象时，会出现"材质编辑器"对话框；通过对话框可以查看该对象当前的使用材质，并根据需要更改材质。请注意，LumenRT所含的对象和植物无法更改，只能编辑导入LumenRT的对象材质。对话框关于材质的部分显示所选物体的材质，可以锁定材质免受后来改动,以及显示是否想要该部分接受高质量照明。"材质编辑器"对话框选项及说明如表6-16所示。

"材质编辑器"对话框选项及说明

表6-16

"材质编辑器"对话框	选项	说　明
	选取材质	选择新材质来替换显示的材质
	部分应用	允许您选择一部分来应用材质
	高亮材质	加亮显示选定的材质
	比例	调整此处材质的比例
	类型	在此处选择材质类型。除标准类型外,涂漆、金属、玻璃和水类型为 lumen 类型,可增强用于 lumen 加工
	材质属性	 (1)总在顶层:若该层总在顶层,勾选显示材质的图像。根据显示的材质类型,以下字段会随之改变。 (2)颜色:这是材质的显示。如果想加载图谱,点击"使用图谱"按钮来加载另一张图谱。 (3) 反转:倒置显示的图像。 (4) 向左旋转:向左旋转图像。 (5) 向右旋转:向右旋转图像。 (6) 加载:打开对话框旋转一个新图像。 (7) 删除:删除材质。 (8)亮度:调整纹理图的亮度。 (9)镜面反射量:使用滑块改变镜面反射率。 (10)镜面反射光泽:使用滑块改变镜面光泽度。如果逆光打开,则调整字段及图像都会显示出来。 (11)背光照明:使用滑块更改用于材质的逆光程度。 (12)发光度:使用滑块更改材质亮度。 (13)适应:检查材质是否自适应

单元四　渲染与视频

一、照片和渲染

点击照片图标 ,将场景拍一张照片保存在默认位置,点击该图标相当于点击 F6 键。

右击照片选项对话框就显示出来,如图 6-33 所示。照片选项及说明如下:

(1)纵横比:从选择列表中设置图片的纵横比例。

(2)当前大小:选择图像大小或使用其他按钮输入自定义大小。

(3)照片保存操作:将照片保存到磁盘,并可选择地将照片保存到照片条。

(4)质量:设置图像输出质量,质量选项包括快速、标准、超精细。

(5)目标:设置保存照片文件的位置。

(6)格式:选择输出的照片类型,包括标准格式、180°全景、360°VR。

(7)保存照片:相当于快捷键 F6 保存照片。

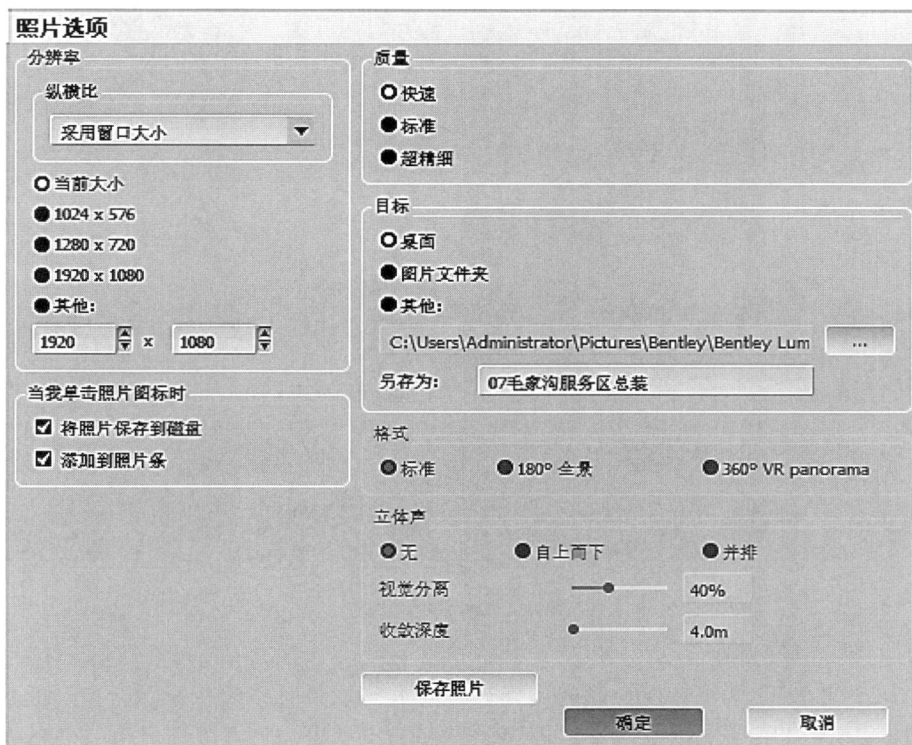

图 6-33 照片选项板

二、创建视频

1)多方式创建动画

LumenRT 提供一个完整的动画系统,能够轻松创建专业质量的视频。创建相机动画路径有三种方法:

(1)通过 LumenRT 内部拍摄的快照关键帧自动生成动画路径。

(2)使用 LumenRT 时间轴编辑器。

(3)直接从 CAD 和 CG 系统导入相机动画路径。

自动生成摄像动画路径。简单移动相机并按下 F6 照片拍摄键创建自动生成动画路径。

这将自动将捕获的照片作为关键帧放置在 LumenRT 时间线上。无须打开时间轴编辑器来运行该过程。简单移动相机,按下 F6 并随心所欲地重复相机位置。LumenRT 将自动创建动画路径。

2)时间轴编辑器

LumenRT 包含功能齐全、便于使用的时间轴编辑器,允许用户创建自定义视频剪辑。时间轴编辑器完全用缩略图表示,每个关键帧的缩略图沿着一条线性时间轴排列,如图 6-34 所示。

图 6-34 时间轴编辑器

(1)时间轴导航控制

如图 6-35 所示,时间轴导航控制的工作方式与大多数带有播放按钮、暂停按钮、循环按钮和关键帧跳动按钮的视频播放器类似。要想推进或拉远时间轴,将鼠标光标放在浅灰色的时间线框的任意位置,然后同时按住控制键和鼠标右键,再移动鼠标即可。

图 6-35 时间轴控制界面

1-时间轴位置控制;2-播放按钮;3-关键帧缩略图;4-时间轴;5-视频剪辑操作按钮;6-切换关键帧/样条

(2)组织和链接视频剪辑

"电影编辑器"选项卡提供添加、组织、删除和连接视频剪辑在一起的能力。大多数剪辑命令都通过将鼠标悬停在视频剪辑缩略图上来访问。可以拖动缩略图或选项卡来组织视频剪辑,如图6-36所示,其中部分功能及说明如下。

添加视频剪辑(Add video clip):使用当前相机位置作为第一个关键帧启动新的视频剪辑。

添加照片/视频(Add a picture / videos):允许将视频剪辑和图像导入到时间轴中。

禁用剪辑(Disable clip):禁用视频剪辑的播放。

删除剪辑(Delete clip):删除当前选定的视频剪辑。

剪辑过渡:显示剪辑之间过渡的类型和持续时间。当双击时,显示过渡选择菜单,可以选择过渡类型和持续时间。

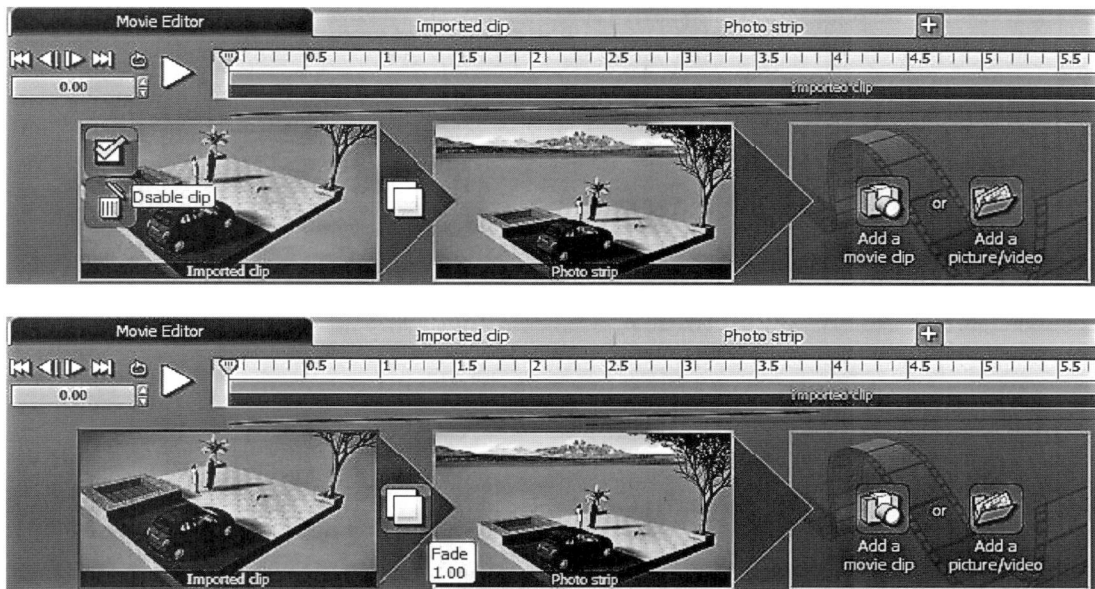

图6-36　视频剪辑

(3)编辑单独视频片段

场景中的每个视频片段都有自己的时间线选项卡,当前所选取的视频片段时间轴都设置有动态场景视频。单独视频编辑界面如图6-37所示,图中:①将时间线滑块移动到两个关键帧之间的任何位置;②将场景的相机移到所需的位置;③单击中间关键帧按钮。

通过选择关键帧或按下鼠标左键,可以将其拖到新位置,关键帧可以被拖放到时间轴的任意位置。通过点击最后一个空关键帧中的"添加关键帧"相机图标,可以在剪辑时间线的末尾添加新的关键帧。

当"当前时间"滑块按钮被锁定,新的关键帧的时间取决于"当前时间"滑块的位置。如果当前时间超过片段最后的关键帧,新的关键帧就会被添加至当前时间;反之,新的关键帧就会被添加至最后的关键帧的后面,每次都会根据相机移动后距最后关键帧的距离来自动进行计算。

(4)视频剪辑操作

单击后,打开视频剪辑操作菜单。部分功能及说明如下:

向上/向下移动剪辑:在电影剪辑顺序中向上或向下移动当前剪辑。

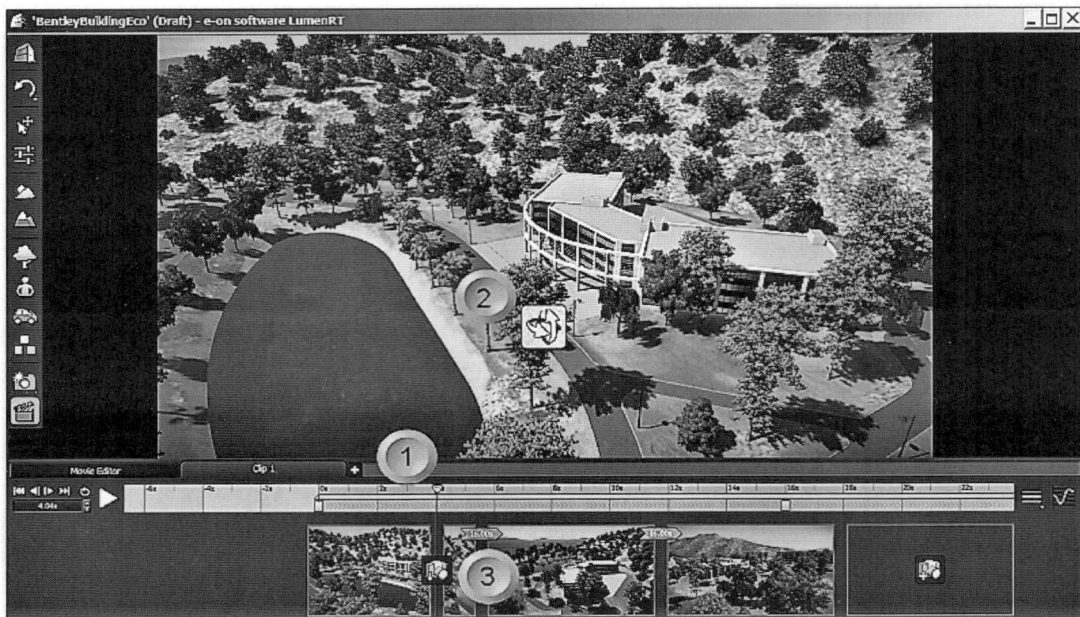

图 6-37　单独视频编辑界面

复制剪辑：复制当前剪辑，并将其放在电影剪辑顺序中的当前剪辑旁边。

禁止片段播放：禁止当前片段被播放。

删除剪辑：擦除和删除当前剪辑。

导出剪辑：导出当前视频剪辑。

视频片段时间样条编辑器：点击后打开样条编辑器，如图 6-38 所示。

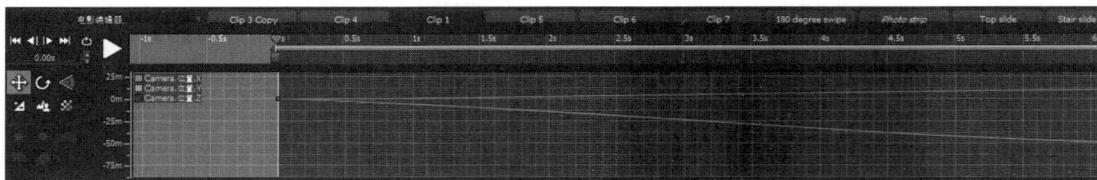

图 6-38　样条编辑器

（5）创建太阳和季节动画

如图 6-39 所示，可通过以下方式激活太阳位置来实现季节变化：①打开动画时间轴：点击太阳位置菜单上的动画图标。②移动时间和季节滑块，打开时间轴后设置第一个关键帧。③将时间/日期滑块移动到不同位置，再创建一个新的关键帧。④单击关键帧刷新按钮，以捕捉新的关键帧。

（6）从 CAD/BIM/GIS 系统中导入动画

如果 LumenRT 支持 CAD/BIM/GIS 系统输出的格式，外部创建的动画将被导入并直接放置在 LumenRT 动画时间轴的"导入动画"标签下。

图 6-39   太阳和季节动画

单元五   应用案例

一、MicroStation CONNECT 导出至 LumenRT

在 MicroStation 中将建好的 BIM 模型组装完成后,切换到可视化工作流,找到 LumenRT 的导出图标,将当前模型导出到 LumenRT 中进行场景制作,如图 6-40 和图 6-41 所示。

图 6-40   MicroStation 导出页面

图 6-41　导出模型到 LumenRT

二、LumenRT 场景制作与应用

1）交通模拟

放置车流,模拟交通情况,如图 6-42 和图 6-43 所示。

参考命令:添加车辆→创建车流→车流设置→放置车流。

图 6-42　放置车流

2）光照分析

在道路上放置需要的植物,通过调节时间的变化进行道路的光照分析,如图 6-44 和图 6-45所示。

图 6-43 交通模拟

图 6-44 上午光照

图 6-45 下午光照

参考命令：添加植物→添加对象→添加多个项→选择要添加的项；太阳和大气设置→调节太阳位置、天气、云等。

3）景观模拟

在道路上放置需要的植物，通过调节季节的变化进行道路景观的模拟，需要放置季节树才能实现树木的开花落叶等，如图6-46～图6-49所示。

图6-46 春天景观

图6-47 夏天景观

图6-48 秋天景观

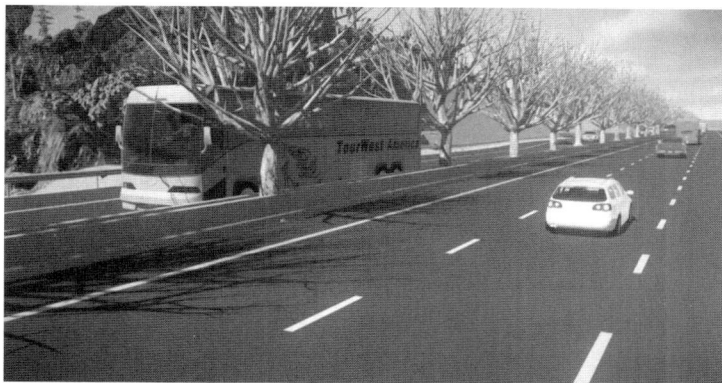

图 6-49　冬天景观

参考命令：添加植物→添加对象→添加多个项→选择要添加的项→选择四季树；太阳和大气设置→调节太阳位置、天气、云等。

4）项目交流

（1）共享 LiveCube

通过共享 LiveCube 可以将当前制作好的场景发布为一个 . exe 格式的文件，将该文件用作项目交流，无须安装软件，任意一台 Windows 计算机都可以无损打开当前场景，如图 6-50 和图 6-51 所示。

参考命令：文件→共享 LiveCube→设置输出路径及名称→发布。

图 6-50　发布 LiveCube 选项板

（2）渲染照片

可以选择需要的角度，设置好照片的质量，如图 6-52 所示；点击菜单栏的"照片"选项卡，即可对当前场景进行渲染。

参考命令:文件→用户设置→照片选项/电影选项→设置照片质量和输出路径;文件→用户设置→照片选项→保存照片或者直接在主页菜单栏下点击照相机按钮。

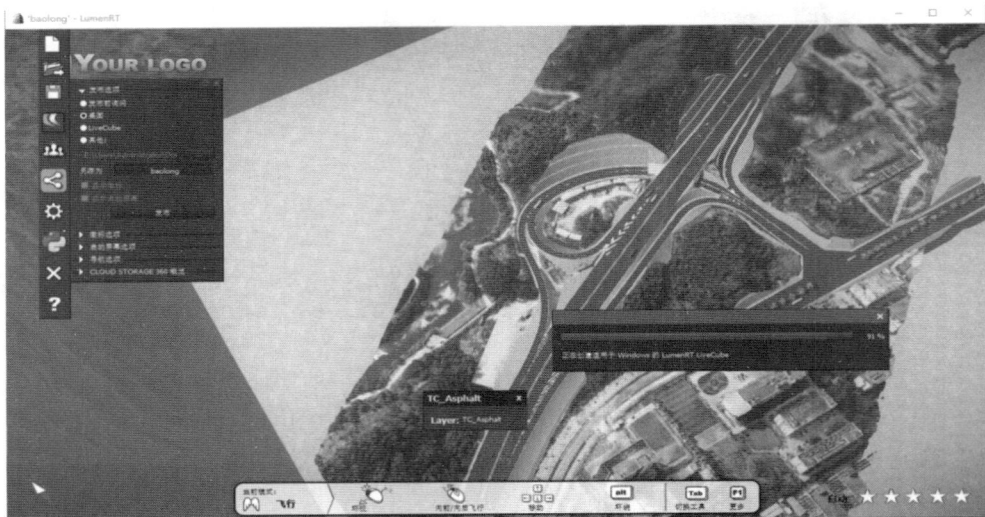

图 6-51　创建 LiveCube

图 6-52　照片设置

(3)创建动画

点击电影编辑器,出现创建视频界面,如图 6-53 所示。

通过移动相机视角添加相机位置的关键帧来改变当前场景,然后选择添加关键帧,新的关键帧缩略图就会被创建并出现在时间轴上,添加多个关键帧使相机能够按照我们指定的路径运动,改变每个关键帧之间的间隔时间来改变相机运动的速度,路径及时间设置好后点击时间轴上的播放按钮可以对当前的漫游路径进行预览。

图 6-53　创建视频

需要输出视频时在电影编辑器页面选择导出电影选项,即可将做好的路径漫游导出为视频,输出视频前可以设置导出影片,以满足不同需求,如图 6-54 和图 6-55 所示。

图 6-54　电影设置

三、效果展示

效果展示如图 6-56 ~ 图 6-58 所示。

图 6-55　导出电影

图 6-56　渲染案例（1）

图 6-57　渲染案例（2）

图6-58　渲染案例(3)

本模块参考文献

[1] 温从儒. LumenRT 虚景大师——实时三维可视化 BIM 设计软件教程[M]. 北京:中国建筑工业出版社,2018.

附录A
APPENDIX A

BIM相关国家行业标准

　　信息是 BIM 的灵魂,但在建筑行业领域的不同阶段和不同专业之间,由于缺乏统一的标准,信息传递非常困难,这成为制约 BIM 在我国建筑行业落地应用与发展的主要障碍之一。为便于信息传递,必须建立行业的标准语义和信息交换标准。受相关政策的鼓励和推动,近年来陆续发布了不少国家、行业及地方标准,如表 A-1 所示。

BIM 相关国家及行业标准　　　　　　　　　　　　　　　　　　　表 A-1

编　号	规范名称	适用范围	发布部门
GB/T 51212—2016	建筑信息模型应用统一标准	建设工程全生命期内建筑信息模型的创建、使用和管理	住房和城乡建设部
GB/T 51235—2017	建筑信息模型施工应用标准	施工阶段建筑信息模型的创建、使用和管理	住房和城乡建设部
GB/T 51269—2017	建筑信息模型分类和编码标准	民用建筑及通用工业厂房建筑信息模型中信息的分类和编码	住房和城乡建设部
GB/T 51301—2018	建筑信息模型设计交付标准	建筑工程设计中应用建筑信息模型建立和交付设计信息,以及各参与方之间和参与方内部信息传递的过程	住房和城乡建设部
GB/T 51447—2021	建筑信息模型存储标准	建筑工程全生命期各个阶段的建筑信息模型数据的存储,并适用于建筑信息模型应用软件输入和输出数据通用格式及一致性的验证	住房和城乡建设部
JGJ/T 448—2018	建筑工程设计信息模型制图标准	新建、扩建和改建的民用建筑及一般工业建筑设计的信息模型制图	住房和城乡建设部
JTG/T 2420—2021	公路工程信息模型应用统一标准	新建和改扩建公路工程	交通运输部
JTG/T 2421—2021	公路工程设计信息模型应用标准	新建和改扩建公路工程设计	交通运输部
JTG/T 2422—2021	公路工程施工信息模型应用标准	各等级新建和改扩建公路工程施工	交通运输部
TB/T 10183—2021	铁路工程信息模型统一标准		国家铁路局

附录B
APPENDIX B

公路工程信息模型内容

根据《公路工程信息模型应用统一标准》(JTG/T 2420—2021),公路工程信息模型应包括路线、路基、路面、桥梁、隧道、路线交叉、交通工程及沿线设施等模型,路线交叉模型应由对应的路线、路基、路面、桥梁、隧道、交通工程及沿线设施等模型组成,主要内容如表 B-1 所示。

公路工程信息模型的主要内容   表 B-1

信 息 模 型	主 要 内 容	备 注
路线模型	平面和纵断面	
路基模型	路基土石方、排水、支挡防护、小桥和涵洞等	
路面模型	面层、基层、底基层、垫层和路缘石等	
桥梁模型	上部结构、下部结构、桥面系和附属工程等	
隧道模型	洞口、洞身、辅助通道、防排水和路面等	隧道监控设施、照明设施、通风设施和消防设施等内容属于交通工程及沿线设施模型
路线交叉模型	由对应的路线、路基、路面、桥梁、隧道、交通工程及沿线设施等模型组成	
交通工程及沿线设施模型	交通安全设施、管理设施和服务设施等	
地形模型	地表、自然地物和人工地物等	
地质模型	地层、构造、岩土类型、不良地质及勘探信息等	

附录C
APPENDIX C

BIM应用技能考评大纲

　　根据《全国 BIM 应用技能考评大纲（暂行）》（2014 年，中国建设教育协会组织编写），全国 BIM 应用技能考评分为"BIM 建模""专业 BIM 应用"和"综合 BIM 应用"三个级别。BIM 建模考评与 BIM 综合应用考评不区分专业；专业 BIM 应用考评分为 BIM 建筑规划与设计应用、BIM 结构应用、BIM 设备应用、BIM 工程管理应用（土建）、BIM 工程管理应用（安装）五种类型。其中，BIM 建模和专业 BIM 应用考评大纲的主要内容分别如表 C-1 和表 C-2 所示。

BIM 建模考评大纲的主要内容　　　　　　　　　　　　表 C-1

分　类	项　目	内　容
BIM 基础知识	BIM 基本概念、特征及其发展	掌握 BIM 基本概念及内涵；掌握 BIM 技术特征；熟悉 BIM 工具及主要功能应用；熟悉项目文件管理与数据转换方法；熟悉 BIM 模型在设计、施工、运维阶段的应用、数据共享与协同工作方法；了解 BIM 的发展历程及趋势
	BIM 相关标准	熟悉 BIM 建模精度等级；了解 BIM 相关标准，如 IFC 标准、《建筑信息模型设计交付标准》（GB/T 51301—2018）、《建筑信息模型分类和编码标准》（GB/T 51269—2017）等
	施工图识读与绘制	掌握建筑类专业制图标准，如图幅、比例、字体、线型样式、线型图案、图形样式表达、尺寸标注等；掌握正投影、轴测投影、透视投影的识读与绘制方法；掌握形体平面视图、立面视图、剖视图、断面图、局部放大图的识读与绘制方法
BIM 建模技能	BIM 建模软件及建模环境	掌握 BIM 建模的软件、硬件环境设置；熟悉参数化设计的概念与方法；熟悉建模流程；熟悉相关软件功能
	BIM 建模方法	掌握实体创建方法，如墙体、柱、梁、门、窗、楼地板、屋顶与天花板、楼梯、管道、管件、机械设备等；掌握实体编辑方法，如移动、复制、旋转、偏移、阵列、镜像、删除、创建组、草图编辑等；掌握在 BIM 模型生成平面图、立面图、剖面图、三维视图的方法；掌握实体属性定义与参数设置方法；掌握 BIM 模型的浏览和漫游方法；了解不同专业的 BIM 建模方法
	标记、标注与注释	掌握标记创建与编辑方法；掌握标注类型及其标注样式的设定方法；掌握注释类型及其注释样式的设定方法
	成果输出	掌握明细表创建方法；掌握图纸创建方法，包括图框、基于模型创建的平面图、立面图、剖面图、三维视图、表单等；掌握视图渲染与创建漫游动画的基本方法；掌握模型文件管理与数据转换方法

专业 BIM 应用考评大纲的主要内容 表 C-2

分 类	项 目	内 容
建筑设计 BIM 应用(相关专业:建筑学、建筑工程)	BIM 模型维护	掌握构件的增加、删除、修改方法;熟悉相关软件功能
	BIM 数据交换	掌握相关 BIM 模型数据的导入方法;掌握导出相关应用所需 BIM 模型数据的方法;了解 BIM 数据标准、BIM 数据格式及 BIM 数据相关标准,熟悉相关软件功能
	基于 BIM 的碰撞检查	掌握本专业内构件之间的软、硬碰撞检查方法;掌握多专业间的碰撞检查的配合方法;了解基于 BIM 碰撞检查功能的原理,熟悉相关软件功能、本专业的相关技术要求及规范
	基于 BIM 的沟通	掌握 BIM 模型的浏览方法;掌握对 BIM 模型进行剖切展示的方法;掌握在 BIM 模型中进行漫游的方法;掌握在 BIM 模型中对问题点进行标记与管理的方法;熟悉相关软件功能
	基于 BIM 的图档输出	掌握视图设置及图纸布置方法,使之满足专业图纸规范;掌握在图档中加入标注与注释的方法;掌握图档输出设置方法;熟悉相关软件功能、本专业的相关技术要求及规范
	基于 BIM 的能耗分析	熟悉能耗分析的参数设置方法;熟悉对项目进行能耗分析的方法;熟悉对项目进行调整的方法,以满足节能的需要;了解基于 BIM 的能耗分析原理,熟悉相关软件功能、本专业的相关技术要求及规范
	基于 BIM 的日照采光分析	掌握环境信息和采光属性的设置方法;掌握对项目进行日照分析的方法,并能根据项目分析结果给出合理的设计修改建议;熟悉对项目进行采光分析的方法,并能根据项目分析结果给出合理的设计修改建议;了解基于 BIM 的日照采光分析原理,熟悉相关软件功能、本专业的相关技术要求及规范
	基于 BIM 的风环境分析	掌握建筑物周围风环境模拟方法,并能根据项目分析结果给出合理的设计修改建议;掌握室内通风分析方法,并能根据项目分析结果给出合理的设计修改建议;了解基于 BIM 的风环境分析原理,熟悉相关软件功能
结构工程 BIM 应用(相关专业:土木工程、建筑工程、道路与桥梁工程、地下与岩土)	BIM 模型维护	掌握构件的增加、删除、修改方法;熟悉相关软件功能
	BIM 数据交换	掌握相关 BIM 模型数据的导入方法;掌握导出相关应用所需 BIM 模型数据的方法;了解 BIM 数据标准、BIM 数据格式及 BIM 数据相关标准,熟悉相关软件功能
	基于 BIM 的碰撞检查	掌握本专业内构件之间的软、硬碰撞检查方法;掌握多专业间的碰撞检查的配合方法;了解基于 BIM 的碰撞检查功能的原理,熟悉相关软件功能、本专业的相关技术要求及规范
	基于 BIM 的沟通	掌握 BIM 模型的浏览方法;掌握对 BIM 模型进行剖切展示的方法;掌握在 BIM 模型中进行漫游的方法;掌握在 BIM 模型中对问题点进行标记与管理的方法;熟悉相关软件功能
	基于 BIM 的结构构件(体系)属性定义及分析	掌握结构构件属性定义与参数设置方法;掌握结构体系的加载方法;掌握框架结构、剪力墙结构、框架-剪力墙结构等常见结构的计算分析方法
	基于 BIM 的图档输出	掌握视图设置及图纸布置方法,使之满足专业图纸规范;掌握在图档中加入标注与注释的方法;掌握图档输出设置方法;熟悉相关软件功能、本专业的相关技术要求及规范

分　类	项　目	内　容
设备工程BIM应用（相关专业：给水排水工程、供暖通风与空调工程、供配电工程）	BIM模型维护	掌握管道及设备的增加、删除、修改方法；熟悉相关软件功能
	BIM数据交换	掌握相关BIM模型数据的导入方法；掌握导出相关应用所需BIM模型数据的方法；了解BIM数据标准、BIM数据格式及BIM数据相关标准，熟悉相关软件功能
	基于BIM的碰撞检查	掌握本专业内管道及设备之间的软、硬碰撞检查方法；掌握多专业间的碰撞检查的配合方法；了解基于BIM的碰撞检查功能的原理，熟悉相关软件功能、本专业的相关技术要求及规范
	基于BIM的沟通	掌握BIM模型的浏览方法；掌握对BIM模型进行剖切展示的方法；掌握在BIM模型中进行漫游的方法；掌握在BIM模型中对问题点进行标记与管理的方法；熟悉相关软件功能
	基于BIM的4D施工方案模拟	掌握按照4D施工方案模拟要求对BIM模型进行完善的方法；掌握将进度计划与BIM模型进行关联的方法；掌握施工动画制作方法；掌握根据模拟结果调整施工方案的方法；熟悉软件相关功能
	基于BIM的深化设计	掌握所涵盖的各专业的深化设计方法；掌握利用BIM模型生成指导施工使用的平面图、剖面图、系统图及详图的方法；掌握利用BIM模型完成所涵盖的各专业系统分析与校核计算的方法；了解所涵盖的基于BIM的各专业系统分析原理，熟悉相关软件功能
	基于BIM的设备运行模拟	掌握利用BIM模型进行管道系统运行工况参数的查询方法；掌握利用BIM模型进行管道系统安装与调试工作的方法；熟悉相关软件功能
工程管理BIM应用（土建类）（相关专业：工程管理、土木工程、建筑工程造价）	BIM模型维护	掌握构件或管道和设备的增加、删除、修改方法；熟悉相关软件功能
	BIM数据交换	掌握相关BIM模型数据的导入方法；掌握导出相关应用所需BIM模型数据的方法；了解BIM数据标准、BIM数据格式及BIM数据相关标准，熟悉相关软件功能
	基于BIM的碰撞检查	掌握本专业内构件或管道和设备之间的软、硬碰撞检查方法；掌握多专业间的碰撞检查的配合方法；了解基于BIM的碰撞检查功能的原理，熟悉相关软件功能、本专业的相关技术要求及规范
	基于BIM的沟通	掌握BIM模型的浏览方法；掌握对BIM模型进行剖切展示的方法；掌握在BIM模型中进行漫游的方法；掌握在BIM模型中对问题点进行标记与管理的方法；熟悉相关软件功能
	基于BIM的施工现场管理	掌握建立施工现场布置BIM模型的方法；掌握依据施工方案进行大型机械建模的方法；掌握场地布置的合理性分析方法；掌握依据施工的不同阶段进行场地调整的方法；掌握对施工现场布置方案进行经济合理性分析的方法；熟悉施工现场布置要求与规范，以及相关软件功能
	基于BIM的工艺设计与模拟	掌握工序模拟方法；掌握施工动画制作方法；掌握根据模拟结果调整工艺方案的方法；熟悉相关软件功能；掌握依据建筑工程BIM模型设计模板的方法；掌握依据建筑工程BIM模型设计脚手架的方法
	基于BIM的4D施工方案模拟	掌握按照4D施工方案模拟要求对建筑工程BIM模型进行完善的方法；掌握将进度计划与建筑工程BIM模型进行关联的方法；掌握施工动画制作方法；掌握根据模拟结果调整施工方案的方法；熟悉软件相关功能

续上表

分 类	项 目	内 容
工程管理 BIM 应用（土建类）（相关专业：工程管理、土木工程、建筑工程造价）	基于 BIM 的算量及计价	掌握按照算量要求对建筑工程 BIM 模型进行完善的方法；掌握结合建筑工程 BIM 模型进行钢筋信息的录入方法；掌握按清单和定额的要求，将建筑工程 BIM 模型与清单和定额进行关联的方法；掌握建筑工程的算量及组价方法；掌握按材料信息价调整工程造价的方法；掌握按计费规则调整费用的方法；掌握编制钢筋下料单、进行钢筋优化的方法；熟悉工程量清单计价规范、各地定额或消耗量、平法系列图集、各相关图集及各相关软件功能
	基于 BIM 的 5D 施工管理	掌握按照 5D 施工管理要求对建筑工程 BIM 模型进行完善的方法；掌握将进度计划与建筑工程 BIM 模型进行关联的方法；掌握将建筑工程 BIM 模型与造价匹配进行关联的方法；掌握根据项目的实际进度调整建筑工程 BIM 模型的方法；掌握按进度查看建筑工程 BIM 模型的方法；掌握按进度或施工段从建筑工程 BIM 模型提取工程造价的方法；掌握按进度或施工段从建筑工程 BIM 模型提取主要材料的方法；了解基于 BIM 的施工进度、施工组织与管理工程造价原理，熟悉相关软件功能
工程管理 BIM 应用（安装类）（相关专业：工程管理、供电配电工程、给水排水工程、安装工程造价工程）	BIM 模型维护	掌握构件或管道和设备的增加、删除、修改方法；熟悉相关软件功能
	BIM 数据交换	掌握相关 BIM 模型数据的导入方法；掌握导出相关应用所需 BIM 模型数据的方法；了解 BIM 数据标准、BIM 数据格式及 BIM 数据相关标准，熟悉相关软件功能
	基于 BIM 的碰撞检查	掌握本专业内构件或管道和设备之间的软、硬碰撞检查方法；掌握多专业间的碰撞检查的配合方法；了解基于 BIM 的碰撞检查功能的原理，熟悉相关软件功能、本专业的相关技术要求和规范以及相关软件功能
	基于 BIM 的沟通	掌握 BIM 模型的浏览方法；掌握对 BIM 模型进行剖切展示的方法；掌握在 BIM 模型中进行漫游的方法；掌握在 BIM 模型中对问题点进行标记与管理的方法；熟悉相关软件功能
	基于 BIM 的施工现场管理	掌握建立施工现场布置 BIM 模型的方法；掌握场地布置的合理性分析方法；掌握依据施工的不同阶段进行场地调整的方法；掌握对施工现场布置方案进行经济合理性分析的方法；掌握依据施工方案进行大型机械建模的方法；熟悉施工现场布置要求与规范及相关软件功能
	基于 BIM 的 4D 施工方案模拟	掌握按照 4D 施工方案模拟要求对安装工程 BIM 模型进行完善的方法；掌握将进度计划与安装工程 BIM 模型进行关联的方法；掌握施工动画制作方法；掌握根据模拟结果调整施工方案的方法；熟悉软件相关功能
	基于 BIM 的算量及计价	掌握按照算量要求对安装工程 BIM 模型进行完善的方法；掌握按清单与定额的要求，将安装工程 BIM 模型与清单、定额进行关联的方法；掌握结合安装工程 BIM 模型套用清单与定额的方法；掌握安装工程的算量及组价方法；掌握安装各专业的工程组价方法；掌握按材料信息价调整工程造价的方法；掌握按计费规则调整费用的方法；熟悉工程量清单计价规范、各地定额或消耗量及各相关软件功能
	基于 BIM 的 5D 施工管理	掌握按照 5D 施工管理要求对安装工程 BIM 模型进行完善的方法；掌握将进度计划与安装工程 BIM 模型进行关联的方法；掌握将安装工程 BIM 模型与造价匹配进行关联的方法；掌握根据项目的实际进度对安装工程 BIM 模型进行调整的方法；掌握按进度查看安装工程 BIM 模型的方法；掌握按进度或施工段从安装工程 BIM 模型提取工程造价的方法；掌握按进度或施工段从安装工程 BIM 模型提取主要材料用量的方法；熟悉基于 BIM 的施工进度、施工组织与管理、工程造价原理及相关软件功能